中国法学会优秀课题成果文库
ZHONGGUO FAXUEHUI YOUXIU KETI CHENGGUO WENKU

唐　力 等◎著

新民事诉讼法实施状况评估与对策建议

XIN MINSHI SUSONGFA SHISHI ZHUANGKUANG PINGGU YU DUICE JIANYI

课题组成员：毋爱斌　田　璐　朱　刚
谷佳杰　高　翔

本书是中国法学会“法律实施问题研究”专项重点委托课题“新民事诉讼法实施状况评估和对策建议”【课题编号CLS（2015）FLSS-ZDWT03，主持人唐力教授】的主要成果。

中国法制出版社
CHINA LEGAL PUBLISHING HOUSE

中国法学会优秀课题成果文库

出版说明

为了全面推进课题研究成果的应用转化，繁荣法学研究，服务法治实践，推进法治中国建设，中国法学会特设立“中国法学会优秀课题成果文库”，集中推出反映当前我国法学研究前沿水平，具有重大理论价值、重大学术价值、重大应用价值的学术精品，充分发挥优秀成果和优秀人才的示范引领作用。凡入选成果文库的作品，均为中国法学会年度招标课题或委托课题中鉴定等级原则上为“优秀”，选题价值较大，创新性强，对重要领域或重要问题有较为系统深入的研究，具有较高学术价值或应用价值，文风严谨，符合学术规范和出版形式要求。从2016年开始，每年从当年结项的课题成果中精选出符合上述条件的作品，纳入“中国法学会优秀课题成果文库”，予以出版。

中国法学会

2016年12月

前　言

自1982年我国颁行第一部《民事诉讼法（试行）》以来，经历了1991年《民事诉讼法》的正式颁行、2007年《民事诉讼法》（修正）和2012年《民事诉讼法》（修正）的两次修改。2007年、2012年两次对《民事诉讼法》作出较为全面的修改，新增加了案外人异议之诉、诚实信用原则、公益诉讼、第三人撤销之诉、小额诉讼、调解协议司法确认、实现担保物权等多项重大制度。最高人民法院于2014年12月通过了《最高人民法院关于适用〈中华人民共和国民事诉讼法〉的解释》（以下简称《民诉法解释》），对人民法院适用《民事诉讼法》的相关问题作了全面系统、明确具体的规定。但民事诉讼法涉及面广，不仅包括《民事诉讼法》，还包括大量的司法解释，要对其实施情况进行全面评估难度较大。基于此，本课题围绕着贯彻党的十八届四中全会通过的《中共中央关于全面推进依法治国若干重大问题的决定》（以下简称《决定》）精神，就2007年、2012年修改的《民事诉讼法》中部分重要诉讼制度的实践效果进行实证研究，通过调研、问卷调查、典型案例分析等研究方法，以起诉与受理、人民陪审制度、审判委员会制度、法院调解制度、审限制度、第三人撤销之诉、实现担保物权非讼程序、案外人执行异议制度等《民事诉讼法》实施过程中对当事人诉讼权利、实体利益有重大影响以及影响司法公正等重大诉讼制度实施情况进行评估、研究。

第一部分，民事起诉受理制度实施状况评估与完善。党的十八届四中全会《决定》将立案审查制改为立案登记制，《民诉法解释》初步规范民事立案登记制，中共中央全面深化改革领导小组第十一次会议审议通过《最高人民法院关于人民法院推行立案登记制改革的意见》（以下简称《意见》），到最高人民法院出台《最高人民法院登记立案若干问题的规定》（以下简称《规定》），构成了立案登记制改革的规范体系。但立案登记制改革并未改变法院认可诉的标准，《民事诉讼法》第119条设定的高阶化标准依然存在，民事立案标准的基本秩序并未发生改变。对此，可以借鉴大陆法系国家和地区有各诉讼要件之间审理顺序的学说与实践：职权性较强、公益性较强、较为抽象与简单的诉讼要件居于先行审理位置。基于此，符合四项条件的诉讼要件有六类：诉状适法、法院主管、当事人存在、当事人能力、诉讼能力、级别管辖，而原告适格、仲裁抗辩、无重复起诉、无已发生既判力的裁判等其他诉讼要件可从起诉条件中剥离，置于诉讼审理阶段进行审理。在起诉受理阶段，对诉状有瑕疵且未能补正的，可参照大陆法系国家和地区普遍采用的命令方式驳回，命令可对应于我国民事诉讼中的决定，原告可向法院提出即时抗告。对法院主管、当事人存在、当事人能力、诉讼能力、级别管辖事项的裁判仍以裁定方式进行，当事人可上诉。裁判主体方面，现阶段立案庭可予保留，负责诉状适法、法院主管、当事人存在、当事人能力、诉讼能力、级别管辖事项的审查。在诉讼要件整体剥离后，可取消立案庭，由专设的书记官处或司法辅助处接收诉状后，分配给审判庭法官审查。

第二部分，人民陪审员制度实施状况评估与完善。人民陪审员制度延续了我国优良的人民司法传统，是四项基本审判制度之一。但长期面临“陪而不审，审而不议”的诟病。最高人民法院于2010年发布了一系列司法解释来完善和优化陪审制工作机制，于2013年5月开始启动人民陪审员“倍增计划”。但调研发现，陪审制长期以来的痼疾未能得到实质性改善。具体表现在：陪审员的来源仍然较为单一，行业广泛性不足，社会代表面不足；陪审形式化问题仍然存在；各地法院迎合陪审率考核指标，适用陪审制追求数量、忽略质量的倾向明显；陪审员经费保障未能落实的现象在中西部地区普遍存在；陪审员培训和管理制度不合理，效用不足。对此，应当进一步改革人民陪审制：推动陪审制入宪及立法完善；坚持“质量优先，兼顾数量”的选任机制；增强当事人对陪审制的程序选择权，推动专业陪审；明确和强化人民陪审员事实认定的效力，建立规范的法官指示制度；建立参审信息庭前告知机制；提高陪审员补贴标准，落实陪审经费等。

第三部分，审委会制度改革研究实施状况评估与完善。审委会制度改革是新一轮司法改革中司法责任制改革的组成部分，准确把握审委会制度存在的问题及改革方向，对《人民法院组织法》与《民事诉讼法》的修改具有重要意义。但调研发现，从法院审委会运行状况看，存在普遍未赋予当事人申请回避权利、审委会成员非专业化、讨论案件准入标准模糊、违背直接审理原则、审判责任追究无法实现等问题。对此，应当进一步突出审委会的审判组织属性；探索建立事实问题与法律问题适度区分技术；深化审委会公开改革，若审委会的法律意见改变了合议庭之前向当事人开示的法律见解，应恢复法庭辩论程序，向当事人公开新的法律见解，或以书面形式告知当事人审委会的法律适用意见；确立审委会成员回避制度；规范审委会运行程序，参与讨论的审委会委员应共同签署裁判文书，审委会作出决定的理由应反映在以合议庭名义制作的裁判文书中等。

第四部分，诉讼调解制度研究实施状况评估与完善。2012 年修改的《民事诉讼法》创设了“立案调解”和“庭前调解”两项制度，加上原有的“庭审调解”，我国民事法院审判权的诉讼程序显然已经变成了一个以“调解为中心”的程序。但是，司法政策能够对运行方式产生实质影响，其根本原因即在于科层制管理和绩效考评机制所带来的激励效应。对此，我国的诉讼调解制度可进行如下改革：调解不应当作为民事诉讼法的基本原则；确立“调审有限分离”的模式，当事人在审前程序可选择调解解决纠纷，不设立独立的诉讼调解程序，诉讼程序的设计以判决的形成为中心；适当强化调解程序启动的职权性；建立诉讼调解合意诱导机制，有必要通过适度增加当事人的诉讼成本来抑制滥诉和促进调解合意的形成，建立费用消极制裁的规则；充实审前程序，增强诉讼的可预测性；培养职业调解法官，通过加强法官的调解技巧能力有效促进当事人双方调解合意的达成。

第五部分，审限制度实施状况评估与完善。审限制度是我国民事诉讼法所特有的一项制度，1991 年《民事诉讼法》确立的审限制度规范了人民法院民事审判行为，在一定程度上保障了审判的效率，对及时化解民事纠纷，快速实现当事人权利要求发挥了一定的积极作用。不过，这一制度从其设立之时起就存在一定的局限性，特别是将审限制度纳入法院审判绩效考核之后，其产生的问题越发突出，“隐性超审限”现象突出。对此，审限制度的改革思路主张取消现有的划一确定的审限制度，取而代之的是在制度上课以法院与当事人诉讼促进义务，同时赋予当事人程序管理参与权，建立“合意审限”制度。对法院而言，在充分考虑当事人程序利益与实体利益之平衡，以及综合当事人多方利益之考量而为适当之判断，通过行使释明权实现诉讼促进义务。在促进诉讼效率方面，承认当事人对法院享有“适时裁判请求权”，在因法院不恰当地迟延诉讼的情况下给予当事人程序（案件）管理之异议权。

第六部分，第三人撤销之诉制度实施状况评估与完善。2012 年修改的《民事诉讼法》建构了第三人撤销之诉制度。从司法实践来看，尽管第三人撤销之诉案件在司法实践中数量有限，但很可能已经间接地起到了遏制虚假诉讼的作用，或者至少是在某种程度上发挥了制约一些恶意诉讼行为的功能。但是，在体系上，要注重第三人撤销之诉的定位。首先，第三人撤销之诉与案外人执行异议之诉都是我国第三人权利保护体系的事后救济程序。从二者的制度目的来看，第三人撤销之诉被定位于撤销前诉的错误之处，具有彻底性和终局性，适用起来更为便利，而案外人执行异议之诉的主要目的在于处理解决同原生效法律文书无关、仅仅是围绕被执行的具体财产权利归属而发生的争议。其次，第三人撤销之诉与案外人申请再审的相互协调，第三人撤销之诉的适用应当优先于案外人申请再审。最后，第三人权利保护体系的适用序位顺序是，事前预防以第三人诉讼参加制度为主，事后救济体系以第三人撤销之诉为主、以案外人执行异议之诉为特定和案外人申请再审为特殊。

第七部分，实现担保物权非讼程序实施状况评估与完善。2012 年修改的《民事诉讼法》在特别程序中专节增加担保物权的实现程序。但从调研来看，由于实现担保物权非讼程序属于新增加程序，法律条文只有两条，法院表现出了司法保守的本性，对该程序的实践异常谨慎，直接导致该程序使用率非常低。对此，《民诉法解释》已经针对部分实践中的问题给出了相应的解释规制。但是，仍需进行立法完善：首先，管辖法院的限定解释。对于抵押权而言，需要登记才成立抵押权的，管辖权归登记地基层法院；对于在建船舶、航空器以及交通运输工具等特殊动产，抵押权成立不以登记为要件，但通常这些财产都有相应的登记机构，因而对该类型担保财产的管辖法院为财产登记注册所在地法院；对于其他不具有登记注册所在地的动产而言，抵押权人住所地法院有管辖权。对于留置权而言，以占有留置标的物的债权人的住所地基层法院为管辖法院。其次，形式审查原则的重新定位。形式审查原则可概括为：（1）非讼审查中，法院对双方当事人提供资料的合法性、完整性、有效性进行形式要件的审查，法官可依职权调查取证，听取双方意见，对相关事实的真实性、合法性进行审查，如发现存疑的，则直接裁定驳回申请。（2）在非讼审查裁定过程中，当事人就实体事项，如主债权数额、担保物权优先受偿数额的一致性意思表示，法官在依职权调查后，应当在裁定书中予以载明。（3）对于主债权、担保物权的瑕疵、担保物权优先受偿数额等实体事项的争论，即担保物权实现的前提条件的争议，应当通过诉讼程序加以审理、判决。再次，非讼许可裁定性质上为“对物之执行名义”。效力上具有执行力，但不产生形成力和既判力。又次，非讼程序与诉讼程序的衔接。启动债务偿还给付之诉后不能再启动担保物权实现的非讼程序；确认之诉审理终结后仍可启动担保物权实现的非讼程序；法院作出许可裁定后仍允许再提起确认之诉。最后，引入承诺制度，构建社会征信体系。在社会征信体系的基础上，在担保物权设立时可引入“承诺”制度，即担保人承诺在不履行债务时可以申请法院拍卖担保物，并确立担保的范围。

第八部分，案外人执行异议制度实施状况评估与完善。2007 年修改的《民事诉讼法》第 204 条（2012 年修改的《民事诉讼法》第 227 条）取代原有第 208 条规定，破除原有执行员负责异议审查的格局，实现了案外人异议制度的诉讼化变革。不过这项变革并不彻底，对实体性执行救济采取的是“案外人异议前置、异议之诉后置”法定顺序主义的“双阶”结构。从实践效果看，案外人异议前置程序具有一定的诉前截流效果，且执行局负责审查法官较为容易发现异议的真实性，一定程度上防止恶意转移财产的得逞。但是，由于案外人异议制度诉讼化改革不彻底，实践中出现较多难题，无法在理论上给予合理解释。如“审查性裁决”代替“审理性裁决”，有违“审执分离”原理；异议之诉变成了确权诉讼，不少案例中当事人诉讼请求以及法院的判决都围绕着“确认实体法律关系”展开等。对此，主张应当构建起彻底的、独立的案外人异议之诉制度。首先，明确“审执分离”体制改革方案。可借鉴法国的执行法官制度，成立由具有审判资格的执行法官组成的专门的执行裁判庭，集中负责处理执行中出现的所有争议和重大执行事项，将执行员定位为专门负责执行实施的工作人员。其次，案外人异议之诉的原告、被告较为容易确定。但是在案外人异议之诉中，不宜在被执行人不反对案外人异议的情况下将被执行人列为诉讼第三人。最后，在执行中，案外人以被执行人（债务人）为被告的确权诉讼，应当由执行法院专属管辖。若争议标的物为执行标的时，执行法院在受理确权案件时，应当告知案外人同时按照《民事诉讼法》第227条之规定向执行法院提出执行异议。法院应当将确权诉讼与异议之诉合并审理。这两种诉讼属于诉的合并。法院应当依职权追加执行申请人为无独立请求权第三人，或执行申请人也可以申请参加诉讼。案外人在执行中提起异议之诉的同时，提起对执行标的确权诉讼，法院可以一并受理、合并审理。

目　录

Contents

第二章 人民陪审员制度实施状况评估与完善

第三章 审委会制度实施状况评估与完善

第四章 诉讼调解制度实施状况评估与完善

第五章　审限制度实施状况评估与完善

第六章　第三人撤销之诉制度实施状况评估与完善

第七章　实现担保物权非讼程序实施状况评估与完善

第八章 案外人异议制度实施状况评估与完善

引　言

一、选题背景

自 1982 年我国颁行第一部《民事诉讼法（试行）》以来，经历了 1991 年《民事诉讼法》的正式颁行、2007 年《民事诉讼法》（修正）和 2012 年《民事诉讼法》（修正）的两次修改。2007 年、2012 年两次对《民事诉讼法》作出较为全面的修改，新增加了案外人异议之诉、诚实信用原则、公益诉讼、第三人撤销之诉、小额诉讼、调解协议司法确认、实现担保物权等多项重大制度。为了配合《民事诉讼法》的贯彻实施，最高人民法院在深入调查研究、广泛征求意见、充分论证的基础上，于 2014 年 12 月通过了《最高人民法院关于适用〈中华人民共和国民事诉讼法〉的解释》（以下简称《民诉法解释》），对人民法院适用《民事诉讼法》的相关问题作了全面系统、明确具体的规定。该《民诉法解释》是最高人民法院设立以来条文最多、篇幅最长的司法解释，确保修改后《民事诉讼法》的正确、统一、严格、有效实施。2012 年修改的《民事诉讼法》与《民诉法解释》是我国民主法治建设的重大立法成果，建立了一套较为系统、科学、合理的民事诉讼法律体系，有力地支持了各级人民法院民事审判和执行工作，有效地保障了当事人的诉讼权利，积极地提升司法公信力、维护司法公正，让人民群众在每一个司法案件中都感受到公平正义并积极维护司法公正，推动了中国特色社会主义法治体系的建设。

此外，党的十八届四中全会通过的《中共中央关于全面推进依法治国若干重大问题的决定》(以下简称《决定》)，就立案登记制度、人民陪审制度、主审法官制度、公益诉讼制度等制度的确立或完善提出顶层设计方案。《民诉法解释》更是沐浴着党的十八届四中全会“全面推行依法治国”方略的阳光出台，就立案登记制度、公益诉讼制度、第三人撤销之诉等进行了详细规定。但是，从各级人民法院的调研结果来看，2012 年修改的《民事诉讼法》实施的具体情况并不尽如人意，立法意图与司法实践相去甚远。特别是新建立的一些重要制度，如小额诉讼、实现担保物权、第三人撤销之诉等在实践中产生“瓶颈效应”，甚至出现了法律适用的“负面效果”。对此，亟须对《民事诉讼法》的实施状况进行全面评估，以期为进一步完善立法、司法解释提供理论支撑。

二、选题意义

本课题着眼于对《民事诉讼法》实施的实践效果进行实证研究，在民事诉讼法研究领域是一个较有创新意义的选题，对《民事诉讼法》实施情况的评价，不但能够对司法实践是否领会《民事诉讼法》具体规则的立法本旨进行考察，同时，还可以对《民事诉讼法》的某些制度、某些规则的立法科学性、实用性进行评测，以期通过本课题的研究，对司法实务正确适用《民事诉讼法》提出指导意见，对立法存在的问题提出完善建议。具体而言，本课题具有以下意义：

(一) 全面评估《民事诉讼法》的实施情况，为司法实践正确理解和实施《民事诉讼法》提供参考建议

党的十八届四中全会提出“法律的生命力在于实施，法律的权威也在于实施”，法律制定的目的即在于执行相应的构筑社会秩序、进行社会调

控、传递社会价值等功能。理解立法意图和立法精神是确保法律实施的基础，也是保证司法公正、提高司法公信力的必要前提。近些年来，民事诉讼法制定了一些创新性的制度，最高人民法院也不断出台创新性的司法解释，这给司法实践正确理解和实施法律带来了挑战。从近几年对《民事诉讼法》的修改情况来看，一些新创设的制度并没有向立法者设立该制度、规则的目的之方向发展，反而出现了“消极效果”，或者制定的新制度“很少被适用”。例如，2007 年《民事诉讼法》修改的“案外人异议之诉制度”；2012 年《民事诉讼法》修改的“第三撤销诉讼制度”“公益诉讼制度”“小额诉讼制度”等，在实践中都出现了“法律适用的异常现象”。究其原因，固然有立法科学性的问题，但在很大程度上也因实践没有正确理解立法意图而导致错误适用法律。司法实践中普遍将“案外人异议之诉”理解为“确认之诉”便是一个典型例证。

就上述适用法律方面存在的问题，可以通过对实证运行情况及典型案例的分析，从理论上解读、阐述和分析立法的本意，为司法实践正确理解和适用法律提供参考意见。

（二）通过对《民事诉讼法》实施情况的评估，分析立法的科学性和可适用性，为完善立法提供参考建议

立法要有科学性，更要具有可适用性。在我国法学理论的发展和法律形成的过程中，大量地借鉴了西方发达国家的法学理论和立法经验，一些在域外行之有效的制度被不断应用于我国的立法实践中，法律的借鉴在我国法治成长中起到了积极的作用，也丰富和完善了我国的法律制度。然而，有些“舶来品”有其生长的特定土壤，离开其赖以生存的法律环境、法律传统、诉讼传统，便无法有效运行。近两次民事诉讼法的修改中，也不乏借鉴域外经验的新制度创设，但其实践运行情况并不乐观。例如，“第三人撤销诉讼制度”，司法实践部门难以正确理解和把握其适用的基准，

且该制度与我国《民事诉讼法》其他与第三人救济制度在制度设计的功能上存在重叠，甚至会出现适用上的冲突。

通过对《民事诉讼法》实施情况的实证分析，能够较为准确地评估《民事诉讼法》中重要制度、原则、规则的适用性，为立法机关提供完善建议。

（三）通过对《民事诉讼法》实施情况的评估，分析司法实践对《民事诉讼法》各项制度规则落实的现实状况，分析民众诉权的保障状况，为提升司法权威和司法公信力提出改革路径

一部法律的生命在于有效地实施，如果在司法实践中法律得不到严格、适当、有效的实施，再好的制度、规则也只是写在纸上的法律而无实际意义。特别是在司法裁判中，当事人首先感受到的就是诉讼法是否被正确地适用，如果法官没有依照法律规定的程序审理案件，不但会损害当事人的程序权利和程序利益，更为重要的是，当事人会因此而怀疑法院裁判的公正性。让人民群众在每一个司法案件中感受到公平正义，这就要求我们不但要实现公平正义，而且要实现看得见的正义，诉讼程序是看得见的正义的实现载体，程序法能否得到严格遵守，必将对司法裁判的公正性产生重大影响。在司法实践中，不但存在对当事人起诉权保障不力的情况，还存在法官重实体、轻程序的普遍现象，当事人感受到了不公正的程序实践或者不公正的程序待遇，对法院裁判的接纳度会大为降低，生效裁判的实现也将会遭到当事人的抵触。因此，对司法实践中法院实施《民事诉讼法》的情况进行评估，可以进一步完善程序法实施与裁判公正性、裁判权威性、生效裁判的接纳度、当事人诉权保障等之间的内在关系。

通过对实施情况和典型案例的定性、定量分析，找出存在规律性的问题，分析其成因和解决路径，对司法裁判行为的规范化提出建设性的制度构建设想。

三、研究思路

本课题围绕着贯彻党的十八届四中全会《决定》精神，就2007年、2012年修改的《民事诉讼法》中部分重要诉讼制度的实践状况进行评估，在坚持应用理性思辨、历史分析等常规研究方法的同时，重点运用实证研究、比较研究、系统论等理论资源进行研究，以问题为导向，以“实施现状→存在问题→归因分析→完善建议”为基本思路，倡导立足本土经验、面对中国问题的学术研究方向，就《民事诉讼法》实施情况进行实效性评估。

（一）科学确定评估主题和内容

民事诉讼法涉及面广，不仅包括《民事诉讼法》，还包括大量的司法解释，要对其实施情况进行全面评估难度较大。基于此，本课题围绕着贯彻党的十八届四中全会《决定》精神，就2007年、2012年修改的《民事诉讼法》中部分重要诉讼制度的实践效果进行实证研究，通过调研、问卷调查、典型案例分析等研究方法，以起诉与受理、人民陪审制度、审判委员会制度、法院调解制度、审限制度、第三人撤销之诉、案外人异议制度、实现担保物权非讼程序等《民事诉讼法》实施过程中对当事人诉讼权利、实体利益有重大影响以及影响司法公正等重大诉讼制度实施情况进行评估、研究。

（二）对实证数据进行定性和定量分析

2014年7月至8月，课题组到重庆市、广东省部分法院进行《民事诉讼法》实施状况专项调研；2015年5月至8月，课题组以地理区域为划分，选取东、中、西部部分法院，如广东省惠州市中级人民法院、增城区人民法院、萝岗区人民法院、惠东区人民法院；河南省信阳市中级人民法院、平桥区人民法院、光山县人民法院；重庆市第一中级人民法院、江北区人民法院；贵州省平坝区人民法院等。

调研通过采取座谈、问卷调查、案例分析等方法，对设定的调研主题和内容进行定性和定量分析，保证评估的客观性和公正性，保证结论的合理性和可靠性，保证各项改善建议的针对性和可实施性。

（三）《民事诉讼法》实施状况评估

利用上述定性、定量分析得出的结论，分析《民事诉讼法》实施过程中存在的规律性知识和共性问题，并分析问题的成因，为提出立法完善建议、司法规范化制度构建提供决策基础。

（四）提出评估建议

在前述评估研究的基础上，对存在的问题提出改善路径和具体措施，包括提出立法完善建议、司法行为规范化制度构建设想等。

第一章

民事起诉受理制度实施状况评估与完善

一、问题的提出

立案在域外民事诉讼理论与实务中是不那么受人关注的论题，而我国司法治理从属于政治治理、政策与法律共同在社会治理中发挥作用的司法国情，这决定了我国立案程序的独特性，使之成为我国民事诉讼领域政治性、政策性、法律性交错结合的环节。十余年来，学界和实务界就立案程序进行了深入持久的讨论，学界普遍主张降低民事立案门槛，将实质性条件从起诉条件中予以剥离，实务界则坚持立案审查应设置一定条件，将无必要审理和无法作出实体裁判的案件拒之门外，否则法院将难以承受其重，中国司法体系和社会治理将遭受巨大冲击。[①]《中共中央关于全面推进依法治国若干重大问题的决定》（以下简称《决定》）改革案件受理制度，将立案审查制改为立案登记制，新《民事诉讼法》司法解释初步规范民事立案登记制，直至中共中央全面深化改革领导小组第十一次会议审议通过《最高人民法院关于人民法院推行立案登记制改革的意见》（以下简称《意见》）的司法政策，最后以最高人民法院出台《最高人民法院登记立案若干问题的规定》（以下简称《规定》）的司法解释为标志，构成了立案登记制改革的规范体系，似乎意味着这场论争的终结。但“立案登记制是否系对审查的绝对否定、起诉条件与诉讼要件混同”等问题依然悬而未决，最高人民法院推进的立案登记制改革与学界的期待仍有一定差异，围绕我国立案程序的论争并未消解。在对民事立案登记制改革实施情况进行实证分

---

① 学界观点参见张卫平：《起诉条件与实体判决要件》，载《法学研究》2004 年第 6 期，张卫平：《民事案件受理制度的反思与重构》，载《法商研究》2015 年第 3 期；傅郁林：《中国民事诉讼立案程序的功能与结构》，载《法学家》2011 年第 1 期，傅郁林：《再论民事诉讼立案程序的功能与结构》，载《上海大学学报》（哲学社科版）2014 年第 1 期；刘敏：《功能、要素与内容：民事起诉状省思》，载《法律科学》2014 年第 3 期等；实务界观点参见姜启波：《人民法院立案审查制度的必要性与合理性》，载《人民法院报》2005 年 9 月 21 日，第 5 版；夏敏：《立案登记能否穿透现实屏障》，载《中国审判》2007 年第 1 期等。

析的基础上，力图构建起诉受理与诉讼审理的二阶化构造，以期对民事立案登记制中国化改革进行进一步探索。

二、民事立案登记制改革在各地法院的实施情况分析

各级法院在立案登记改革制规范体系的指引下，推动了民事立案登记制的实施。通过对最高人民法院官方网站、人民法院报及法制网、法制日报等权威媒体报道的梳理，可洞见各地法院推进民事立案登记制改革的具体实践。

（一）各地法院实施民事立案登记制改革的基本情况

1. 民事案件收案数呈稳定上升趋势，当场立案率明显提升

根据最高人民法院对立案登记制施行首月情况的通报（2015 年 5 月 4 日至 5 月 30 日），立案登记制实施后，全国法院一审收案数同比增长 29%，当场立案登记率超过 90%，上海、河南、重庆、甘肃等地均超过 95%，其中民事案件占比超过 80%。之后一些高级人民法院对立案登记制实施首季度情况的通报（2015 年 5 月 4 日至 7 月 31 日），安徽法院在立案登记制施行后的首季度一审收案数同比增长 19.7%，其中民事案件增长 15.8%，当场立案登记率为 96.9%；广西法院一审民事案件收案数同比上升 22.53%；等等。从整体上来讲，立案登记制实施后，民事一审收案数呈上升趋势，但上升趋势平稳，增长趋势维持在合理预期内，并未出现案件倍增之类的“井喷”现象。当场立案率自立案登记制实施首月起即保持在 90% 以上，与立案登记制实施前的当场立案率极低形成鲜明对比，反映了对当事人诉权保障力度和诉讼便利程度的重大变化。

2. 不收材料不出裁定问题得到有效控制，当事人诉权保障明显增强

在传统立案审查制下，法院不收取当事人材料、不接受当事人诉状、收到诉状后既不立案又不出具不予受理裁定，系最受诟病的问题，也是当

事人起诉难问题最突出的体现。推进立案登记制改革后，各地普遍将不收材料不出裁定作为重点治理对象并取得了较好效果。民事一审不予受理与驳回起诉案件数量可作为重要评价标准，如果不予受理数量上升，表明只收材料不出裁定问题得到遏制；如果驳回起诉数量上升，表明对于疑难起诉采用先行受理再驳回起诉的方式，而不是推诿不立。以重庆法院为例，立案登记制实施首季度（2015 年 5 月 4 日至 7 月 31 日）不予受理与驳回起诉的数量，与 2014 年同期以及 2015 年上季度环比数据呈明显上升趋势。其中，不予受理案件数同比增长 44%，环比增长 1.7 倍；驳回起诉案件数同比增长 79%，环比增长近 71%（具体数据见表 1–1）。

表 1–1 重庆法院立案登记制实施前后情况对比表

期间 / 类型	2014 年同期（2014 年 5 月 4 日至 7 月 31 日）	改革前一季度（2015 年 2 月 1 日至 4 月 30 日）	改革首季度（2015 年 5 月 4 日至 7 月 31 日）
不予受理案件数	34	18	49
驳回起诉案件数	327	586	343

3. 突出民事立案登记制改革的诉讼服务导向

各地法院在推进立案登记制过程中，普遍把立案登记与诉讼服务结合起来，尤其结合立案登记制改革中纵深推进诉讼服务中心建设。如上海法院加强导诉窗口的释明、引导和繁简分流功能，同时设置重大案件专窗，安排资深立案法官妥善办理；探索网上立案、自助立案等立案方式，通过互联网提供接收立案申请、答复办理意见、诉讼费用收取、发送受理通知等覆盖登记立案全过程的诉讼服务。上海浦东新区法院自主开发自助立案系统，设立自助立案登记室，对于简单的民商事案件、集团案件及执行案件，经预约、预检，确认符合受理条件的，在征得当事人同意的条件下由其自助立案。当事人可在自助立案登记室，登录自助立案登记系统，自行输入案件信息，提交证据材料，打印相关诉讼法律文书后，自助完成立案登记。

4. 探索民事立案登记制下的纠纷分流

立案登记制实施后，民事案件的上升将进一步加剧法院人案矛盾，各地法院普遍把民事立案登记制与多元化纠纷解决机制的结合作为破解之道。安徽省高级人民法院提出对多元化纠纷解决机制进行“升级换代”，树立纠纷解决的分层递进观念，建立畅通的案件分流机制，严格落实民诉法的先行调解制度，对于适合调解的纠纷在登记立案前引导当事人选择调解或委派调解；登记立案后，通过诉讼引导对案件进行分流，适宜调解的案件通过委托调解或交法院专职调解员进行调解。北京市第四中级人民法院的做法是对在立案登记前原告同意诉前调解的，由立案庭力争在立案登记前化解纠纷。

5. 探索与民事立案登记制改革配套的制度创新

在推进民事立案登记制过程中，一些法院设立“收”字案号系统，推进立案登记制与案件管理机制的结合创新。如上海市第一中级人民法院在当事人递交诉状后，除直接受理的案件外，一律编入新创设的“沪一中*收字”案号（尽管收字案号不是审限起算的正式案号，但被纳入审判流程管理，当事人可通过相关字号查询案件处理进展）。东莞法院设立“收”字号的立案登记模式，对符合法律规定的起诉或申请，材料齐全的，编立审判案号，当场登记立案；当场无法判定是否立案受理的，均接收材料，出具书面凭证，注明收到日期，编立“收”字号，并出具注明收到日期的书面凭证。对编立“收”字号的起诉材料，在法定期限内，根据案件类型以及相关法律规定，作出立案、不予立案、要求补正的决定。江苏省高级人民法院公布的登记立案工作流程规定，也提出设立“收”字案号。昆明市中级人民法院则探索中级人民法院司法辖区内的大立案模式，对于全市司法辖区内的民事案件，当事人到任何一家法院均可递交材料，之后由法院根据诉讼管辖移送相关法院受理。

6. 行政督导是保障民事立案登记制改革落地实施的重要方式

各地高级、中级人民法院普遍以督导检查的方式推动司法辖区内立案登记制度的落实。如贵州省高级人民法院领导率督导组到部分案件较多的法院检查督导，了解推行立案登记制改革的情况，查找存在的问题，提出整改要求；重点督导检查不依法及时立案、不出具法律文书的情况。江苏省高级人民法院组成督导检查组，对全省13个中级人民法院和部分基层法院开展现场督查，以保障立案登记制全面落实。

（二）各地法院推进民事立案登记制改革的问题分析

各地法院的实践构成了民事立案登记制改革稳步实施的图景，但仍存在一些值得关注的问题。

其一，民事立案登记制改革与多元化纠纷解决机制的衔接仍待进一步深化。立案登记制的效率要求可能对多元化纠纷解决机制需要耗费一定时间形成冲突，立案登记制“当场登记立案”的要求似乎看不到登记立案前为“立案前委派调解”预留出时间，登记立案后及时移送审判庭似乎也看不到为“立案后委托调解”预留出时间。如何在立案登记制改革意见实施过程中，既尊重和保障当事人诉权，又能合理配置解纷资源，引入多元化纠纷解决机制分流案件，两者的最佳契合点在哪里，两项改革措施的交汇时间段在哪里，关系到立案登记制改革能否顺利推进，以及多元化纠纷解决改革能否发挥作用，需要进一步深入研究。[①]

其二，一些制度创新需要进一步接受理论拷问与实践检验。如中级人民法院司法辖区内的大立案模式，全市司法辖区内的民事案件，当事人到

① 龙飞：《打造多元化纠纷解决机制的“升级版”》，载《人民法院报》2015年4月24日，第5版。

任何一家法院均可递交材料，之后由法院根据诉讼管辖移送相关法院受理，尽管从形式上有利于方便当事人诉讼，但可能虚置地域管辖制度，而民事诉讼各项制度均在民事诉讼制度体系有其内在机理与作用，片面强调追求诉讼便民的市中级人民法院辖区内整体大立案模式，可能形成民事诉讼制度体系失衡，而且诉讼需要一定成本，市中级人民法院辖区内整体大立案模式是否存在增加整体性司法成本之忧，同样需要进一步研究。

其三，以行政督查方式推动民事立案登记制改革的实施，尽管对短期内推动改革、实现改革目标具有较明显的作用，但上级法院以行政督查方式推动一项诉讼制度的实施，在强化立案监督的同时可能加剧司法行政化倾向，尤其可能陷入一种路径依赖：以上命下从的行政命令、政务督查方式代替诉讼法空间内的上诉、复议等法定救济途径，以非司法性、非法治化手段推动诉讼制度变革，最终损害诉讼程序内在机理的负效果。

三、民事立案登记制改革对我国立案程序的影响

目前实践中推行的立案登记制，在当事人起诉条件未变，诉之提起条件与诉讼要件合二为一的立法背景下，是否称得上真正意义上的立案登记制？立案审查与立案登记两制度的区别，不是术语表达的不同，而是在于区分诉之提起条件与诉讼要件的分设。

（一）我国立案审查制之弊

我国民事立案的“高阶化”一直饱受诟病，在立案审查制下，诉提起的适法与诉的适法合二为一，被称为起诉条件。《民事诉讼法》第120条、第121条规定了起诉与诉状，属于形式条件；第119条第（2）项“有明确的被告”、第（3）项“有具体的诉讼请求和事由、理由”也为形式条件。第119条第（1）项“原告与本案有直接利害关系”、第（4）项“属于法院受理民事诉讼范围和受诉法院管辖”属于实质条件中的积极要件，第

124条属于实质条件中的消极要件，四个法律条文共同构成我国的起诉条件。尽管在审查顺序上仍是首先审查第120条、第121条规定的形式要件，但在第124条第（4）项要件的审查上并无形式要件在前、实质条件在后的阶段之分，而采实体审查与形式审查混同方式，并不具二阶化差异。我国立案审查制之下的二阶化主要体现为立案庭与审判庭分立的审判机构上的二阶化构造。这种以立审分离为要旨的二阶化机构设置以及程序实体不分、形式实质内容勿论的审查标准和程序，素来受到理论界质疑。

弊端一，将起诉条件与诉讼要件混同。《民事诉讼法》第119条第（1）项“原告与本案有直接利害关系”为当事人适格要件，第（4）项“属于法院受理民事诉讼范围和受诉法院管辖”属于诉讼标的要件和与法院相关的诉讼要件，且与当事人实体权利及本案判决联系密切，而第（2）项“有明确的被告”“有具体的诉讼请求和事由、理由”属于诉适法提起的条件。

弊端二，立案审查违背程序法基本原理，不利于当事人诉权保障。立案庭在立案阶段对诉讼要件进行实体审查，表面贯彻了立审分离，实则是立审合一，尤其是原告与本案无直接利害关系、不属法院主管范围等成为法院回避疑难新型纠纷、缓解自身人案矛盾、自行调节立案入口尺度的工具，使得本应经过实体裁判的案件在受理阶段即被拒之门外。立案阶段裁断原告是否主体适格、法院是否对本案享有司法权限等实质性问题，在结构上与审判庭在同类事项上发生交叉和重复审理，形成立审混同状况。[①]现行案件受理制度将大量诉讼要件事项置于立案阶段，本应通过诉讼审理的事项仅是在非诉讼程序中，由法院基本在封闭状态下以超职权方式运行，辩论、公开、回避原则均被搁置，法院根据一方当事人提供的书面材料进行实体审查，当事人诉权难以规制法院“立案审判权”，基本的程序保障功能被侵蚀消解。

① 参见傅郁林：《中国民事诉讼立案程序的功能与结构》，载《法学家》2011年第1期。

弊端三，起诉提交证据加重原告负担，进一步导致立案高阶化。《最高人民法院关于人民法院立案工作的暂行规定》《最高人民法院关于民事诉讼证据的若干规定》（以下简称《规定》）以及2012年民事诉讼法均要求原告起诉应附有符合起诉条件的相应证据材料，实则在立案阶段课以原告行为意义的举证责任，证明对象是《民事诉讼法》第119条规定的四项起诉条件。尽管要求原告在起诉阶段提交证据有利于双方当事人有效攻击防御从而促进程序进行，大陆法系国家和地区立法亦鼓励原告在起诉时提交证据，但起诉时未提交证据并不导致不利后果，我国将起诉提交证据作为诉适法提起的必要条件，实则课以原告极重的诉讼义务，不利于当事人有效接近司法。

（二）政策推动下的立案登记制改革

倍受关注的立案登记制改革呈现出强烈的政策推动色彩，落实司法为民的政治路线和宗旨，从制度上解决饱受诟病的“立案难”以及由此衍生的司法公信受损问题，系首要的政策驱动。受司法功能受限、法院案多人少、司法回避矛盾、外部施压干预等因素影响，“立案难”素来是影响民事司法公正的难题，有诉不理、有案不立、拖延立案、增设门槛等现象不同程度的存在，年底不立案以及根据人案矛盾等自身利益需求调节性、选择性立案甚至成为中国民事司法的潜规则，已经影响法院定分止争的基本功能，对司法公信的消解侵蚀了国家法律权威和法治秩序。在此政策期许下，作为民事诉讼制度变革的立案登记制改革成为以重塑司法功能、提升司法公信为目标的司法体制改革的突破口。

人权司法保障在《决定》中受到前所未有之重视，是立案登记制改革另一政策动因。任何人在其权利受到侵害或与他人发生争执时享有请求司法机关予以公正审判的权利，包括诉诸司法的权利和公正审判请求权，性质上为程序基本权。[①]诉讼法是宪法行进中具体印迹的体现，诉权宪法化已成为一种国际趋势，法国理论将其称为诉讼权利，日本宪法称之为接受裁判权，我国台湾地区则称之为诉讼权。一国在国民接受司法裁判权方面的保障状况，是对一国社会政治发展程度的实际反映。[②]《决定》在"加强人权司法保障"条目中明确提出"强化诉讼过程中当事人和其他诉讼参与人的知情权、陈述权、辩护辩论权、申请权、申诉权的制度保障"，虽未廓明程序基本权概念，但内容已具备程序基本权雏形，意味着程序基本权保障构成我国人权司法保障之一部分。公民接近司法的权利被认为是程序基本权保障最基本的内容，立案登记制无疑更有利于公民接近司法，亦可认为是人权司法保障政策的产物。

自党的十八届三中全会提出国家治理体系与治理能力现代化命题以来，至党的十八届四中全会就全面推进依法治国专门作出决定，法治、司法在国家治理体系中的显著性得以提升，司法是法治化程度最高的纠纷解决方式得到更广泛的社会认同，以司法的规则之治作为国家治理方式转型成为一种政治期待。在涉法涉诉信访居高不下、信访不信法成为普遍性心态的危机之下，立案登记制改革承担着将社会矛盾纠纷引入司法救济的重任。国家治理法治化要求民事司法发挥对社会活动的法治监督和指引调节功能，立案是审判的前提，不依法立案就无法公正审判，就不可能发挥司法在国家治理法治化中的重要作用。

（三）立案登记制改革对于我国立案程序的优化

以《决定》为总揽，由新《民事诉讼法》司法解释、《意见》与《规定》构成的民事立案登记制规范体系，使民事立案秩序发生重大变化，对

① 刘敏:《原理与制度：民事诉讼法修订研究》，法律出版社2009年版，第3页。

② 江伟等:《民事诉权研究》，法律出版社2002年版，第405页。

立案登记制规范体系从功能、行为、技术层面进行结构性分析，可进一步洞察立案登记制改革对我国立案程序的优化价值。

1. 行为回应性优化

起诉在性质上是当事人的取向性诉讼行为，体现为当事人和法院之间双向行为相互作用的过程，包括向法院递交起诉状的单方行为以及法院的回应与作用。起诉难易的问题是当事人与法院双向行为的结果状态。[①] 立案登记制改革的重大进步之一，在于以“一律接收诉状并出具注明收到日期的书面凭证”“对不适法之诉应出具不予受理裁定”的刚性制度设计，在当事人提交诉状、法院作出是否受理决定的两个关键节点，对当事人行为给予明确回应，彻底改变了不收诉状不出裁定的现状，从而以增进法院行为回应性增进了立案程序活性。一些法院还探索建立“收”字号立案登记模式，有的统一将当事人起诉材料编为“收”字号，再根据不同情形作出相应处理；有的对能够当场立案的编立审判案号，对于当场无法判定的，则接收材料并编立“收”字号，在法定期限内依程序作出处理。

2. 流程公开性优化

行政审批式的立案审查制具有极强封闭性，作为诉讼程序组成部分的立案程序应具备公开的基本属性。立案登记制下，法院的行为回应性均是以文书形式体现，如接收诉状的书面凭证、告知补正诉状的书面通知、不予受理的书面裁定，文书对当事人甚至社会公众而言具有公开性，从而以文书对当事人的送达和公开增进立案程序公开。法官释明和说理系心证公开的重要方式，法官对诉提起不适法的当场释明以及不予受理裁定需载明具体理由，均使民事立案全景展现于当事人，促进了民事立案过程公开。现代网络技术等技术性创新在立案公开中的运用，则凭借网络信息的即时性促进了民事立案公开的即时性，可使民事立案过程信息即时供当事人查询。

① 参见张卫平:《起诉难：一个中国问题的思索》，载《法学研究》2009 年第 6 期。

3. 起诉便利性优化

便利是立案程序优化应当考量的重要价值，在改革后的立案登记程序中，法院应为当事人提供诉状样本，作为书写诉状示范和指引之用；当事人书写诉状有困难的，可以口头提出，由法院记入笔录后与提交诉状有同等效力，使起诉方式更为多元和便捷；当事人提交诉状及材料不适法的，应一次性书面告知在指定期限内补正，而不能随意性、选择性、部分性或分数次告知，以免让当事人数次奔波；创新网上立案、预约立案、巡回立案等诉讼服务，作为保障当事人起诉便利性的补充。

4. 程序保障性优化

立案审查制饱受诟病的重要原因是程序保障功能不彰，立案登记制改革在不同环节彰显了程序保障价值。在程序效率保障方面，立案登记以“当场”为原则、书面告知贯彻“一次性”原则等，均体现了立案登记程序的高效性及对当事人程序效率类权利的关切。在权利方面，当事人提起之诉欠缺形式要件而不适法，法院须要求当事人补正为必经程序，法院不得未行补正告知之责而径行不予受理，避免了当事人因诉讼能力弱而遭受不利益；7 日之内不能判定起诉是否适法的应先行立案，实则是对当事人提起之诉适法的一种权利推定，最大限度保护了当事人的诉权。在权利救济方面，除不予受理裁定的法定上诉权外，对不收诉状、不出具书面接收凭证、不一次性告知当事人补正诉状内容等法院在立案中的瑕疵行为，采取当事人向受诉法院或者上级法院投诉的方式解决，实则赋予当事人启动法院内部司法行政问责的权利，亦为当事人诉权的一种救济方式。

（四）立案登记制改革未改变我国立案基本秩序

立案登记制改革从行为回应性、流程公开性、起诉便利性、程序保障性等方面对立案程序进行了尽可能的技术优化，既蕴含诉权保障、诉讼公开、程序回应等诉讼理念，又配之以极富操作性的精细化制度设计，从程序优化视角而言，称立案登记制改革为立案程序的一场革命并不为过。那么，我国民事立案基本秩序是否因此改变，如何对立案登记制改革在民事立案秩序构建中给予客观定位，立案登记制改革是阶段性改革还是具有终结意义，均是立案登记制改革落地实施后需要持续探究的问题，亦是我国立案程序远景构建未雨绸缪之举。

何为民事立案基本秩序，是首当解决的问题。民事立案从自然顺序上讲是当事人向法院递交诉状，直至法院认可起诉的过程，如前文所述包括诉的提起、诉提起的适法、诉适法三要素，即民事诉讼程序事项二阶化的内部结构问题。以对程序与实体影响程度为标准，显然诉提起的适法（第一阶的第二环节）、诉的适法（第二阶）更为重要，而诉的提起（第一阶的第一环节）则相对次要，前者解决的是法院认可诉的标准与程序，后者指向起诉是否便捷。因此，民事立案基本秩序涉及的范畴应是法院认可诉的标准与程序。

就此而言，立案登记制改革并未改变法院认可诉的标准，最直接的体现是《意见》就登记立案范围复述了《民事诉讼法》第 119 条，原告与本案有直接利害关系、属于法院民事诉讼主管范围等实质性条件仍是民事立案条件，《民事诉讼法》第 119 条设定的高阶化标准依然存在，民事立案标准的基本秩序未发生改变。有论者以为，“立案登记制下法院不再对起诉进行实质审查，仅对起诉形式要件进行一般性核对”“采用立案登记制后，法院对于原告起诉不管是否符合起诉条件，概予登记受理”“立案登记制下法官只对当事人诉状及诉讼费用缴纳进行形式性判断，无须再对其他实质要件进行审查”。[①] 以上论断认为登记自然排除对实质条件的审查，并未对《意见》《规定》与《民事诉讼法》第 119 条的深层结构关系作出

① 参见许尚豪：《立案登记后如何审查立案》，载《人民法院报》2014 年 12 月 24 日，第 5 版；许尚豪、欧元捷：《立案登记制体现了人民法院的法治担当》，载《人民法院报》2015 年 4 月 22 日，第 2 版等。

正确判断。也就是说变立案审查制为立案登记制之程序改革，并不意味着当事人提起诉讼不需要符合任何条件，也不意味着法院不进行任何审查便开启审判程序。①

受制于起诉条件未发生变化，从《意见》和《规定》中设定的程序看，法院对诉适法的认可仍采“程序实体不分、形式实质内容勿论”的混合模式。立案登记制改革中所有的技术性优化措施均是在维持此混合模式下，对形式性内容和程序性细节做了尽可能符合程序正义的改造。尤其是在不涉及实质性判断的诉的提起方面做到了最大程度的优化，极大地便利了当事人起诉，但不能因此得出立案程序基本秩序得以改变的结论。民诉法司法解释规定应依《民事诉讼法》第119条进行审查，此乃实质审查。立案审查制下存在的起诉条件与诉讼要件混同、立案程序欠缺两造对审、立案庭实质审查与审判庭审理重复等问题依然未得到解决。尤其是当场不能判定诉是否适法而在7日内决定是否立案的，即疑难立案问题的处理，其审查程序仍由法院以行政性、封闭性审查方式进行，并未进行程序性裁判式的改造，而立与不立的疑难立案问题本应是立案登记制改革规制的重点。就此而言，立案登记制改革让以往可立的案件立案更加便捷，而对那些立与不立难题的解决，主要采取“禁止在法律规定之外设定受理条件，全面清理和废止不符合法律规定的立案土政策”的实体性、倡导性规范，而在程序运行和保障上仍有不足。

此外，立案登记制改革依然沿袭《最高人民法院关于人民法院立案工作的暂行规定》《最高人民法院关于民事诉讼证据的若干规定》的做法，要求原告提交“与诉请相关的证据或者证明材料”，同时《规定》和《意见》采取“诉状和材料”的表述方式，将材料与诉状并列，从文义及内容均可得出证据材料与诉状同为当事人起诉必须提交的事项。尽管明确法官

① 参见唐力:《司法公正实现之程序机制：以当事人诉讼权保障为侧重》，载《现代法学》2015年第4期。

补正告知义务系对原告起诉的保护，但若当事人未补足证据材料，将导致诉不被受理的后果，即提交证据材料并非训诫性规定而是效力性规定。

四、我国适用域外立案登记制的障碍与制约

立案登记制改革极大优化了我国立案程序，但立案标准及其审查程序等核心内容并未发生根本改变，改革后的立案登记制仍具有较强的职权审查性，未采取大陆法系国家和地区诉讼要件和诉讼审理模式。世界没有任何普适性的制度，不能当然得出大陆法系国家立案程序优于我国立案登记制改革所作之规则改造。规则移植并非简单优劣判断，与规则相伴、保障规则运行所需的因素应当予以考量，且主要考量的应是我国与他国制度环境的差异性因素以及制约他国制度参照适用的因素。在评价立案登记制改革的积极意义与局限性后，客观认知诉讼要件论为何未能适用于我国立案程序是更为重要的论题。同时，深层考量立案登记制改革局限性的内在缘由以及现行立案制度的生成基础、背后原因，对于立案登记制中国化以及诉讼要件理论在立法实践中的逐步引入具有先决性意义。

司法最终解决原则尚未真正确立，是首要制约因素。所谓司法最终解决，是指只要法律未明确授权其他途径管辖的民事纠纷均可诉诸司法，并且其他救济途径均受司法的最终审查。[①] 司法最终解决原则涉及司法与其他公权力在纠纷解决中的相互关系与界限，司法最终解决原则的确立取决于司法在国家治理体系中的地位作用、国家对司法的依赖程度及提供的资源保障支持，指向国家宪制结构和法治传统的深层问题。大陆法系国家普遍在《民事诉讼法》或《人民法院组织法》中对审判权界限作出规定，如日本《裁判所构成法》以"法律上争讼"界定审判权界限，案件应有具体争讼性且属于法律上可作出妥当与否之判断事项，同时尊重行政权、政党

① 参见张卫平:《起诉难：一个中国问题的思索》，载《法学研究》2009年第6期。

及宗教团体内部自律权。[①] 在我国行政权主导的国家权力结构中，国家机构间只有职责的相对分工而没有分权，法院管辖民事案件的范围只作概括性规定，体现在《民事诉讼法》第 3 条“因财产关系和人身关系提起的民事诉讼”的表述中。基于我国政策调整的相对优先性以及社会政治与法律的高度混合，立案受理成为一个极具中国特色的、特殊的诉讼阶段，反映了政治思维和法律思维二重性特征，呈现出一种管控型受理或立案制度。[②] 立案登记制改革虽受到国家治理法治化强力驱动，但并不代表我国已确立司法最终解决原则，《决定》明确指出立案登记制限于“对人民法院依法应该受理的案件”,《规定》仅明确了民事审判权的排除性范围，[③] 但仍设置“其他不属于人民法院主管的所诉事项”的兜底事项，证明我国民事审判权主管范围仍受到相当限制。在纠纷形成极为复杂、法院司法能力相对有限的社会转型期，限制民事审判权主管范围的政策选择或许仍会在相当长时期内予以维持。[④] 由此不难理解立案登记制改革实际是体现我国社会政治、法治建设现阶段特有要求的产物。

诉讼传统及改革惯性是另一重要制约因素。“立审分离”作为 20 世纪 90 年代末推进的审判方式改革的重要成果，改变了中国民事诉讼长期沿袭的“立审合一”，并在《人民法院五年改革纲要》中得以固化，时至今日，“立审分离”仍被视为三十年司法改革的成果之一。“立审合一”模式下的“谁立案、谁审理”虽形似大陆法系国家和地区普遍采用的诉讼审理与实体审理并行模式，但如前所论大陆法系国家和地区存在诉的提起适法与诉适法的二阶化构造，与“立审合一”模式下各审判庭集收案、立案、审理

① 参见［日］新堂幸司：《新民事诉讼法》，林剑锋译，法律出版社 2008 年版，第 227—233 页。

② 参见张卫平：《民事案件受理制度的反思与重构》，载《法商研究》2015 年第 3 期。

③ 涉及危害国家主权和领土完整、危害国家安全、破坏国家统一和民族团结、破坏国家宗教政策的，不予登记。

④ 参见傅郁林：《民事诉讼要件与审查程序》，载《人民法院报》2005 年 9 月 28 日，第 5 版。

于一身且程序事项与实体内容混为一体有本质区别。"立审分离"以加强诉讼环节监督制约为目的，试图区分程序事项与实体事项并由立案庭、审判庭分庭负责，同时赋予立案庭部分审判权，这与我国民事起诉条件中包括诉讼要件事项也是匹配的。鉴于立案登记制改革并未改变我国民事立案基本秩序，"立审分离"改革惯性依然在发挥作用，立案登记制改革后立案庭地位并未受到影响，是实施立案登记制改革的主体，在原告是否适格、是否属法院主管等诉讼要件审理方面仍具有与审判庭同等的审判权，而适用诉讼要件论的基础是诉讼审理与实体审理均为同一审判主体负责，立案庭与审判庭重复分享程序事项审判权的现状与惯性无疑是适用诉讼要件论的现实制约。

我国不仅欠缺诉讼要件论适用的诉讼传统和改革设计，在诉讼要件理论上的缺失也是重要制约因素。尽管就起诉条件与诉讼要件的关系形成了相当数量的研究成果，但现有研究主要集中在诉讼要件的类型与内容上，对诉讼要件的审理程序、诉讼审理与实体审查的内在关系及审理次序等深层内容研究不足，导致诉讼要件论抽象空洞，对改革实践指引不足。诉的利益是对有关请求内容作出本案判决的必要性及实效性，当事人适格是对特定当事人作出本案判决的必要性及实效性，两者构成诉讼要件中的权利保护要件，属于具有实体内容性质的程序事项。[①] 尽管对诉的利益与当事人适格的研究并不鲜见，但较少将两者作为权利保护要件的整体，进而研究其与一般诉讼要件及与本案判决内容的区别。

我国司法现状是诉讼要件论适用不可回避的现实障碍。近年来法院受理案件大幅增长，法官员额制、"审理者裁判，裁判者负责"的审判权运行机制等涉及法院组织和审判权力结构的改革正在探索推进，中国法院整体司法能力的提升仍具有阶段性和复杂性。根据最高人民法院官方报道，

① 参见吕太郎:《民事诉讼之基本理论（一）》，智腾文化事业有限公司 1999 年版，第 198 页。

立案登记制实施一个月以来，全国法院受理案件数增长20%。[①]实务界的普遍观点是如果参照大陆法系国家引入诉讼要件论，设立仅包括提交诉状和交纳诉讼费用的起诉条件，对诉讼要件在诉讼审理中给予查明，中国法院难以承受案件进一步激增的压力，且与中国法院在法治框架和社会治理体系中的地位与作用不符，不适合我国司法国情。司法现状中的阻力与理论指引缺失叠加以后，自然进一步导致诉讼要件论的适用“遥不可及”。

五、民事起诉受理制度进一步改革的建议

我国立案程序改良面临两难格局，一方面，立案登记制改革并未改变民事立案基本秩序，立案审查制下存在的起诉条件与诉讼要件混同、立案阶段程序保障不足等问题依然存在，仍需进一步改革。另一方面，诉讼要件论直接适用于我国受到法治发展阶段性、理论研究不够精细以及司法现状制约，尤其是司法最终解决原则远未确立影响着诉讼要件论适用的前景。有论者以为，党的十八届四中全会《决定》变立案审查制为立案登记制的意图是还原起诉本来的意义和作用，其目的不是“登记”这种方式，而是降低立案门槛，回归起诉本意。[②]但从最高人民法院《意见》系由中共中央全面深化改革领导小组讨论通过的态势看，可认为现行立案登记制改革至少将成为近期乃至中期的阶段性改革成果。至于诉讼要件从起诉条件整体剥夺的根本性改革，前景并不明朗甚至在相当长时期内难以实施。两难困境下，以符合诉讼法理为前提，对诉讼要件论进行适当的中国化改造，是立案登记制改革后一种折中、渐进的改革策略。

---

① 参见罗书臻：《立案登记制改革初见成效》，载《人民法院报》2015年6月5日，第1版。

② 参见张卫平：《民事案件受理制度的反思与重构》，载《法商研究》2015年第3期。

（一）诉讼要件论中国化的渐进式探讨：基于大陆法系诉讼要件审查顺序的启发

民事立案制度构建的关键不在于是否进行审查，而在于审查内容、审查阶段及程序的对应关系，即民事诉讼程序事项在各阶段如何分配的问题。如果暂时不考虑当前立案、审判等程序阶段设置，将我国民事诉讼程序起诉至裁判的程序过程拆开、肢解，还原为一个个最基础的程序事项要素，再结合比较法经验以及我国法治国情、司法现状，就料裁衣、因势利导进行程序事项的结构重组，或许展现了一种全新的改革路径。[①]

诉的提起、诉状适法、法院主管、当事人能力与适格、诉的利益等程序事项被肢解后，如何进行结构重组是接下来的迫切问题。我国立案程序的症结在于起诉条件与诉讼要件的混淆，结构重组思路自然是将诉讼要件从起诉条件中剥离出来，起诉条件即诉提起适法的条件，仅包括诉状适法及缴纳诉讼费，近年来学界对此已作了深入讨论。[②]然而基于前述实施障碍，这种重组思路在中短期内难以实施，寻找中短期内替代性重组方案是一种现实性选择，亦是诉讼要件论中国化实践与理论积累的必经阶段。

大陆法系国家和地区有各诉讼要件之间审理顺序的学说与实践，为我国寻找替代性重组方案提供了新的切入点。德国通说中的诉讼要件审理顺序为：起诉符合法律规定，德国的裁判权、诉讼途径的合法性、国际管辖权及地域管辖权、当事人能力与诉讼能力及法定代理、诉讼实施权、权利可诉性、不曾诉讼系属、无已经发生既判力的裁判、权利保护需求、诉

---

① 参见傅郁林：《再论民事诉讼立案程序的功能与结构》，载《上海大学学报》（社会科学版）2014 年第 1 期。

② 参见段文波：《论民事一审之立案程序》，载《法学评论》2012 年第 5 期；陈亮：《诉讼要件抑或本案要件——美国关于原告资格定性之争及其对我国的启示》，载《清华法学》2015 年第 1 期；宋朝武：《民事诉讼受理制度改造的理性视角》，载《法学论坛》2007 年第 3 期等。

讼障碍、满足特殊的诉讼要件等。[①] 日本兼子理论认为，各诉讼要件审理顺序为：起诉与诉状送达是否有效、合并诉讼或诉讼内诉的特殊要件、当事人存在以及当事人能力；日本法院具有国际管辖权、法院对案件有管辖权、诉讼费用担保的提供、诉的利益与当事人适格。[②] 新堂学说主张各诉讼要件具体审理顺序为：日本法院具有国际管辖权、法院对案件有管辖权、起诉行为是否有效、当事人存在及当事人能力、诉讼费用担保的提供、合并诉讼或诉讼内诉的特殊要件、诉的利益与当事人适格。[③] 各诉讼要件审理顺序并不引起违法与否问题，即便未按该顺序审理并不导致程序违法，仅是适当与否问题，但仍具有一定指引价值。

从以上学说得知，尽管在各诉讼要件审理顺序上有所差别，譬如在关于法院诉讼要件与关于当事人诉讼要件的审理顺序上，若基于当事人听审请求权保护则应先审查当事人诉讼要件，如日本兼子学说。若基于有管辖权的法院才能审理其他诉讼要件的自然逻辑，则应将关于法院的诉讼要件置于前位，如德国学说和日本新田学说。但亦有一定共性规律。例如，总是将与案件实体问题联系最为紧密的当事人适格与诉的利益置于审理最后位阶，一般将诉提起的适法置于最先审理的环节，基本遵循由简单至复杂的审查位阶等。在关于当事人、法院的诉讼要件的内部也存在审查先后顺序，如当事人实际存在、当事人能力、诉讼能力、当事人适格依次构成前提条件，构成关于当事人的诉讼要件的审理顺序；关于法院的诉讼要件，则依国际管辖、法院主管、地域管辖、事务管辖的顺序进行审查。[④]

诉讼要件内部审理顺序的启示是，将民事诉讼程序要素拆开从而成为

---

① 参见［德］汉斯－约阿西姆·穆泽拉克：《德国民事诉讼法基础教程》，周翠译，中国政法大学出版社2005年版，第71—81页。

② 参见［日］高桥宏志：《重点讲义民事诉讼法》，张卫平等译，法律出版社2007年版，第9页。

③ 参见［日］新堂幸司：《新民事诉讼法》，林剑锋译，法律出版社2008年版，第173页。

④ 参见姜世明：《民事诉讼法基础论》，台湾元照出版公司2009年版，第98页。

一个个基础的程序事项要素后，可将一些审理顺序靠前的诉讼要件仍置于起诉受理环节，同时将审理顺序靠后的诉讼要件从起诉条件中剥离出去，通过诉讼要件从起诉条件中的部分剥离实现民事诉讼程序事项的初次优化，同时对初次优化可能的目标与可欲的效果同“民事审判权主管范围仍会长期受限、法院司法能力应对不足、立审分离的改革惯性”等诉讼要件论适用的制约因素进行对比，判断部分剥离是否缓解了制约因素，继而是否可以为诉讼要件从起诉条件中整体剥离提供“知识积累”。诉讼要件从起诉条件的部分剥离构成了民事诉讼程序事项的重置，尽管和传统诉讼要件适用论有一定冲突，但未尝不是一种诉讼要件论中国化的渐进式探索。主张诉讼要件从起诉条件整体剥离的学者也承认“法院在起诉受理阶段能够明显判断不属于法院主管的案件，可基于诉讼效率直接驳回，而不一定在诉讼系属中以诉不合法驳回，尽管后者更具程序正当性”[①]。将类似于法院主管等诉讼要件仍置于起诉环节，并非没有理论可行性与现实可能性，关键在于以何种标准将哪些诉讼要件置于起诉环节，而将哪些诉讼要件剥离到审理环节，同时尽可能实现程序保障功能。

（二）程序性事项二阶化的重置

程序事项在起诉受理与诉讼审理两阶段进行结构重组，具体化为诉讼要件如何从起诉条件的部分剥离，抽象化为程序事项二阶化重置的规律。对重置规律进行符合法理与实际的凝练，系最为关键之前提。

1. 二阶化重置的规律与依据

其一，以职权调查事项与抗辩事项的界分作为重置参考。基于诉讼要件普遍具有较强的公益性，大部分诉讼要件属于法院职权调查事项，无论

---

① 参见张卫平:《民事案件受理制度的反思与重构》，载《法商研究》2015 年第 3 期。

被告是否对要件事项提出抗辩，法院均应依职权进行调查。[①]职权调查只是依职权斟酌之意，至于提出调查的事项后如何收集相关资料是另一问题；在资料收集方式上，无论是职权探知还是辩论主义都是妥当的。[②]大多数职权调查事项应采用职权探知方式收集资料，但是任意管辖、诉的利益、当事人适格等应采用辩论主义收集诉讼资料。[③]德国法采用存在介于职权探知与辩论主义之间的被称为职权调查的资料收集方式，法院对诉讼要件有疑问时，可依辩论主义在法官释明后由当事人收集、提供判断资料，但职权调查主张不受当事人自认拘束，又接近于职权探知主义。[④]日本法将职权调查主义称为职权审查主义。[⑤]

适用职权探知主义的诉讼要件包括当事人存在、法院有裁判权、专属管辖、当事人能力、诉讼能力和代理权等公益性强的事项；适用辩论主义的诉讼要件包括仲裁抗辩、不起诉协议、诉讼费用担保等；适用职权审查主义的诉讼要件包括当事人适格、诉的利益等。比较起诉受理与诉讼审理阶段，前者涉及法院对诉的提起适法是否适法的判断，显然具有较强的职权属性，诉讼审理阶段则与实体审理阶段共同受到辩论主义调整，相对排斥职权主义。因此，配置在起诉受理阶段的诉讼要件应具有较强的职权主义色彩，具体而言只能在适用职权探知主义的法院有裁判权、当事人存在、当事人能力、诉讼能力等诉讼要件中选择。

其二，以要件公益性与私益性的区别作为重置参考。诉讼要件涉及法院对诉提起适法与诉适法的判断，本质上具有公益性，但诉讼活动由法

① 参见［韩］孙汉琦：《民事诉讼法》，陈刚译，中国法制出版社 2010 年版，第 149—151 页。

② 参见［日］高桥宏志：《重点讲义民事诉讼法》，张卫平等译，法律出版社 2007 年版，第 7 页。

③ 参见［日］新堂幸司：《新民事诉讼法》，林剑锋译，法律出版社 2008 年版，第 172 页。

④ 参见［德］汉斯－约阿西姆·穆泽拉克：《德国民事诉讼法基础教程》，周翠译，中国政法大学出版社 2005 年版，第 137 页。

⑤ 参见［日］高桥宏志：《重点讲义民事诉讼法》，张卫平等译，法律出版社 2007 年版，第 7 页。

院、当事人协力推进，且民事诉讼归根结底系私益诉讼，诉讼要件在呈现公益性属性的同时也呈现一定的私益性。诉讼要件的公益性与私益性，实则与职权主义、辩论主义有内在联系，公益性较强的诉讼要件原则应采职权主义，私益性强的诉讼要件原则应采辩论主义。法院主管、当事人能力及诉讼能力具有较强的公益性，不属主管范围法院无权裁判，当事人无诉讼能力不具有参加诉讼的前提，对于公益性强的诉讼要件，法院应在初始阶段首先进行职权探知。对于公益色彩较弱的要件，如仲裁协议、不起诉契约的存在，法官应在之后的诉讼审理阶段以辩论主义方式进行审理。对于与当事人权利保护直接相关的诉讼要件，如当事人适格和诉的利益，同样应在诉讼审理阶段采辩论主义审理。①

其三，以抽象要件与具体要件的划分作为参考。抽象要件与具体要件的划分是从该要件与具体案件的关系上来划分，抽象要件与本案审理联系较弱，具体要件与本案审理联系密切。一般认为抽象要件包括当事人存在、当事人能力与诉讼能力、法院主管，具体要件包括诉的利益和当事人适格，法院管辖则难有定论。德国和日本通说均认为应从抽象要件向具体案件涉及的特殊要件的顺序进行审理，参照这种先后审理顺序的规律，置于起诉受理阶段的诉讼要件只能从抽象要件中选择。

其四，以要件简单与复杂的差异作为参考。日本新堂理论认为，原则上应先调查容易得出结论的要件，②德国通说主张首先审查最容易和最快确定的要件，③至于较难判断、与实体要件密切联系的要件则可置于第二位阶的诉讼审理阶段。之所以首先审理较易查清的要件，主要基于诉讼效率考量，不至于因先审理复杂要件导致诉讼停滞或进展缓慢。同时也与起诉受

---

① 参见刘敏：《论裁判请求权保障与民事诉讼起诉受理制度的重构》，载《南京师大学报》（社会科学版）2005 年第 2 期。

② 参见［日］新堂幸司：《新民事诉讼法》，林剑锋译，法律出版社 2008 年版，第 173 页。

③ 参见［德］奥特马·尧厄尼希：《民事诉讼法》，周翠译，法律出版社 2003 年版，第 177 页。

理与诉讼审理的程序保障差异相关，起诉受理阶段未采两造对审格局，程序保障较弱，诉讼审理阶段程序保障充分，故而置于第一位阶的要件应相对简单，才能与程序保障程度相符合。

2. 二阶化重置的结构与内容

仍置于起诉受理阶段的诉讼要件应当符合上述职权、公益、抽象、简单四项条件，缺一不可。以四项条件对各诉讼要件作检索，符合四项条件的诉讼要件有六类：诉状适法、法院主管、当事人存在、当事人能力、诉讼能力、级别管辖，而原告适格、仲裁抗辩、无重复起诉、无已经发生既判力的裁判等其他诉讼要件可从起诉条件中剥离，置于诉讼审理阶段进行审理，从而减少起诉受理阶段审查诉讼要件的范围。当然，理论上诉讼要件应当全部剥离于起诉条件，保留以上要件于起诉受理阶段仅是一种阶段性、策略性选择，长远而言仍应实现诉讼要件的全面剥离。

诉状适法是大陆法系国家和地区公认的应最先审查的诉讼要件。《民事诉讼法》第 121 条明确了“原被告较为明确的个人信息、诉讼请求和所根据的事实与理由”等诉状适法的条件。但我国将证据方法作为诉状必要记载事项，实则加重了原告的起诉负担，应将证据方法等攻击防御方法列为任意记载事项，使之由效力性规定调整为训诫性规定，提倡当事人起诉时提交证据以便促进案件审理，但不作为诉提法适法的条件，法院不能以当事人未提供证据不予受理。

法院主管涉及法院与其他纠纷解决机关的权能分工问题，具有较强的公益性和抽象性，宜以职权探知方式查明，判决纠纷是否由法院主管亦相对直接简单。更为重要的是，诉讼要件论中国化的最大障碍在于如果起诉受理阶段放弃对法院主管的审查，依凭中国法院欠佳的纠纷解决能力和在法治框架中不高的地位，将难以有效化解纠纷。决策层和实务界对诉讼要件从起诉条件整体剥离的担忧亦集中于法院主管，故而在起诉受理阶段保留法院主管要件，而将其他要件剥离，有助于诉讼要件论的渐进适用。

尽管当事人存在、当事人能力与诉讼能力属于诉讼要件，理论上应置于诉讼审理阶段，但与本案审理联系不甚明显，具有抽象性、形式性、直观性特征，较易作出成立与否的判断，程序保障要求相对较低，可以保留在起诉受理阶段审理。而且对有“有明确的被告”实际已经融入诉状适法的审查，判断是否有明确被告，需要审查诉状中是否载有足以使被告与他人区别开来的信息，如姓名、性别、单位、住所等。

关于法院管辖，地域管辖的审查对程序保障有较高要求，需采对审方式进行充分有效的审理。级别管辖涉初审案件在不同层级法院的分工，既定规则一般以标的额大小事先予以设定，法院是否对案件在级别管辖上适格，主要是将起诉标的额与法院审理标的额对比核对即可，相对直观明了，较易作出判断，故级别管辖事项仍可置于起诉受理阶段，而地域管辖事项应从起诉条件中剥离并后置于诉讼审理阶段。

（三）二阶化重置后的裁判制度

诉讼要件从起诉条件部分剥离后，保留于起诉受理阶段的要件均系职权性、公益性较强且较为抽象简单的事项，后置于诉讼审理阶段的要件则具有与本案审理联系密切，较为具体复杂的特征。起诉受理、诉讼审理两阶段分别对应不同属性的要件，需予以不同程度的程序保障。

1. 起诉受理阶段

起诉受理阶段对诉状适法、法院主管、当事人存在、当事人能力、诉讼能力、级别管辖的审查，应当遵循立案登记制改革行为回应性、程序公开性、程序保障性要求，通过引入立案听证等方式审查起诉受理环节的诉讼要件，在审查模式下最大化实现公开、回避等原则，使诉权有效规制法院“立案审判权”。我国法院立案阶段的诉讼行为均以裁定形式作出且当事人可以提出上诉，鉴于诉状适法审查是动态过程，存在当事人不断补正诉状的情形，以及对诉讼效率有较高要求，裁定及对裁定上诉未必是最佳程序保障方式。对诉状有瑕疵且未能补正的，可参照大陆法系国家和地区普遍采用的命令方式驳回，命令可对应于我国民事诉讼中的决定，原告可向法院提出即时抗告，以相对动态和灵活的方式保障原告诉权。对法院主管、当事人存在、当事人能力、诉讼能力、级别管辖事项的裁判仍以裁定方式进行，当事人可以上诉。也就是说，基于起诉受理阶段诉讼要件性质的复合性，裁判方式及救济程序亦具有多元化。裁判主体方面，现阶段立案庭可予以保留，负责诉状适法、法院主管、当事人存在、当事人能力、诉讼能力、级别管辖事项的审查。鉴于二阶化重置后，相当数量诉讼要件的审理已经后置于审判环节，立案庭的审查任务大幅减轻，可适当减少立案庭法官员额配备而分流至审判庭，从而实现审判事务与法官员额的理性配置、诉讼制度与法官制度的内在衔接。立案庭减少法官员额后，可增加法官助理配合立案庭法官从事审判辅助及事务工作。当然，在诉讼要件实现整体剥离后，可取消立案庭，由专设的书记官处或司法辅助处接收诉状后，分配给审判庭法官审查。

2. 诉讼审理阶段

当事人适格、诉的利益、地域管辖、无重复起诉、无已经发生既判力的裁判等诉讼要件后置后，与本案要件采复式平行结构、依辩论主义原则进行审理。多数大陆法系国家和地区对诉不适法以诉讼判决方式驳回，我国台湾地区则以裁定驳回不适法之诉。我国一贯以裁定处理程序问题，民事诉讼理论及制度无诉讼判决的传统，同时诉讼判决与裁定在某种意义上而言仅是一种形式差别，只要作出裁决的过程得到了充分的程序保障，结果采判断或裁定并不重要，故而在审理阶段发现诉不适法的，可仍以裁定驳回，当事人可提起上诉。诉讼要件的审理主体是审判庭法官，且与本案要件审理一并进行。

六、结语

毫无疑问，我国民事立案程序改革的最终发展目标是诉讼要件从起诉条件中整体剥离，实现诉提起适法与诉的适法、起诉受理与诉讼审理的彻底界分，暂将法院主管等少数诉讼要件保留在起诉受理阶段，是法治发展阶段性在民事诉讼领域的体现。本章所论的渐进型改革策略尽管具有现实合理性，亦不失为诉讼要件中国化的阶段性探索，但其在诉讼要件理论上仍有不尽圆满之处，毕竟以职权、公益、抽象、简单为标准将少数诉讼要件保留在起诉受理阶段，系对传统诉讼要件理论的突破，其科学性仍待进一步论证。随着国家治理法治化的深入推进，司法将在法律实施过程中发挥更加重要的作用，以诉讼要件论对我国民事立案程序进行彻底改造的外部法治环境逐步成就，届时诉讼要件终可从起诉条件中彻底剥离并建立与之适应的审理程序，民事诉讼程序事项的解决秩序将得到理性优化。

第二章

人民陪审员制度实施状况评估与完善

一、问题的提出

人民陪审员制度延续我国优良的人民司法传统，是四项基本审判制度之一，被视为弘扬司法民主、加强司法监督、促进司法公正、推进司法公开、提升司法公信、增进法治水平的重要路径，具有突出的民主政治意义。然而，自人民陪审员制度建立以来，“陪而不审，审而不议”现象长期存在，实践疲软，功效薄弱。同时，陪审制司法功能弱化是世界性的普遍问题，但很少有国家将之废除。在国家视野下，陪审制不仅仅是一项司法制度，更是一项政治制度，尽管理论界和实务界时有废除陪审制的呼声出现，[①] 但国家从未放弃通过不断改革促进其实效。[②]

党的十八届四中全会《决定》提出要完善人民陪审员制度，对人民陪审员制度改革提出诸多新内容、新任务，推进该项制度的改革进入新的阶段。2015 年 4 月 24 日，最高人民法院、司法部印发《人民陪审员制度改革试点方案》（以下简称《改革试点方案》），5 月印发《人民陪审员制度改革试点工作实施办法》。最高人民法院确定 10 个省、自治区、直辖市共计 50 个中、基层法院开展人民陪审员制度改革试点。对目前人民陪审员制度实施状况进行全面考察，分析实践中存在的问题及原因，总结经验，无疑有利于推进新改革方案的合理调整和协调实施。由于我国各地制度改单实施状况的地区差异性较为显著，本课题组通过实地访谈、座谈等方式，在重庆、河南、贵州、广东选取 1 个中级人民法院和 6 个基层人民法院展升

---

① 关于废除陪审制的主张自 20 世纪 80 年代末就出现了，并且一直持续至 2000 年后，如钱卫清：《建议取消陪审制》，载《法学杂志》1987 年第 6 期；佘汉平：《我国应当废除陪审制度》，载《法学评论》1989 年第 1 期；刘艺工、李拥军：《关于人民陪审制度难以执行根源的探讨》，载《甘肃政法学院学报》1998 年第 1 期；申君贵：《对我国陪审制的否定性思考》，载《中国律师》1999 年第 4 期；周云帆、左卫民：《国外陪审制度的比较与评析》，载《法学评论》1995 年第 3 期；姚远：《关于废除人民陪审制度》，载《华东政法学院学报》2001 年第 1 期。但最终仍以改革论占据主流。

② 刘哲纬：《人民陪审制的现状和未来》，载《中外法学》2008 年第 3 期；李拥军：《“政治之重”与“司法之轻”：我国当下人民陪审制度的社会价值与存在基础》，载《社会科学辑刊》2012 年第 5 期。

深入调研，并通过CNKI数据库检索大量人民陪审员制度的调研报告、新闻报道等文献，能够较为及时地把握较长时期内人民陪审员制度的实践运作状况。

根据数据采集情况，本章主要以广东A法院和贵州B法院为样本，结合其他调研素材，全面考察评估人民陪审员的选任、参审、管理、培训等程序环节，深入探析人民陪审员制度实践中的突出问题及其原因，结合比较法经验，指出当前人民陪审员制改革的新方案可能存在的问题，并提出改革完善的建议。

二、人民陪审员制度实施概况

我国的人民陪审员制度初建于20世纪50年代至20世纪60年代中期，是陪审制发展的黄金阶段。[①]"文革"过后，陪审制也成为国家法制重建的重要内容之一。1979年《刑事诉讼法》和《人民法院组织法》均规定人民陪审是审理一审案件必要的审判组织形式。但1982年《民事诉讼法》调整了陪审制的适用范围，1983年《人民法院组织法》及之后修改的《刑事诉讼法》和《行政诉讼法》又弱化了人民陪审员制度的适用。这一时期人民陪审员制度规定相对完整，但适用状况不佳。"陪而不审，审而不议"，陪审形式化的问题已经非常突出，[②]陪审制衰落的状况持续至20世纪90年代，尽管有专业陪审等新的尝试，[③]但陪审流于形式，缺乏实效的状况未有实质性改善。

---

① 最高人民法院这期间频繁发布了十余件规范性文件推动陪审制的完善和推广适用。

② 如邢清江:《人民陪审员陪而不审的现象应当改变》，载《人民司法》1981年3月。

③ 如《最高人民法院经济审判庭关于涉及技术性较强的第二审经济纠纷案件能否邀请技术人员陪审问题的电话答复》(1990.3.27)、《最高人民法院、国家教育委员会、共青团中央委员会、中华全国总工会、中华全国妇女联合会关于审理少年刑事案件聘请特邀陪审员的联合通知》(1991.4.6)(已失效)、《最高人民法院关于聘请技术专家担任陪审员审理专利案件的复函》(1991.6.6)。

具有转折意义的是，2004年十届全国人大常委会通过《关于完善人民陪审员制度的决定》（以下简称全国人大常委会《决定》），明确规定了人民陪审员的性质、地位、职责、选任、权利和义务等内容，标志着人民陪审员制度走上规范化和法制化的发展阶段。随后相关部门较为密集地发布了一系列规范性文件，其中较为重要的是，最高人民法院、司法部印发的《关于人民陪审员选任、培训、考核工作的实施意见》，对陪审员制度的主要程序环节进行了较为全面的规定，最高人民法院2005年印发《最高人民法院关于人民陪审员管理办法（试行）》以及2010年发布的《最高人民法院关于人民陪审员参加审判活动若干问题的规定》明确了陪审员参加审判的案件范围、具体流程、职责保障等内容，强化了陪审员的参审权并提供可操作的程序性保障。随后，《最高人民法院政治部关于人民陪审员工作若干问题的答复》进一步就陪审员的名额确定、抽取方式、信息库建立、考核等管理问题提供指引。此外，最高人民法院二五、三五改革纲要均对陪审制的改革作出了相应规划。从2010年开始，陪审制迈入改革深化阶段，2010年最高人民法院印发《关于进一步加强和推进人民陪审工作的若干意见》，较为系统地从理论认知、选任程序、履职保障、培训强化、管理考核、组织领导等方面对人民陪审工作作了规范性的完善。

为了进一步调整完善人民陪审员组成结构，拓展人民陪审员制度的代表性和广泛性，最高人民法院于2013年5月开始启动人民陪审员“倍增计划”，计划在2年至3年内将全国法院人民陪审员数量从目前的8.7万名增至20万左右。[①] 据统计，自2005年5月至2011年12月，人民陪审员共参与全国法院审理案件400余万件，其中刑事案件120余万件，民商事案件260余万件，行政案件13余万件。[②] 陪审案件逐年增加趋势明显，

---

① 张先明：《扩大司法民主、推进法治建设、确保司法公正——全国法院人民陪审员实施“倍增计划”力争达20万人》，载《人民法院报》2013年5月24日，第1版。

② 牛建华：《回顾与展望：人民陪审员制度实践探索之观察思考》，载《法律适用》2013年第2期。

据统计，2010 年，我国人民陪审的陪审率为 38.4%，2011 年的陪审率为 48.3%，2012 年的陪审率是 62.9%，2013 年上半年的陪审率是 71.7%。[①] 课题组所调研的 A 法院由于行政区划合并，人大换届迟延的特殊原因，未能如期完成陪审员增额选任程序，仍然保持原有的陪审员继续任职，目前有 42 名陪审员；此外其他法院均如期完成陪审员的增选。如贵州省 B 法院人民陪审员在 2013 年增补前有 22 人，与法官人数相当，执行倍增计划增补 22 人，现共有陪审员 44 人。

（一）陪审员选任情况

1. 遴选程序

自 20 世纪 50 年代起，我国陪审员选任方式经历了“民主选举—法院会同司法行政机关募选—随机抽选”的变迁过程。2004 年全国人大常委会《决定》设定了陪审员选任的基本条件，确立了自荐与推荐相结合的募选方法。2004 年 12 月，最高人民法院、司法部《关于人民陪审员选任、培训、考核工作的实施意见》对此予以细化。具体而言：符合担任人民陪审员条件的公民，可以由其所在单位或者户籍所在地的基层组织向基层人民法院推荐，或者本人提出申请，由基层人民法院会同同级人民政府司法行政机关进行审查，并由基层人民法院院长提出人民陪审员人选，提请同级人民代表大会常务委员会任命。2015 年《改革试点方案》提出要增加选任的广泛性和随机性，建立和完善人民陪审员随机抽选机制，提高选任工作透明度和公信度。但截至 2015 年 8 月，除了南京市中院较早启动电脑系统随机抽选方式的试点项目，[②] 其他地区还未有实质性变化。

---

①《最高人民法院关于人民陪审员决定执行和人民陪审员工作情况的报告》，http://www.npc.gov.cn/npc/xinwen/2013-10/22/content_1810630.htm，最后访问时间：2015 年 9 月 15 日。

② 施法萱、孙建、张源源：《人民陪审员制度改革的南京探索》，载《南京日报》2015 年 8 月 2 日，第 A01 版。

调研法院一般通过地方电视台等媒体和公告栏发布陪审员招募公告，接收居民的报名申请；同时，法院政治部人员动员当地村/居民委员会、行政机关、企事业单位、社会团体等组织机构推荐人选，再由法院会同司法局进行资格审查和遴选。但调查考核工作量较大，且法院难以在短时期内对每位陪审员的情况进行全面深入的调查，因此考核工作在很大程度上取决于推荐单位意见。

2. 选任条件

基于提升陪审员文化教育水平以促进参审能力的观念，2004年全国人大常委《决定》提高了陪审员选任的学历和教育程度，应达到“一般应当具有大学专课以上文化程度”。据统计，根据第六次全国人口普查数据显示，截至2010年11月1日，全国人口中大专及以上学历人口约1.2亿，仅占全国人口总数的8.93%。[①]该规范一度引起人们对陪审员选任实行精英化标准还是实行大众化标准的争议。在边远、不发达地区以及发达地区中临近乡村的法院，2004年全国人大常委会《决定》所确立的选任标准难以实现，因此2004年12月的《关于人民陪审员选任、培训、考核工作的实施意见》补充规定，对于执行该规定确有困难的地方，以及年龄较大、群众威望较高的公民，担任人民陪审员的文化条件可以适当放宽。此后，《最高人民法院关于人民陪审员管理办法（试行）》和《最高人民法院关于进一步加强和推进人民陪审工作的若干意见》均强调要优化陪审员结构，充分体现陪审员的广泛性和代表性，确定人民陪审员的人选，应当注意吸收社会不同行业、不同性别、不同年龄、不同民族的人员。2013年，最高人民法院启动陪审员“倍增计划”，特别要求注意提高基层群众特别是工人、农民、进城务工人员、退伍军人、社区居民等群体的比例，确保基层

① 中华人民共和国国家统计局：《2010年第六次全国人口普查主要数据公报（第1号）》，载《人民日报》2011年4月29日，第1版。

群众所占比例不低于新增人民陪审员的2/3。①

从两家样本法院的数据来看，陪审员的性别比例相对均衡，但男性陪审员更多一些。A法院陪审员男性有28人，占66.7%，女性14人，占33.3%；B法院陪审员男性有26人，占59.1%，女性18人，占40.9%。

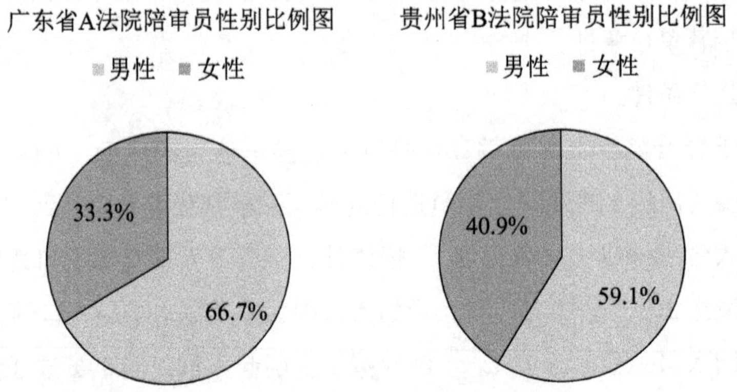

图2–1 陪审员性别比例图

从陪审员年龄来看，A法院28—29岁的陪审员1人，占2.4%；30—39岁16人，占38.1%；40—49岁的14人，占33.3%；50—59岁的6人，占14.3%；60岁及以上的5人，占11.9%。B法院30—39岁的有10人，占22.7%；40—49岁的有18人，占40.9%；50—59岁的有11人，占25%；60岁及以上的有5人，占11.4%。上述数据可以看出，两法院遴选陪审员都选择了更有社会阅历和生活经验的人。

①张先明:《扩大司法民主、推进法治建设、确保司法公正——全国法院人民陪审员实施“倍增计划”力争达20万人》，载《人民法院报》2013年5月24日，第1版。

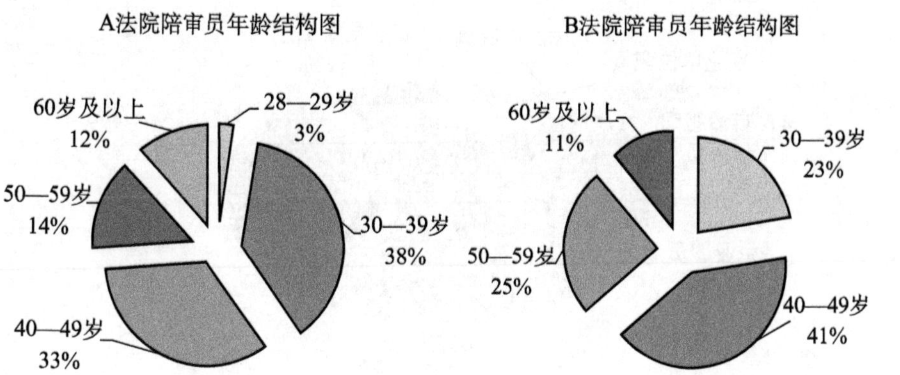

图 2–2　陪审员年龄结构图

从陪审员的民族构成来看，A 法院有少数民族陪审员 2 人，占 4.8%；B 法院有 4 人，占 9.1%。根据 2006 年国家统计局的数据，各少数民族占总人口的 9.44%。虽然 A 法院少数民族陪审员占比低于全国平均水平，而 B 法院高于平均水平。但据 2010 年第六次人口普查数据显示，贵州省是少数民族聚居大省，各少数民族占 36.11%，[①]据2009年的统计，广东省少数民族占全省人口 2.69%。[②] 因此，B 法院少数民族陪审员比例仍相对较低。

从陪审员的职业来看，A 法院陪审员中有行政机关公务员 18 人，占 47.6%；退休人员 6 人，占 4.8%；企业职员 7 人，占 16.7%；基层群众自治组织工作人员 5 人，占 11.9%；事业单位职员 3 人，占 7.1%；人民团体成员 2 人，占 4.8%；基层党委机构工作人员 1 人，占 2.4%。

① 陈应芳等：《贵州“口普查系列分析报告”出炉——贵州少数民族人口全国排第 4》，载《贵州都市报》2011 年 9 月 17 日，第 1 版。

② 杨明、胡键、岳宗：《广东少数民族人口已增长到 250 多万》，载《广州日报》2009 年 12 月 19 日，第 A1 版。

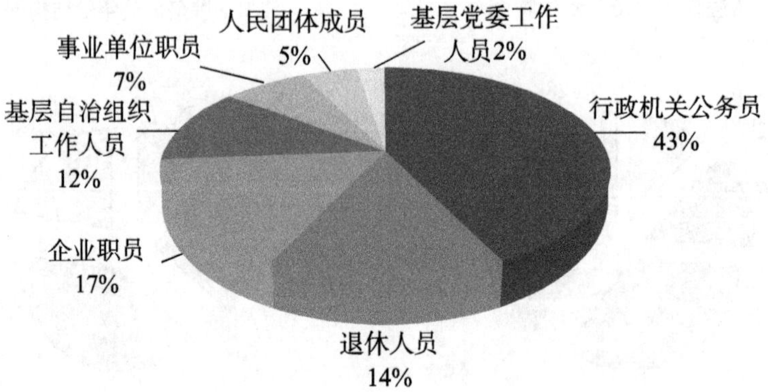

图 2-3 A 法院陪审员职业结构图

B 法院陪审员中有行政机关公务员 5 人，占 11.4%；退休、退伍人员有 5 人，占 11.4%；无固定工作人员 8 人，占 18.2%；个体工商户 1 人，占 2.3%；基层群众自治组织人员 22 人，占 50%；事业单位人员 1 人，占 2.3%；人民团体成员 2 人，占 4.5%。

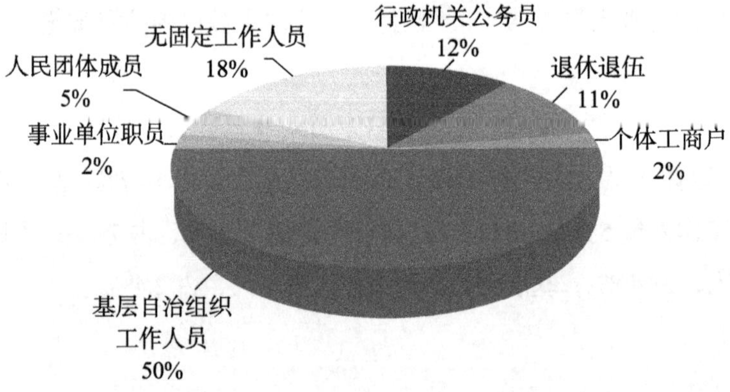

图 2-4 B 法院陪审员职业结构图

从陪审员的受教育程度来看，东部地区A法院陪审员整体学历水平较高，研究生学历的有12人，占28.6%；本科学历21人，占50%；大专学历7人，占16.7%；高中及以下学历仅2人，占4.7%。相比之下，位于不发达地区，临近农村的B法院，陪审员学历水平明显偏低，本科学历10人，占22.7%；大专学历7人，占15.9%；高中及以下学历者27人，占61.4%。但从全国总体情况来看，2014年的统计显示，全国人民陪审员中，大专以上学历人员占85%以上。[①]可见，各地法院对陪审员的文化教育程度非常重视。

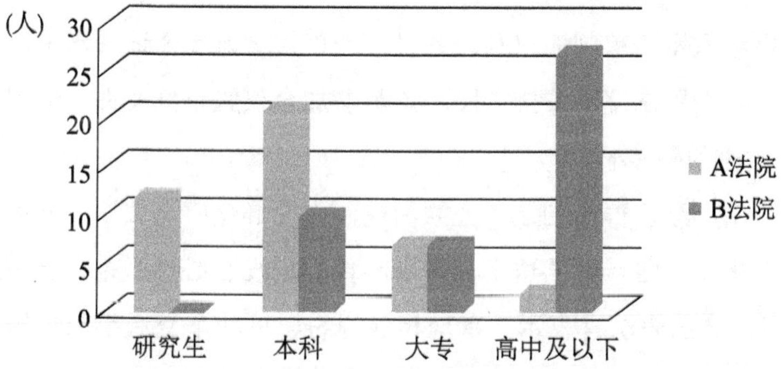

图2-5　A、B法院陪审员受教育程度统计图

最后，从陪审员的政治面貌来看，中共党员占绝对多数。A法院陪审员有中共党员30人，占71.4%；民主党派3人，占7.1%；无党派9人，占21.5%。B法院陪审员中有中共党员30人，占68.2%；无党派14人，占31.8%。根据中央组织部最新党内统计数据显示，截至2014年年底，中

① 陈丽平：《最高人民法院认真落实全国人大常委会审议意见，人民陪审员专课以上学历占85%以上》，载《法制日报》2014年5月9日，第3版。

国共产党党员总数为8779.3万名，[①] 约占人口总数的6.4%。[②] 显然，政治面貌是一个特别突出的选任考量因素。

（二）陪审员参审情况

1. 陪审范围

2010年《最高人民法院关于人民陪审员参加审判活动若干问题的规定》第1条和第2条在2004年全国人大常委会《决定》的基础上细化了陪审制的适用范围，确立了陪审制适用的两种方式：一种为法定适用，即涉及群体利益、公共利益，人民群众广泛关注，其他社会影响较大的民事、刑事、行政案件，法院应当依法适用；一种是法院酌定适用，但赋予当事人拒绝适用陪审制的权利。并且，当事人一方申请适用陪审，另一方不同意的，人民法院不安排人民陪审员参加合议庭审判案件，但属于法定适用陪审案件的除外。

实践中，涉及群体利益、公共利益，人民群众广泛关注，社会影响较大的案件极少。陪审制的适用与民事案件类型没有必然联系，各种案件都可能适用。B法院法官表示，审理相邻纠纷、机动车交通事故损害赔偿纠纷以及民间借贷等案件适用陪审制相对更多一些。

从统计数据上看，适用陪审制审理的刑事案件数量远高于民事案件，行政案件几乎不适用陪审制审理。例如，从B法院2013—2015年陪审案件的统计数据来看，尽管刑事案件总数少于民事案件的1/4，但使用普通程序审理的案件与民事案件相当，而其中适用陪审制审理的案件数量近乎民事案件的两倍甚至更多。

---

①《中国共产党党员总数达8779.3万名》，载《经济日报》2015年6月30日，第1版。

②《总人口数量依据：2015年中国总人口数量达136782万人，65岁以上老龄人口占10%》，载《海峡都市报》2015年1月20日，http://www.mnw.cn/news/china/844094.html，最后访问时间：2016年11月2日。

表 2-1 贵州省 B 法院 2013—2015 年案件数及陪审员参审比例

年度	2013 年		2014 年		2015 年（截至 7 月 3 日）	
案件类型	民	刑	民	刑	民	刑
案件总数（件）	967	238	1331	228	997	138
普通程序审理数（件）	93	132	147	128	116	116
人民陪审员参审（件）	23	101	73	108	47	84
总案件数陪审比例	2.4%	42.4%	5.5%	47.4%	4.7%	60.9%
陪审率	24.7%	76.5%	49.7%	84.4%	40.5%	72.4%

2. 陪审程序

《最高人民法院关于人民陪审员参加审判活动若干问题的规定》第 4 条要求，人民法院应当在开庭 7 日前采取电脑生成等方式，从人民陪审员名单中随机抽取确定人民陪审员。2012 年有统计数据称，全国已有 1626 家法院对人民陪审员参加案件审理采取了“随机抽选”的方式，占全国基层法院总数的 52.2%。① 但由于具体抽取机制并无规定，各地变通执行一规则。有的法院由立案庭统一调配，也有的法院由立案庭确定，政工部门通知，还有的法院根据案件性质，陪审员的本职工作及地域由业务庭确立后报政工部门登记，有的由政工部门根据实际情况确定。较多的情况是，法院政工部门对人民陪审员进行适当分组，然后分交审判庭，由审判庭书记员在开庭前抽选和通知陪审员，进而确定具体参审的人员。实际上，陪审员便是从十余人的名单中抽取，而决定性因素就是他们能否实际参审。

①《人民陪审员：告别陪而不审，扩大司法民主》，载《人民法院报》2012 年 9 月 18 日，第 2 版。

（三）陪审员的补贴

1. 经费来源

2005年，财政部，最高人民法院联合下发了《关于人民陪审员经费管理有关问题的通知》，要求“各级财政部门要按照《决定》要求和‘分级管理，分级负担’的原则，将人民法院实施陪审制度所需的开支，列入人民法院业务费预算予以保障，保证人民陪审员依法参与审判活动所必需的经费。”《最高人民法院关于人民陪审员管理办法（试行）》第41条规定：“人民陪审员因参加培训、审判活动应当享受的补助，人民法院为实施人民陪审员制度所必需的开支，人民法院应当纳入当年的业务经费预算并及时向同级人民政府财政部门申报，由同级政府财政给予保障。各级人民法院对于实施人民陪审员制度的各项经费应当单独列支、单独管理、专款专用，以保障人民陪审员制度的有效实行。”课题组调研的法院中，大多数设立了陪审员的专项经费，但也有少数西部地区的法院是从办公经费中节约出来的。

2. 补贴标准

2004年全国人大常委会《决定》第18条和《最高人民法院关于人民陪审员管理办法（试行）》第39条规定，人民陪审员因参加审判活动、培训而支出的公共交通、就餐等费用，由所在法院，参照当地差旅费支付标准给予补助。无固定收入的人民陪审员参加审判活动、培训期间，由所在法院，参照当地职工上年度平均货币工资水平，按照实际工作日给予补助。人民陪审员参加中级人民法院、高级人民法院审判活动的，由随机抽取人民陪审员参加审判活动的中级人民法院、高级人民法院按照前两款规定，给予人民陪审员各项补助。

就具体的补偿标准而言，各地不一。大多数法院采取的是按件补助的方式，每件的补助金额为40元—60元。而一些案件若不能当庭合议或需要二次开庭时，人民陪审员可能多次往返，每件案件的补助款可能还不足以支付多次往返的车费。[①] 在调研的法院中，较少的是贵州 B 法院，为 50 元 / 案，其他地方补偿标准相对较高，如重庆市第一中级人民法院按陪审次数计算，陪审员每次出席庭审、合议补贴 50 元，平均一个案件能获得 200 元左右的补偿。广东省惠州市惠城区人民法院设定的陪审员补贴标准为 100 元 / 案，为了制约固定陪审现象，设定每人每年最高获得 3000 元的上限。而广东省增城区人民法院陪审员经费由区财政保障，有工作单位的陪审员按照参加庭审的时间计算补贴，为 60 元 / 天，没有工作单位的陪审员则是 100 元 / 天。

（四）陪审员的管理和培训

依照最高人民法院《关于进一步加强和推进人民陪审工作的若干意见》，陪审员的管理和考评制度也在建设和改革当中。一般而言，陪审员的全面综合性管理一般由法院政治部负责，陪审员参加审理案件的司法统计及业务考核由审管办或研究室负责，而人民陪审员参加审判活动的日常管理工作由审判业务庭负责。法院对陪审员的管理还包括人民陪审员的思想品德、审判纪律、审判作风、工作态度等，纪检和监察部门对陪审员廉政纪律情况进行考核，考核结果作为对陪审员进行表彰和奖励的依据。但实际上，陪审员的考核工作不是一项常规性工作，很少开展。

《最高人民法院关于人民陪审员管理办法（试行）》和《关于进一步加强和推进人民陪审工作的若干意见》对陪审员的培训有较为明确的要求：人民陪审员培训分为岗前培训和任职期间的审判业务专项培训。初任人民陪审员上岗前应当接受履行职责所必备的审判业务知识和技能培训。包括

① 谢祖和：《关于落实陪审员“倍增计划”的反思和建议》，http://court.gmw.cn/html/article/201312/30/147574.shtml，最后访问时间：2016 年 12 月 7 日。

法官职责和权利、法官职业道德、审判纪律、司法礼仪、法律基础知识和基本诉讼规则等内容。人民陪审员任职期间应当根据陪审工作的实际需要接受审判业务专项培训，主要以掌握采信证据、认定事实、适用法律的一般规则和学习新法律法规为内容。

实践中，大多由中级人民法院统一组织辖区内法院陪审员的培训工作，部分法院对陪审员进行简单的业务培训，内容一般包括资深法官开办专题讲座，简单讲解介绍民事、刑事及行政实体和程序法、法官职业道德、陪审员行为规范、司法礼仪等方面的内容或进行案例串讲，组织观摩庭审、发放普法类书籍交陪审员自学等。还有的法院，如重庆市梁平县人民法院还会为陪审员订阅《人民司法》《人民法院报》等刊物。各地法院培训时间长短不一，有的持续1周，有的持续2周。

三、人民陪审员制度实践中的问题

（一）陪审员代表性和广泛性缺乏

陪审制的初衷首先在于实现司法民主，为人民群众提供参与公共事务管理，参与司法决策过程的途径。让更多人参审，是陪审制适用中的首要任务。自2004年全国人大常委会《决定》颁行后，2008年5月的统计数据表明，全国范围内来自党政机关陪审员比重普遍下降，企业及事业单位、科研院校、农民工、无业人员的比重有所上升，分别占25.31%、6.41%、2.53%和2.87%。[①] 但是从调研情况看，陪审员的来源仍然较为单一，行业广泛性不足，社会代表面不足，未能很好地体现陪审制度所应具有的民主特质。城镇街道退休人员，农村基层干部、教师和党政机关公务员构成了陪审员的主干力量，个体经营者、农、林、牧、副、渔业劳动者

① 李飞、佟季:《案件陪审三年间》，载《人民法院报》2008年5月6日，第8版。

及其他企业职员较少。A、B两个法院陪审员的统计数据也较为清晰地展示出这一点。此外，其他学者的调研也显示出这种现象的普遍性，比如西部某地法院的陪审员，教师等各类专业技术人员占38.9%，公务员及事业单位工作人员占33.3%，离退休人员占14.8%，公司职员及工人仅占3%。[①]根据重庆某中级人民法院辖区内的五个基层法院2010年换届口的167名陪审员身份统计，具有行政管理职权的陪审员人比例为61.68%，其中三家基层法院比例甚至超过80%。[②]由此，陪审员选任青睐政治精英和知识精英的倾向清晰可见。

（二）拒绝参审、固定陪审现象突出

1. 拒绝参审现象普遍

陪审员约请困难是一个普遍存在的问题。特别是文化程度较高的机关干部及其他企事业单位人员常以没有时间、工作忙等理由拒绝参审。据保守统计，在陪审制度适用较为成熟的法院，也有10%左右的人民陪审员从未履职甚至拒绝履职。[③]2013—2015年，B法院有70.5%的陪审员没有参加过陪审。另据学者调研，某些基层法院直接选任当地人大代表作为陪审员，且人数占比达70%，其中大部分只是挂名，并不实际参审。[④]还有学者的实证研究样本地区2009年参审过1件以上案件的陪审员实际上只有

---

① 张永和、于嘉川:《武侯陪审——透过法社会学与法人类学的观察》，法律出版社2009年版，第158页。

② 娄必县:《人民陪审员制民主价值的表达与实践——基于人民陪审员身份的实证分析》，载《法律适用》2011年第7期。

③ 祖鹏、李玉华主编:《人民陪审制度的理论与实践——以北京市西城区人民法院为研究对象》，法律出版社2012年版，第194页。

④ 张庆霖、廖永安:《人民陪审员制度实践中的利益部门化及其反思》，载《湖南大学学报》(社会科学版)2014年第11期。

25 名，另有 35 名陪审员（该年度共有陪审员 60 人）从未参审。[①]

陪审员拒绝参审，使得严格意义上随机抽选陪审员机制难以实施，更加促成了固定陪审、陪审专业户现象，使得陪审制度虚置，严重削弱了陪审制促进司法民主、加强司法监督、保障司法公正的功能。

2.“固定陪审”现象突出

与陪审员拒绝参审相伴的，是陪审员任职中“固定陪审”“陪审专业户”“兼职法官”现象较为突出。据统计，2013—2015 年，B 法院 44 名陪审员中只有 13 人参加过陪审，占 29.5%，其陪审数量如图 2–6 所示：

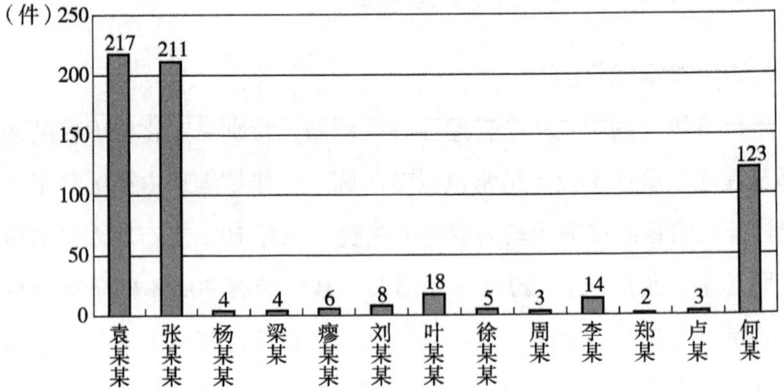

图 2–6 B 法院 2013—2015 年陪审员陪审数量

图 2–6 直观展现了“固定陪审”现象。陪审案件数量最多的 5 人中，袁某某 45 岁，为无固 定职业人员，高中学历；张某某 62 岁，为村支书，初中学历，农民；何某 50 岁，为退休职工，初中学历；叶某，55 岁，高中学历，无固定职业；李某 43 岁，大专学历，退伍军人。其余参加陪审

① 廖永安、刘方勇:《人民陪审员制度目标之异化及其反思——以湖南省某市人民陪审员制度实践为样本的考察》，载《法商研究》2014 年第 1 期。

但陪审数量较少的8人中，有5人为乡村支书或村委会工作人员，1人为个体工商户，1人为退休干部，1人为乡镇教师。在所调研的其他法院中，此种现象也不同程度地存在，所访谈的法官90%以上都表示，虽然陪审员名册上有10—20人，但经常陪审的只有那么三五个人。在重庆，人民陪审员专职化的现象也比较明显。在倍增后，重庆各基层法院的陪审率提高至90%以上，但真正参与陪审者并不多，仅占30%左右。①

（三）陪而不审，审而不议

调研中几乎所有法官都认为，陪审员参审没有实际作用。具体表现在：陪审员在庭审中很少发问，合议庭评议时很少提出自己的意见，往往是附和承办法官的意见。如果审判长对陪审意见提出异议，那么陪审员一般会改变自己的意见。②重庆某区县人民法院陪审情况的统计更为精确地反映出这个问题：③该法院陪审员参加合议庭审理的适用普通程序并以判决方式结案的民事案件有287件。其中，陪审员进行了证据分析的有116件，占40.41%；陪审员对事实进行认定的共70件，占24.39%；对法律适用问题发表意见的共20件，占6.97%；对民事案件裁判结果发表意见，分为三类：简单同意、复述性同意和不同处理意见，分别为111件、148件和24件，分别占38.68%、51.57%和8.36%。

① 重庆市高级人民法院课题组：《"倍增计划"背景下的人民陪审员管理机制研究》，未刊稿。

② 何家弘教授对中国法院网"网络直播"栏目下的"现在开庭"子栏目所登载的2010年1月至12月审理的共计292起刑事案件进行了实证分析。结果显示，其中陪审员参与审理的177起案件中，超过98%的陪审员在法庭上没有提问；近7成陪审员在庭审过程中没有与审判长进行过交流。绝大多数陪审员在法庭审判过程中扮演了消极听审的角色。何家弘：《陪审制度改革之我见》，载《人民法院报》2013年10月21日，第2版。

③ 重庆市高级人民法院课题组：《"倍增计划"背景下的人民陪审员管理机制研究》，未刊稿。

表 3-2　2013 年重庆市某区县法院陪审员参审情况

单位:(件)

案件性质	数量	证据分析	事实认定	法律适用	简单同意	复述同意	不同意见
民事	287	116	70	20	111	148	24
刑事	52	2	6	0	29	22	1
行政	15	3	5	0	3	11	1
合计	354	121	81	20	143	181	26

（四）陪审制适用追求数量，忽略质量

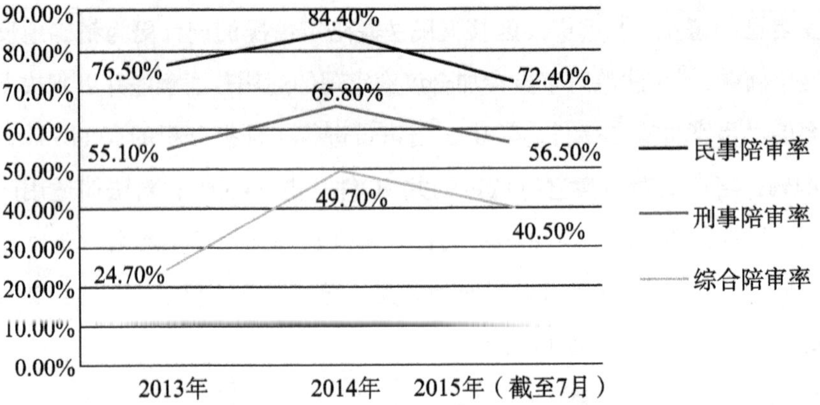

图 2-7　贵州省 B 法院陪审率变化趋势图

如图 2-7 所示，B 法院案件陪审率在 2014 年出现激增，到 2015 年有所回落。但总体趋于继续增长。这与国家近年来大力推动陪审制改革和适用有关。自 2010 年以来，法院系统提出加大陪审制实施力度，案件陪审率被作为案件质量评估体系中的一项重要指标。这期间不少法院陪审率达

100%。[①]这里的案件陪审率，是指法院每年由人民陪审员参与审理的案件数量占普通程序审结案件总数的百分比，通常也被称为一审案件陪审率。陪审率考评指标的设计者或许认为，一审案件陪审率越高，表明法院审理案件的公开性和透明度也越高。[②]但这种认识值得反思。

首先，现代司法审判专业技术性特征十分显著，但陪审制审理公正程度未必更高。重庆市高级人民法院对某区县法院的调查统计表明，人民陪审员参与陪审的案件质量明显低于无人民陪审员参与的案件。2009—2012年，共审结案件33780件，其中，有人民陪审员参审的案件有7214件，无人民陪审员参审的案件有26566件。比较有人民陪审员参加和无人民陪审员参加两类案件发现：第一，从案件的发改率而言，有人民陪审的案件，发改率为0.9677%，明显高于非陪审案件0.5999%的发改率。第二，从案件的服判息诉率而言，有陪审的案件，服判息诉率为86.64%，而无陪审的案件，其服判息诉率为92.70%。第三，从自动履行的情况看，有陪审的案件，自动履行率为58.60%，而无陪审的案件，其自动履行率为61.90%。[③]

其次，适用陪审制可能增加诉讼成本。[④]调研中，许多法官表示，陪

① 不少新闻报道显示全国各地基层法院大力提升陪审率，如刘敏：《人民陪审效果好，一审陪审率达100%》，http://hzbbfy.chinacourt.org/public/detail.php?id=632，最后访问时间：2016年10月10日；季清惠：《浦城法院人民陪审员陪审率100%深受好评》，http://news.66163.com/2013-03-06/740735.shtml，最后访问时间：2016年10月10日；陈晓红、陈瑶：《沭阳：普审案件陪审率93.6%》，载《江苏经济报》2012年5月9日；《宁陕法院多项措施提高人民陪审员陪审率》，http://www.lawtime.cn/info/minshi/dongtai/2011050529637.html，最后访问时间：2016年10月11日；等等。通过新闻网页搜索，可见陪审率达100%的法院还有江苏相城、高港、福建浦城、永安、江西万安、广西阳朔、平乐、上林法院、鄱阳法院、四川省屏山县人民法院龙华法庭、北京准格尔旗法院龙口法庭等。

② 胡夏冰：《案件“陪审率”应该是个什么指标》，载《人民法院报》2015年1月13日，第2版。

③ 重庆市高级人民法院课题组：《“倍增计划”背景下的人民陪审员管理机制研究》，未刊稿。

④ 对美国陪审制适用中的成本问题着墨较多。可见汤维建：《英美陪审团制度的价值论争——兼议我国人民陪审员制度的改造》，载《人大法律评论》2000年第2期。

审员参与审判需要法官做大量说明、解释和指引，会拖延、妨碍诉讼效率，但是对裁判结果的影响却不明显。其他学者的实证调研成果显示，法官和当事人较为轻视普通陪审员参审的作用和价值。[①]由此可见，由于“陪审率”这个指挥棒的作用，使得陪审制适用泛化，法院更加注重陪审案件的数量，而非提升质量。

（五）陪审员培训和管理制度不合理，效用不足

1. 陪审员培训制度效用不足

调研法院中参与过培训的法官反映，陪审员很难抽出一周或两周的时间参加培训。虎头蛇尾的情况也不少见，开始出勤率较高，随后的到课率最多为50%左右，听课也不十分认真，打电话、打瞌睡、随意进出教室等情况也很多见，如果培训持续时间更长，则到课率更低。提高法律知识水平和习得法律思维能力显然不是通过短时间培训可以实现的，这必然要求增加培训的时间。对陪审员而言，这意味着占用更多的时间，陪审工作又并非本职，自然成为一种“负担”。对法院而言，若采取强制性的管束措施来保证陪审员参加培训，又显得不尽合理。

2. 陪审员管理乏力

实践中陪审员监督管理乏力，纪律松弛的现象也较为普遍地存在。基层法院往往只用不管，人民陪审员不是法院的在编职工，法院不能比照法官管理制度对陪审员进行管理；而工作单位对职员兼任人民陪审员的情况也无法进行管理。[②]司法行政机关主要在陪审员选任方面提供辅助，但对选人后陪审员的履职情况也并不了解。具体而言，人民陪审员由谁来管理，管理的内容、方式是什么，并不明确。

---

① 彭小龙：《人民陪审制度的复苏与实践：1998—2010》，载《法学研究》2011年第1期。

② 吕欢、韩娟、姚亦亚：《基层法院人民陪审员制度实施现状及对策研究——以海宁市人民法院为例》，载《法制与社会》2015年第1期。

还有法官反映，有陪审员在法庭上不注重司法礼仪，言行有损法庭中立地位和司法权威。[①]常有陪审员开庭前临时打电话通知法庭说当天有事不能参审，或开庭两三次以后就不愿意继续花时间待在法院而退出。这给法庭的审判工作带来极大的困扰，影响司法效率。但对这些行为，与陪审员直接相处的法官们没有有效的制约措施。

3. 陪审员管理与法官管理同质化

与上述管理乏力现象同时存在的，又是部分地方对陪审员的管理趋于严格，与法官管理同质化，以及有行政化的趋势。重庆市高级人民法院的调研结果反映，在对人民陪审员的日常管理方面，通常把人民陪审员参加审判活动的出勤率、参审案件的数量和质量、审判作风等表现纳入人民陪审员的工作实绩考核之中，有的地方甚至要求人民陪审员与法官“同职同责”。[②]从其他学者的调研成果来看，这种现象也具有一定的普遍性。这种把人民陪审员打造成“编外法官”的做法与陪审员的民主性、代表性功能不符。

四、人民陪审员制度运作缺陷的原因分析

上文罗列了人民陪审员制度在选任、参审、陪审保障与辅助制度方面存在的具体问题，这些问题可以归纳为以下几个方面：陪审员选任的民主性、代表性不足；拒绝陪审、固定陪审现象普遍，陪而不审、审而不议现象突出以及陪审员培训管理制度不完善等。造成这些问题的原因是多方面的，下面将逐一进行分析：

---

① 在调研中，有法官反映，陪审员在庭审过程中突兀发言，对原告方当事人说“你讲这么多，无非就是想要钱嘛”，引起当事人侧目。此外，还有陪审员在庭审中吃零食、玩手机、打瞌睡等。

② 重庆市高级人民法院课题组：《“倍增计划”背景下的人民陪审员管理机制研究》，未刊稿。

（一）陪审员选任广泛性、代表性不足的原因分析

1. 单位推荐、法院主导的初选方式限制陪审员来源

（1）群众政治参与意识薄弱，自荐参审者少

虽然陪审员选任可采取单位推荐和个人申请相结合的方式，但公民参与陪审的积极性、自发性不足，以个人身份主动申请担任陪审员的很少，实际操作中仍以单位推荐为主。陪审员自主报名的比例明显较小，如西南部的B法院共有陪审员44名，其中12人是个人报名申请参加，占27.3%。并且，自主报名者的动机以谋求私益居多，带有较为明显的功利性和目的性：首先是无固定工作或低收入人群，以陪审补贴作为一种经济来源；有的报名者还希望通过参审与法官们熟络起来，以帮助将来可能涉诉的亲友。[①] 当然，其中不乏愿意发挥余热参与公共事务的离退休人员，但数量较少。

我国有上千年的封建统治历史，缺乏民主传统，加上政治运动的侵害，国民缺乏公民意识和政治参与热情，缺乏权利主体意识和责任意识，政治参与意识薄弱。有政治学学者指出，从政治民主化的视角来看，当代中国作为公民行为的政治参与明显具有被动性、形式性、非理性、功利性和盲从性的特征。[②] 参加陪审，正是此种淡漠的政治参与图景在司法领域的缩影，其中被动性、形式性、功利性特点尤为突出。所谓被动性，即陪审员参与陪审并非自觉自愿，而是在外力作用下被迫参与。形式性，即所进行的参与不能发挥促进民主政治健康运行的作用。陪审制被绝大多数法

① 其他研究者的实证研究中也有此类情形，如某法制杂志社开办了一个律师事务所，社长动员杂志社主编主动报名参加陪审员的选任，以便以后可以为杂志社的律师事务所办理案件提供方便。见刘晴辉：《对中国陪审制度的实证研究——以某市基层法院为视角》，载《四川大学学报》2007年第1期。

② 孙元君：《当代中国公民的政治参与特征分析》，载《行政论坛》2008年第6期。

律人评价为“形式意义大于实际意义”，仅仅是摆设，没有实际作用。[1] 功利性，则是指政治参与者是出于个人私益，而非公民责任意识的自觉奉献。这一点在自荐参加陪审的人员中表现明显。因此，在国民政治参与意识薄弱的背景下，以自荐方式确定陪审员候选人的机制无法有效运作。

（2）单位推荐的初选方式限制了陪审员的广泛性

大多数陪审员是因单位推荐而选任，这些单位多是法院易于联合动员的党政部门、社区居委会、事业单位、国有企业，并且推荐陪审常常带有工作任务安排的性质。所以，陪审员的来源范围无形中受到限制。由上文关于陪审员政治面貌的统计数据，可知陪审员在很大程度上是有限的“政治精英”，而非普通居民、村民。这种选任是以“国家权力本位”为核心设置的，政治意味浓厚，司法内涵淡薄。[2] 这样的陪审员也不易获得当事人的信任，就很难发挥增进司法裁判的公信力和监督司法权运行的作用。

（3）以法院为主导的遴选机制削弱陪审员的广泛性和代表性

由于陪审员制度运作与司法审判密切相关，以及司法审判实务的专业性，陪审员的遴选、管理和培训主要由法院主导，司法行政机关居于辅助地位。在某些地方，司法行政机关协助陪审员资格审查和人大对陪审员的任命仅仅具有形式意义，法院才是整个陪审员制度运作的操控者。[3] 并且实质性审查和遴选的过程相对封闭，这样的操作首先在外观上就呈现出“被监督者筛选监督者”，这与加强司法监督的立法目的相悖。法院在选任程序中有主导权，选任过程不可避免地存在部门利益倾向。比如，法院倾

① 参见何兵：《人民陪审制度的实践：扬州地区法院调查》，载《人民法院报》2006年4月24日，第B01版；程东宁：《陪审为何成“陪衬”》，载《法制日报》2005年11月22日，第5版。

② 蔡彦敏：《人民陪审制度的职能异化及其克服——以民事诉讼为视角》，载《中山大学法律评论》2013年第1期。

③ 李拥军：《我国人民陪审制度的现实困境与出路——一个基于陪审复兴背后的思考》，载《法学》2012年第4期。

向于遴选易于合作、便于管理的人员，如无固定职业的低收入人员、离退休人员、教师和公务员等职业群体；更有甚者，将陪审员职位当作再就业方式，安排给法院工作人员的无业家属，[①] 而不少公民，特别是有监督意识和参审积极性的人员很可能不会入选。

此外，法院对陪审制的宣传途径有限，主要依靠地方电视台、新闻媒体等，宣传范围的广度、时间持续的长度有限，许多居民对陪审制选任仍所知甚少。例如，成都市中级人民法院问卷调查表明，只有 37.16% 的受访者了解陪审制，另一份农村调研发现，受访的 178 人中，有 76.97% 的人从未听说过陪审制。[②]

（二）多重原因造就“拒绝陪审”和“固定陪审”

1.“拒绝陪审”原因

（1）法律对陪审义务规定不完善

托克维尔指出，陪审制“赋予每个公民以一种主政的地位，使人人感到自己对社会负有责任和参加了自己的政府。陪审制度以迫使人们去做与己无关之事的办法去克服个人的自私自利”[③]。将陪审作为一项重要的法律义务，是维持民主化的司法制度正常运作的重要条件，是当事人获得公平审判权利的保障。即便在民主法治化程度、公民政治参与程度较高、陪审制较为发达的美国，经济危机时期也有逃避陪审义务的现象，[④] 如果没有严

① 张庆霖、廖永安：《人民陪审员制度实践中的利益部门化及其反思》，载《湖南大学学报》（社会科学版）2014 年第 11 期。

② 成都市中级人民法院：《呈现的实然与回归的路径——成都地区人民陪审制度运行情况实证调查分析》，载《人民司法》2006 年第 7 期；杨秉勋：《农村人民陪审员制度改革调查与分析》，王晨光主编：《农村法制现状》，社会科学文献出版社 2007 年版，第 206 页。

③［法］托克维尔：《论美国的民主（上卷）》，商务印书馆 2004 年版，第 315—316 页。

④ 殷楠、陈希：《美国人逃避陪审员义务》，载《中国青年报》2009 年 9 月 8 日，第 4 版；《逃避陪审义务男子遭拘》，载《齐鲁晚报》2012 年 11 月 5 日，第 A24 版。

格的法律约束，陪审制度显然也无法有效运转。因此，美国各州有立法规定陪审是成年公民的法定义务，如《纽约州司法法》（The New York State Judiciary Law）规定，所有当事人均有权通过公正的交叉挑选程序从社区中挑选陪审团，而所有符合条件的公民均有机会也有义务当陪审员、提供陪审服务。[①] 如果逃避陪审义务，就可能构成藐视法庭罪而遭受惩罚。韩国法律规定，陪审员或候选陪审员无正当理由没有在法院指定的日期参加选任或者出庭审理案件的，可处最高200万韩元的罚金。[②]

而我国未将陪审作为公民义务。2004年全国人大常委会《决定》第17条将"无正当理由，拒绝参加审判活动，影响审判工作正常进行"作为法院院长提请人大常委会免除陪审员职务的一项法定事由，但实践当中法院几乎不会这样做，原因有三：其一，不是所有陪审员都会拒绝参审，法院仍然可以找到陪审员参审，特别是为了补贴而参审的人员；其二，提请人大常委会免除陪审员职务之后的陪审员补充程序缺位，导致免除陪审员职务和陪审员拒绝参审同样的效果，所以法院也不必执行免除陪审员的程序。其三，拒绝参审的陪审员多半由单位推荐，这种推荐在某种程度上带有受法院邀请而支持配合法院工作的性质，所选人员往往是基层干部，法院基于与单位的"良好合作"关系，也不太可能启动陪审员免职程序。由此，陪审员借故拒绝履职实际上缺乏有效的约束机制。因而实践中拒绝陪审的现象时常发生。

（2）便利陪审员参审的制度规范不健全

除了陪审员主观上不愿参审之外，也存在一些客观上阻碍陪审员参审的做法。有不少法院都是在开庭的前一天甚至开庭当天才打电话通知陪

---

①《纽约州陪审员手册》，翟新辉译，http://blog.ifeng.com/article/33271457.html，最后访问时间：2016年10月12日。

②余淼、胡夏冰：《民陪审员选任制度改革的五点认识——以韩国陪审员选任为借鉴》，载《人民司法》2014年第12期。.

审员，陪审员缺乏必要的日程计划时间。实际上，有的陪审员会主动空余时间段告知法院，以便法院作相应的陪审安排。此外，以单位推荐为主的遴选方式决定了陪审员多是单位骨干及繁忙的基层党政干部，参审时间有限。① 还有的法院未注重让陪审员均衡参审，如河北省承德市有陪审员经过两年集中培训后，一直没有接到过法院的陪审通知。② 此外，人民陪审员没有专门的办公场所，加上个别法院审判人员的责任心不强，导致人民陪审员空跑或等待开庭无处休息等现象时有发生。③

（3）陪审员补贴不足，影响陪审积极性

首先，部分地区陪审员补贴经费不到位。人民陪审员因参加审判活动而支出的交通、就餐费，无固定收入的人民陪审员参加审判活动期间工资等费用，若地方财政无专项拨款，则由人民法院予以补贴，就法院目前的经济状况，难以保障。法院为了节省费用只好少用或不用陪审；有时虽有陪审员陪审，但不给任何费用；有时从有限的办公经费里挤占部分经费支付。④ 有调研显示，江西省 103 个基层法院中，有 46 个法院的人民陪审员经费未被纳入当地财政预算，已经纳入的，大部分也做不到全额拨付。⑤ 因此，陪审员补贴出现少发甚至不发的情况，严重影响陪审员的积极性。

其次，陪审员补贴标准偏低。虽然有学者的调研报告显示，陪审经费不像人们想象得那么紧张，其样本法院陪审员专项经费有保障，陪审补助甚至超过最高法院的标准，如某法院有 40 名陪审员，区上一年拨专款 45

---

① 刘晴辉：《对中国陪审制度的实证研究——以某市基层法院为视角》，载《四川大学学报》2007 年第 1 期。

②《河北承德人民陪审员两年前集中培训后一直没上岗》，http://hebei.hebnews.cn/2013-03/19/content-3156200.htm，最后访问时间：2016 年 10 月 19 日。

③《陕西省落实人民陪审员制度的情况总结》，http://sxfy.chinacourt.org/public/detail.php?id=2807，最后访问时间：2016 年 10 月 21 日。

④ 重庆市高级人民法院课题组：《“倍增计划”背景下的人民陪审员管理机制研究》，未刊稿。

⑤ 王国勇：《当前人民法院落实人民陪审制度的实践探索——以江西省部分法院人民陪审工作实例为样本》，http://court.gmw.cn/html/article/201204/12/87629.shtml，最后访问时间：2016 年 10 月 23 日。

万，人均一万多。另一不发达地区的法院陪审经费也有7万，用于支付8名陪审员的费用，其中6名专职陪审员每人每月能补助700元左右。[①]但这种判断是以最高法院设定的补偿标准为参照，补偿标准的设定本身可能偏低。上述补助标准对于无固定工作的人员而言比较有吸引力，但是对其他有固定工作的陪审员而言，则显不足。

2.“固定陪审”原因

首先，相当多的陪审员以工作繁忙，没有时间为由不愿意参审，而少数希望获得补贴的人员或愿意配合法院的基层干部则参审比较积极。法院为了保证审判效率，更愿意联络这些人员参审。

其次，我国陪审员采用任期制，因此陪审员在任期内不会发生变化，因此，在调研中发现，许多法院中，长期不履职的人员没有补充和更替。虽有个别法院尝试过非换届增补，但此举尚未制度化，不是常态。[②]有的法院甚至简化遴选程序，让陪审员连选连任，这加剧了固定陪审的现象，进一步削弱了陪审制的民主性和代表性。

最后，陪审率考核要求促使法院适用陪审制的泛化。根据2010年最高人民法院《关于人民陪审员参加审判活动若干问题的规定》第2条第2款规定，人民法院征得当事人同意由人民陪审员和法官共同组成合议庭审判案件的，视为当事人申请适用陪审制。由此，法院有适用陪审制的主导权。为了应对“陪审率”考核，法院往往无暇顾及陪审员是否均衡参审、陪审制是否具有实效，固定陪审员参审无疑有助于达成法院提高陪审率的目标。

---

① 刘晴辉：《对中国陪审制度的实证研究——以某市基层法院为视角》，载《四川大学学报》2007年第1期。

② 北京市高级人民法院政治部教育培训处课题组：《关于北京法院人民陪审工作情况的调研报告》，载《法律适用》2012年第2期。

（三）“陪而不审，审而不议”原因分析

“陪而不审，审而不议”是陪审制长期以来存在的最为凸显的问题，其原因是多方面的：

1. 陪审员职权配置不合理

长期以来，不论是《人民法院组织法》还是2004年全国人大常委会《决定》都规定，除了不得担任审判长，陪审员与法官同职同权，共同就事实认定和法律适用问题作出裁判。陪审员的职权范围看似宽泛，实则难以落实。一个重要原因就是，针对法律问题，作为法律外行的陪审员，即便是其他领域的专家，面对职业法官也会产生弱势心理，缺乏自信。有学者对西部地区某基层法院陪审员的访谈结果统计显示，43.8%的受访者感觉适用法律困难，另外有37.5%的受访者在证据和事实认定方面存在疑惑。[①] 附和法官判断、缺乏主见的现象不可避免。[②]

托克维尔指出，陪审制度产生于不发达社会，如果要适应高度发展的社会的需要，便不是一件容易的任务。因为人们之间的关系已经非常复杂，多种多样，并具有需要用科学和理智加以判断的性质。[③] 现代社会的司法活动无疑是法律专业人士主持的领域，司法审判是一项需要系统法律知识、特定思维方式和处理技能的工作，随着法律规则和案件类型日益复杂，这一领域对外行人士的排斥是必然现象。陪审员遭遇专业障碍，对法

① 刘晴辉：《对陪审制运行过程的考察》，载《北大法律评论》第8卷第1辑，北京大学出版社2007年版。

② 如有调查显示，偶尔发言或从不发言的陪审员分别为76.1%和87.9%。中国陪审制度研究课题组：《中国陪审制度研究——以成都市武侯区人民法院陪审工作为对象》，载《法律科学》2008年第6期。类似的调查结论，如廖永安、刘方勇：《人民陪审员制度目标之异化及其反思——以湖南省某市人民陪审员制度实践为样本的考察》，载《法商研究》2014年第1期；蔡琳：《人民陪审员助理角色之实证考察》，载《法学》2013年8月。

③［法］托克维尔：《论美国的民主（上卷）》，商务印书馆2004年版，第312页。

律适用问题无从置喙，裁判的事项范围只能限于依靠日常生活经验或专业技术经验进行证据评价，从而认定事实。

2. 陪审员缺乏对案件信息的了解

陪审员实质性地参与陪审的前提是对案情、争议焦点、主要证据等有充分的了解，但据课题组调查发现，陪审员对案件重要信息的了解普遍缺乏。这是导致陪审形式化的一个重要原因。这个问题是多方面因素作用的结果：

（1）当前的诉讼模式妨碍人民陪审员充分了解案情。目前，我国司法裁判以庭审为中心的诉讼模式尚未完全建立，庭前活动实质化、庭审活动形式化的现象长期存在。作为法官裁判基础的信息仍然主要依靠当事人及律师提交的诉辩文书和书面证据材料获取。又由于法院案件量激增，庭审务求紧凑、集中、高效，因而在庭审过程中，法官往往直接针对庭前归纳的争议焦点主导庭当事人的陈述和论辩，通常不会对案情进行全面陈述。陪审员是非法律专业人士，仅仅通过聆听庭审，根本无法全面了解案情，这自然影响陪审的效果。

（2）陪审员难以通过庭前阅卷程序了解案情。有的法院也尝试设置陪审员庭前阅卷程序，以助其了解案情，但是效果不理想。其一，有的陪审员有自己的本职工作，已经承担了较为烦琐的业务工作，因而很少会主动要求阅卷，更多的陪审员也不愿意花过多时间阅读案卷。其二，实际参审的陪审员往往文化水平偏低，法律素养不足，其通过自行阅卷获取有效信息的能力也较为薄弱。由此，陪审员更愿意通过听取承办法官口头简要介绍来了解案情和案件的争议焦点。

（3）法官向陪审员介绍案情会影响办案效率，因而简化甚至不做介绍。据调查，陪审员大多是通过法官口头简介了解案情，但这无疑增加了法官的工作负担，影响法官的办案效率，因此，有陪审员反映，法官并不会及时地与陪审员沟通，进行讲解。

由于庭审前缺乏对案件信息的充分了解，妨碍陪审员有效获取庭审信息、对案件争点形成自身的明确判断，自然也没有自信与法官行使同等的裁量权，更遑论对法官进行监督。

此外，不少实际参审的陪审员，特别是固定陪审人员是因看重补贴而来，他们认为自己出席只是帮法院"走走过场"，配合法院工作，不要给法院增添负担。因而，也不会发表实质性意见，更倾向于附和法官。

（四）陪审制适用泛化的原因

基层法院对于陪审制的使用出现泛化，注重数量而非质量的现象，除了陪审率的影响之外，导致这一现象的重要原因还在于：

第一，法院拥有启用陪审制的主导权。如前所述，法律仅规定少数案件由法院当然适用陪审制，大多数适用陪审制的案件是由当事人申请。2010 年最高人民法院印发《关于进一步加强和推进人民陪审工作的若干意见》规定，人民法院征得当事人同意由人民陪审员和法官共同组成合议庭审判案件的，也视为申请。但是，许多调查研究显示，群众和当事人对人民陪审员制度的认知和认同程度都偏低。2004 年全国人大常委会《决定》实施三年间，当事人主动申请的仅占陪审案件总量的 0.8%，一些陪审员反映从未遇见当事人主动申请陪审的情况。[①] 还有研究者电话采访的 62 名当事人中，只有 7 人主动申请陪审，另有 2 名在律师建议下主动申请陪审。调研数据表明，高达 83.3% 的当事人接受陪审制审判案件是因为法官单方面决定的。[②] 由此可见，从当事人意愿来看，大多数人实际上更希望职业法官审理案件。当下陪审率极高，是法院主导而非当事人主动选择的。

---

① 李飞、佟季：《案件陪审三年间》，载《人民法院报》2008 年 5 月 6 日。

② 廖永安、刘方勇：《人民陪审员制度目标之异化及其反思——以湖南省某市人民陪审员制度实践为样本的考察》，载《法商研究》2014 年第 1 期。

第二，社会转型期各类纠纷激增，大量纠纷涌入法院，造成受案压力巨大，办案资源紧张。[①]因此，人民陪审员作为“编外法官”，可以起到人力补充的作用，扩充审判力量，缓解法院案多人少。比如，陪审员的工作常常超越审判案件之外，在协助法院送达法律文书、参与甚至主持调解、协助法院执行生效裁判等方面。

第三，司法公信力不足，法院希望通过引入陪审员审判来增强司法公信力。2001 年以来，反腐倡廉偏重于抓大案要案，司法不公、司法腐败事件频频曝光，法院的受理政策、执行难、涉诉信访对生效裁判和司法权威的冲击等，都导致法院公信力滑落。有时，即便法院作出公正的判决，也可能受到质疑。因此，引入人民陪审员全程参与司法审判，有助于维护法院公信力。

第四，《人民法院组织法》和《民事诉讼法》中对当事人选择陪审制审理的权利和程序操作没有作出明确规定，因而实践中当事人选择陪审制审理的程序保障不足。

（五）陪审员培训和管理制度不合理，效用不足的原因

1. 对于陪审员性质定位认识不清

前文所述的陪审员培训和管理制度不合理，效用不足的现象，其根本原因在于仅从司法制度角度去认识和设计陪审员管理与培训制度，强调陪审员在审判案件中发挥与职业法官同样的作用，对其进行类似的管理。

目前人民陪审员的培训模式和内容设置与法官培训相近，注重提高人民陪审员的主要部门法知识水平和履职能力。然而，这样的培训实质上是一种职业化推进模式，而人民陪审员参审的要义在于他们的“非职业性”，

---

① 法院案多人少与陪审制扩大适中之间相关性的深入分析，参见彭小龙：《人民陪审制度的复苏与实践：1998—2010》，载《法学研究》2011 年第 1 期。

参审是为司法裁判注入朴素的社会正义观念和道德标准，矫正职业法官的专业“偏见”，增进司法裁判的社会效果。因此，对“平民法官”进行专业培训无疑与陪审制的性质和制度设计初衷相悖。这样的培训，可能使得“人民陪审员渐渐丧失了对其身份独立性的认识。因为这样的培训使人民陪审员觉得自己拥有的普通人的知识和经验对解决司法过程中的问题并不重要，而是需要像法官一样运用法律的语言和思维去审判案件”①。

近年来陪审员数量的大幅增加，定期组织系统的培训将会加强，这也必然增加陪审制的运作成本。经费是否能够落实，对法院是否构成负担，也是需要考虑的问题。

2. 缺乏统一、系统的陪审员行为规范

近年来，基层法院加强对陪审员行为规范的培训，②有的法院开展专题讲座，有的制定了专门的《陪审员行为规范》，有的组织专项审判作风建设活动，内容和方式各不相同。但总体而言，由于缺乏统一、系统、明确的陪审员行为规范，各地法院实践操作效果不一，难免挂一漏万。

3. 缺乏系统成熟的陪审员管理制度

《最高人民法院关于人民陪审员管理办法（试行）》对陪审员领导管理工作作出了制度安排，即在各法院设立人民陪审员工作指导小组，指导人民陪审员的管理工作，而具体管理工作交给相关业务部门，人事管理工作

① 廖永安、刘方勇：《人民陪审员制度目标之异化及其反思——以湖南省某市人民陪审员制度实践为样本的考察》，载《法商研究》2014年第1期。

② 桂东：《26名人民陪审员参加业务培训》，http://news.163.com/13/1206/15/9FE0CAFA00014AEE.html，最后访问时间：2016年10月22日；《武夷山积极规范人民陪审员庭审活动》，http://www.chinacourt.org/article/detail/2008/03/id/294563.shtml，最后访问时间：2016年10月22日；练勇：《人民陪审员司法行为规范专题巡回培训活动》，载《牡丹晚报》2015年5月14日，第A3版；杨胜承：《资源法院规范人民陪审员参审行为》，http://www.chinacourt.org/article/detail/2012/05/id/512437.shtm，最后访问时间：2016年10月22日；祁云奎、魏春玲：《济南市法院制定规范人民陪审员审判行为的规定》，http://news.e23.cn/content/2008-09-01/200890100194.html，最后访问时间：2016年11月1日。

由人民法院政工部门负责，政工部门应设立非常设机构或指定专人负责人民陪审员的人事管理工作，而日常管理工作则未作出明确规定，实践中往往由各审判庭、教培处、政工部门负责。虽然这种工作机制一方面提升了人民陪审员管理工作的规格，注重指导，另一方面也比较节约管理成本，但是规定的管理机构过于分散、不集中，缺乏专门的工作机构对人民陪审工作进行系统而全面地管理。交业务部门兼顾陪审员日常管理便是常态，但是执行效果不佳，对于拒绝参审、违反陪审员行为规范的行为，实际上没有有效的制约。

五、当前人民陪审员制度的完善

上文中所分析的问题是人民陪审员制度长期以来存在的痼疾，党的十八届四中全会《决定》有针对性地提出了“完善人民陪审员制度，保障公民陪审权利，扩大参审范围，完善随机抽选方式，提高人民陪审制度公信度。逐步实行人民陪审员不再审理法律适用问题，只参与审理事实认定问题”的具体要求。最高人民法院、司法部联合印发《改革试点方案》对人民陪审员的选任条件、选任程序、参审范围、参审机制、职权配置、退出和奖惩机制、履职保障等作出了较为详细明确的一般性规定。为人民陪审员制度克服弊端、增强效能指出了改革的具体方向和路径。

（一）陪审制入宪和立法完善

美国等国家以宪法明文规定陪审从而使陪审成为一种宪法权利，但我国陪审制并未载入现行宪法，这与陪审制度作为我国基本审判制度的重要地位不符。有学者呼吁，应当将获得陪审和参与陪审视为公民的一项基本权利。[①] 只有将陪审作为一种双重基本权利，即当事人有获得陪审制审判

① 刘练军:《司法要论》，中国政法大学出版社 2013 年版，第 22—23 页。

的权利和陪审员具有参审权利，同时，将陪审作为一项基本的公民义务在宪法中确认，陪审的观念才能深入人心。

2004年全国人大常委会《决定》第10条规定，依法参加审判活动是人民陪审员的权利和义务。人民陪审员依法参加审判活动，受法律保护。第17条规定，无正当理由，拒绝参加审判活动，影响审判工作正常进行是免除陪审员职务的一项法定事由。但是，既有规范对陪审员拒绝陪审的现象并没有很好的约束效果，应当将陪审权利与陪审义务均在宪法中加以明确规范，赋予陪审义务更加重要的法律地位，并同时加强陪审义务的保障制度构建。

同时值得注意的是，当下关于陪审制的法律规范非常分散，导致陪审制适用过程中标准不统一，依据凌乱的现象。陪审制度包括陪审员选任条件、遴选程序、参审范围、参审机制、陪审员培训与管理制度、陪审员惩戒与退出机制等一系列系统的规范，较为完善系统的规范主要为司法解释，规范效力偏低，从长远来看，应当在陪审制试点成熟完善的基础上推动制定《人民陪审法》。

（二）完善人民陪审员选任机制

1. 合理设置陪审员选任条件

（1）应当降低对学历条件的限制。综观各国立法，实行陪审制度的代表性国家不会对陪审员的学历文化水平进行较高的限定，如美国、法国、俄罗斯三国要求陪审员能够掌握本国语言，日本仅要求裁判员完成义务教育。[①] 为了增进陪审员的广泛性和代表性，同时保障人民陪审员参审的实效，《改革试点方案》将陪审员的学历条件降低为，“担任人民陪审员一般应当具有高中以上文化学历，但是农村地区和贫困偏远地区公道正派、德

① 杨帆：《关于我国人民陪审员选任资格与程序的完善》，载《法制与经济》2015年第1期。

高望重者不受此限”。这体现了扩大陪审员民主性和代表性的基本改革方向，同时要注重保障陪审员履职的实际效果和质量的务实态度。

（2）应当增加陪审员职业禁止条款。基于人大、司法、行政三机关之间存在监督与被监督关系，一般认为下列人员因职务原因，不能担任陪审员：其一，人民代表大会常务委员会组成人员，人民法院、人民检察院、公安机关、国家安全机关、司法行政机关的工作人员；其二，执业律师、基层法律服务工作者等从事法律服务工作的人员；其三，从事政府法制工作、企事业单位法务等因职务原因可能影响履行人民陪审员职责的人员；其四，现役军人以及曾担任过法官、检察官、警官、执业律师、基层法律服务工作者等人员；其五，已在其他法院担任人民陪审员的人员。

（3）应明确陪审员任职禁止条件。在南京市中级人民法院的试点改革中，明确禁止六类人担任陪审员：因犯罪受过刑事处罚的；正在被起诉的刑事案件被告人；被开除公职的；被人民法院纳入失信被执行人名单的；因受惩戒被免除人民陪审员职务的；经审查认为其他不宜担任人民陪审员的。①

2. 继续分阶段稳健扩展陪审员数量

尽管目前陪审员数量实现了人数倍增，但是从实现陪审制度促进司法民主的价值目标和国际上实行陪审制主要国家的做法来看，目前陪审员总体人数仍然偏少。如果如期实现最高法院设定的 2015 年年底陪审员倍增至 20 万人，也仅占人口总数的 0.015%。但陪审员数量范围的扩大不能一蹴而就。因为目前陪审员的选任、参审、管理、培训等具体工作机制尚在改革完善之中，需要进一步结合实践经验，提炼稳定成熟的制度操作，因此，应坚持“质量优先，兼顾数量”的策略，分阶段稳健推进陪审员数量

①《全国首批人民陪审员选任改革工作南京率先启动——南京中院、市司法局、鼓楼法院联合举行新闻发布会就相关问题答记者问》，见南京市中级人民法院官方微信公众号，2015 年 7 月 24 日。

增长，在陪审员遴选的源头进行质量控制，确保陪审员民主代表性拓展的同时，发挥好陪审制的司法功能。[①]

3. 积累地方经验，进一步完善陪审员随机抽选机制

2015年《改革试点方案》提出陪审员选任环节推行随机抽选，很大程度上变革了以往基于单位推荐或公民自荐，经法院会同司法行政机关审核遴选的方式。南京市中级人民法院在全国范围内率先展开尝试，南京市中级人民法院和鼓楼区人民法院采用邀请同级人大常委会人员采用电脑摇号的方式，在全区40万适格居民中随机抽选候选人，经进一步资格审查并征询被摇号者参审意愿，确定陪审员拟任名单，经公示后提请同级人大常委会任命。南京市中级人民法院选出600名陪审员，鼓楼区人民法院选出100名陪审员，其中市中级人民法院陪审员中28—40岁年龄段的青年群体占44.8%，区法院陪审员中，这一群体占41%。人选来自公务员、企业及事业单位普通员工、私营业主及农民、社工等群体，其中企业及事业单位员工占33.7%，高于管理层人员数。总体而言，摇号产生的陪审员年龄结构较为合理，受教育人群，可能具备较好参审能力的人群比例有较为明显的提升。[②] 这种做法的优势较为明显地体现在：

其一，能够消除因单位推荐候选陪审员所导致的选任范围局限问题，有力促进陪审员组成结构的优化，覆盖更为广泛的群体和行业。

其二，随机抽选能直接动员到公民个人，更好地鼓励促进普通民众参审，克服了过去法院宣传途径有限、民众对陪审员选任关注度不足，缺乏了解，参审意愿不足的问题。

其三，能够大大减少“冲着补贴而来”、将陪审当作再就业机会的人员，增进陪审实效。

---

① 重庆市高级人民法院课题组:《“倍增计划”背景下的人民陪审员管理机制研究》，未刊稿。

② 张源源:《南京市人民陪审员改革人选确定，年龄现“颠覆性”变化》，载《南京日报》2015年8月13日，第A06版。

其四，陪审员审查遴选的基本面拓宽、来源的广泛化和均衡化，能够很好地改善以往青睐基层党政机关公务人员和知识精英的现象。

其五，增进地方人大常委在陪审员任命过程中的监督。与英美国家由法官直接在居民名单中随机抽选陪审员的做法不同，我国目前基于培训和管理成本的考量，实行陪审员定量选任和陪审员任期制。人民陪审员身份的确定和职权的授予最终来源于地方人民代表大会的任命，而地方人大常委在陪审员遴选过程中没有发挥实质性作用，任命仅具有形式意义。因而，南京市鼓楼区人民法院邀请区人大常委会人员参与陪审员抽选和抽选的做法提供了很好的参照经验，值得推广。

（三）合理设定陪审制的适用方式和适用范围

1. 强化当事人的程序选择权

司法公正、程序公正的最重要的评价主体是当事人，陪审程序的启动权应当充分体现当事人的意愿，而不应由法院主导。陪审制的适用应当更多地体现当事人的意志，充分尊重当事人的程序选择权。

（1）应当取消法院主导下，当事人“被动”同意适用陪审制的规定。如前文所述，当前人民陪审员制度的广泛适用是法院主导的结果，然而陪审制实效不足，陪审员的“非职业法官”身份可能与当事人追求专业化、规范化审判的愿望相悖。当事人可能会认为法院没有慎重对待自己的案件。并且，陪审制扩大适用产生诉讼成本提高，陪审形式大于实质的现象反而对司法公正、司法公信和司法权威产生损害。

（2）在《民事诉讼法》及《人民法院组织法》中增加和完善当事人选择陪审制审理的权利及程序保障规范。应当在《人民法院组织法》和《民事诉讼法》中规定，当事人有选择陪审员审判的权利。法院在立案后有义务告知当事人有选择适用陪审制审理的权利，并询问当事人是否选择陪审。而在普通案件中，司法权的运行是否需要监督，首先应当取决于当事人。只要有一方当事人选择陪审，即适用陪审制。

（3）增加当事人在陪审员选任方面的选择权，保障当事人申请回避的权利。目前，当事人在陪审员选任方面没有参与权，重庆市梁平区人民法院的做法值得借鉴：首先依托门户网站，自主开发人民陪审员随机抽选系统。当事人随机抽选完成后，系统将向被抽选到的人民陪审员自动发送确认短信，提示参审时间、地点、合议庭组成人员等信息。人民陪审员需在30分钟之内向“12368”司法服务热线回复是否能够参审。若人民陪审员回复不能参审，系统将自动向案件当事人发送重新抽选短信，则重新进行抽选。这有效地增进了当事人在陪审员选任中的参与机会，更有利于提升司法公信。其次，候审陪审员经随机抽选产生以后，设置预先审查程序，由法院专门机构通知人民陪审员在指定时间到庭接受资格审查，主要调查陪审员是否与案件当事人有利害关系，是否对涉及的案件持有偏见，排除不适合的人民陪审员。最后，在法院调查完毕并排除一定陪审员后，由当事人双方及其代理人或辩护人继续对陪审员进行预先审查，根据回避原则选择他们足以信任的陪审员，最终确定案件的陪审员和候补陪审员。

2. 建立专业陪审制度

随着现代科技的迅猛发展，专业领域案件在司法审判中层出不穷，遴选专业人员担任陪审员参审能够很好地补充法官在专业领域背景知识不足的问题，如知识产权、金融证券、环境污染、医疗等专业领域。最高人民法院《关于人民陪审员参加审判活动若干问题的规定》第5条规定，特殊案件需要具有特定专业知识的人民陪审员参加审判的，人民法院可以在具有相应专业知识的人民陪审员范围内随机抽取。学者们对于遴选专业陪审员参审专业领域案件的做法多有赞誉，这种参审能够同时发挥好陪审制的政治功能与司法功能。国外也有类似做法，如自20世纪90年代起，俄罗斯建立了仲裁法庭，由1名职业法官和2名专家陪审员组成，审理经济纠纷和外商投资纠纷。[①]

就具体操作而言，法院可以在陪审员资格确认的时候记录其专业方向，建立专业陪审员数据库，有相关类型案件时可以从中抽取。但同时，专业陪审也可能面临质疑，比如当事人可能认为医生并不适合作为医疗损害赔偿案件的陪审员。因此，在专业陪审的适用方面，也应当充分尊重当事人的意愿，当事人既可以选择专业陪审也可以选择普通陪审。

3. 影响性诉讼中推动陪审团制度的适用

2015年《改革试点方案》陪审制适用案件范围的规定作出了较大的调整，这表现在，将刑事重罪案件纳入法定适用陪审制审理的范畴，但弱化了此类案件的强制适用要求，即涉及群体利益、社会公共利益的，人民群众广泛关注或者其他社会影响较大的第一审刑事、民事、行政案件，以及可能判处10年以上有期徒刑、无期徒刑的第一审刑事案件，原则上实行人民陪审制审理。

影响性诉讼能够在较大范围和一定深度上影响立法创新、司法改革和人们的法治认知及观念，[②] 让法院酌情推进在有限的影响性诉讼中适用陪审制，不仅能够控制陪审制的成本耗费，还能够增进判决结果的正当性和社会可接受程度。此前，陕西省和河南省法院系统在全省范围内推行“人民陪审团”制度，江苏省南通市港闸区人民法院试行人民参审团制度值得关注。其共同点在于：扩大陪审员的遴选范围，不强调高学历、职业身份，法院审核选任人数相对较多；陪审团或参审团以集体形式参与审判，但其

---

① 参见胡云红：《俄罗斯陪审团制度的重建及其对完善我国人民陪审员制度的启示》，载《法律适用》2015年第2期。

② 刘武俊：《影响性诉讼：法治进步的司法引擎——解读2005年度十大影响性诉讼》，载《人大研究》2006年第3期。

判断意见不具有刚性约束力，仅作为参考。如与法官分歧较大，法官可以提请审委会讨论决定；陪审团审判主要适用于在当地有重大社会影响的案件、涉及地方习惯、法律规定不明和有可能导致涉诉上访的案件。这些尝试既有应对当事人"服判息诉"以及"民意"和公众参与司法需求的动机，也有因人民陪审员制度异化而加以改进的诉求，[①]也能在一定程度上克服过去陪审员代表性不足、陪审形式化的问题，但在制度运作上，法院主导的问题也非常突出，陪审员的遴选不具有随机性，陪审团的意见不具有实质性约束力，这都影响到制度的发挥，需要进一步改良。

（四）合理配置陪审员的职权

1. 以"事实认定"为中心的制度设置

基于对陪审员"非法律职业人员"的身份回归，克服陪而不审，审而不议，推进陪审实效，党的十八届四中全会《决定》要求逐步实行人民陪审员不再审理法律适用问题，只参与审理事实认定问题。这就使得事实问题与法律问题的区分成为明确陪审员审判职权范围最重要的问题。探索建立"以事实认定为中心"的制度设置是进一步完善陪审制的重要内容。

（1）陪审员认定事实，法官负责法律适用的具体标准

英美法系国家基于陪审团审判的传统司法裁判内容被分为事实认定和法律适用两个部分，分别由陪审员和法官负责。然而，大陆法系长期以来，司法裁判并不做此区分，因而缺乏明确的参照。有学者指出，从性质上讲，由于诉讼中的事实与法律彼此牵连，相互趋同，难以通过本体论的方法通过定义分析的进路寻找区分"事实问题"与"法律问题"的统一根据。[②]但是，陪审制的良好运作和适用仍然需要相对明确和具有可操作性

---

① 范愉：《人民陪审制度与民众的司法参与》，载《哈尔滨工业大学学报》2014 年第 1 期。

② 陈杭平：《论"事实问题"与"法律问题"的区分》，载《中外法学》2011 年第 2 期。

的基本标准。在刑事案件方面，2002年《俄罗斯联邦刑事法典》第334条（1）规定，陪审团审理的3个主要问题是：被告人被指控的犯罪行为是否实际存在；被指控的犯罪行为是否为被告人所为；被告人所实施的行为能否被认定为有罪。尽管这些认定中仍然包含法律解释和适用的问题，但可以作为法官指引陪审员裁判的基本范围参照。

民事诉讼方面，理论上，审判活动中认定的事实分类框架为主要事实（要件）、间接事实和辅助事实，这些事实的认定同样与法律评价密切关联。[①] 一个相对可行的标准是，陪审团所负责的事实认定，应是在既定证据规则下，运用日常经验法则评价和判断上述事实是否存在，以此作为事实与法律问题区分的基本判断标准。比如，在大额现金交付的民间借贷案件中，借款人仅有借款合同这一证据，对借款是否交付这一事实的认定是司法实践中的一个难点，很容易引起当事人的质疑。这是属于法官自由心证的内容，也是适合让陪审员依据朴素的生活经验加以判断的事项。

但是，由于上述标准仍然不可避免地具有模糊性，因此，应当赋予法官在事实认定和法律事实区分问题上具有灵活的裁量权和指挥权。

（2）明确和强化人民陪审员事实认定的效力

鉴于事实问题与法律问题难以区分，南京市中级人民法院在试点改革中采用的做法是，让法院与陪审员共同就事实认定负责。实际上回避了事实与法律区分的难题。南京市中级人民法院的做法是，如果意见有分歧，应当按多数人意见对案件事实作出认定，但是少数人意见应当写入笔录。如果法官与人民陪审员多数意见存在重大分歧，且认为人民陪审员多数意见对事实的认定可能导致裁判结果错误的，可以将案件提交专业法官会议讨论并由其提供咨询意见。合议庭根据专业法官会议的咨询意见进行再次评议。再次评议后，法官与人民陪审员多数意见仍存在重大分歧的，可以

①［日］高桥宏:《民事诉讼法：制度与理论的深层分析》，林剑锋译，法律出版社2004年版，第340页。

将案件提请决定是否提交审判委员会讨论。提交审判委员会讨论决定的案件，审判委员会的决定理由应当在裁判文书中写明。而重庆市高级人民法院课题组认为，应在赋予人民陪审员进行事实认定这一重要职责的同时，认可其效力。人民陪审员关于事实认定的裁定，主审法官原则上应当认可并写入判决书。主审法官要变更甚至完全改变人民陪审员事实裁定的，需在判决书中公开说明理由，不说明理由的，法院可以拒绝签发判决书。[①]

（3）建立规范的法官指示制度

陪审制度功能的发挥还有赖于法官在审理过程中的有效指引。2010年，最高人民法院《关于人民陪审员参加审判活动若干问题的规定》第8条规定，“合议庭评议案件时，先由承办法官介绍案件涉及的相关法律、审查判断证据规则，后由人民陪审员及合议庭其他成员充分发表意见，审判长最后发表意见并总结合议庭意见”，是法官对陪审员指示制度的原则性规定。该制度源于英美国家，以陪审团制度为基础构建，它是指首席法官就法律问题向陪审团所作的指示。如果指示在法律上是错误的，便属于错误指示，构成上诉和驳回陪审团裁决的理由。[②]这一制度有利于对非法律专业的陪审员予以有效指导，弱化法官的专业知识权威，鼓励陪审员积极参审，便利其履行裁判职责。

《美国联邦地区法院民事诉讼规则》第51条规定，在开庭审理中，证明活动结束之后或在此之前，或者法官在他认为适当的时候，在陪审团退庭进行秘密评议之前，事先告知陪审团成员，他们对争执的事实作出裁决时所应适用的法律原则。实务中，法官指示实际上贯穿于审判整个过程，只要未进入陪审团秘密评议阶段，法官认为适当的，都可以主动进行

---

① 重庆市高级人民法院课题组：《“倍增计划”背景下的人民陪审员管理机制研究》，未刊稿。

②［英］戴维·M.沃克：《牛津法律大辞典》，李双元等译，法律出版社2003年版，第327页。转引自周欣、陈建新、聂玉磊：《论法官指示制度之构建——兼论〈最高人民法院关于人民陪审员参加审判活动若干问题的规定〉第8条之适用》，载《现代法学》2011年第3期。

解说。[①] 内容包括解说实体法和程序法法条规则，陪审员的权利与职责等，务求使其明白理解法律意涵。此外，为了保证陪审员获得正确的指示，法律赋予当事人或其律师参与提示法条的选择权，如《美国联邦地区法院民事诉讼规则》第 51 条规定，在开庭审理中，证明活动结束之后或在此之前，作为法院的合理指示，任何当事人可以提出书面要求，请求法院向陪审团成员指示在该请求中提出的法律问题。律师也可以对法官的不当指示提出异议。大陆法系国家还没有具体系统的法官指示制度概念。德国和法国主要依靠培训、进修以及法律顾问形式来弥补陪审员法律知识的不足。而日本则是在《裁判员法》中以议事规则的形式规范了法官指示的内容。[②] 具体而言，我国可以借鉴完善的规则包括以下方面：

第一，开庭审理前法官或法官助理应将案件的法律问题对人民陪审员作书面或者口头解释，人民陪审员可以就不清楚的法律问题向法官提问。该法律问题归纳提示应同时向双方当事人公开。

第二，开庭审理前，法官应当将案件事实争点进行归纳，以书面形式交给人民陪审员，告知其须在庭审中或者庭审后作出书面答复。法官可以就陪审员判断中不清楚、冲突、含混的地方要求人民陪审员作出合理的解释。需要注意的是，主审法官只能引导和提醒，不能表达自己对问题的倾向性意见，更不能替代人民陪审员就事实问题作出判断。

第三，赋予当事人及其诉讼代理人以书面方式请求法官就特定法律问题对陪审员作出解释。

2. 拓展陪审员职权范围，发挥纠纷解决 作用

实践中，在西部和农村地区，除了组成合议庭，陪审员在法院办案人力支持方面也发挥着独特的作用。例如，协助法庭前的送达，担任庭审中

① 白绿铉：《美国民事诉讼法》，经济日报出版社 1999 年版，第 130 页。

② 周欣、陈建新、聂玉磊：《论法官指示制度之构建——兼论〈最高人民法院关于人民陪审员参加审判活动若干问题的规定〉第 8 条之适用》，载《现代法学》2011 年第 3 期。

的书记员，裁判后的执行人，也会因其在当地的人际关系或习惯知识而让陪审员主持或参与调解等。[①] 尤其是在深圳、江门等案件数量大的地区，法庭更倾向于将一些事务性工作交给专职陪审员，以缓解案多人少的压力。由此，陪审员的职能出现异化，由司法监督者转变为司法辅助者，扮演人力补充、协调人和知识提供者的角色。[②] 但参与审判以外的事务同样能够拓展司法民主、增进公民民主法治意识和提升公民法律素养，因此，陪审员的职能可以拓展到审判辅助活动。

（五）建立和完善陪审员参审促进与保障机制

1. 建立参审信息庭前告知机制

为了保证陪审员能够充分合理安排参审时间，应当建立参审信息庭前告知机制，避免陪审员临时接到参审通知而无暇参审的现象。比如，法院应当在受理案件后，由立案庭引导当事人参与随机抽选陪审员（其中应有1—2位后备人员）。在确定案件庭审的时间和地点后，至少应当提前三天依次联络抽选的陪审员，告知其参审时间和地点，并征询其能否参审。

2. 完善陪审员庭前阅卷机制和案情说明机制

为了保证陪审员参审的有效性，应当保证陪审员基本熟悉案情、案件的事实和法律争议焦点。首先在开庭前的准备阶段中，法官会组织当事人交换证据，整理争议焦点，主持调解，这个过程陪审员原则上应当参加。其次，法院应当安排和记录陪审员阅卷。最后，法院应当将案件基本情况，主要事实争点和证据争点、法律适用规范以书面形式告知陪审员，明确需要陪审员裁判的事实问题。为了保证法院正确说明，书面说明同时应

---

① 曾晖、王筝：《困境中的陪审制度——“法院需要”笼罩下的陪审制度解读》，载《北大法律评论》第8卷第1辑，北京大学出版社2007年版；蔡琳：《人民陪审员助理角色之实证考察》，载《法学》2013年第8期。

② 彭小龙：《人民陪审制度的复苏与实践：1998—2010》，载《法学研究》2011年第1期。

向双方当事人及其诉讼代理人公开，当事人可提出异议。

3. 以审判为中心的诉讼模式改革

党的十八届四中全会提出要推进以审判为中心的诉讼程序制度改革，尤其在刑事诉讼领域要破除过去侦查案卷笔录中心主义、审讯中心主义、侦查羁押中心主义等以侦查为中心，庭审虚化的诉讼模式，从贯彻直接言词原则和证据裁判原则，进一步确保证人出庭作证，强化刑事案件被告的辩护权、提升庭审公开、加强裁判文书说理和公开等多方面努力，确保庭审成为在两造当事人平等论辩基础上进行事实认定的主要场域，增强两造庭上辩论对诉讼资料审核和裁判结果的实质性影响。由此，才能发挥陪审员参审的作用。

4. 陪审庭合议规则

应当进一步规范和完善陪审庭合议规则，结合法官指示制度，明确限定陪审员的裁判范围，并建立陪审意见引导机制，要求陪审员独立就案件事实争点作出判断。例如，首先，明确规定法官负有以书面方式指出事实争点的义务，但法官不得就裁判结果作倾向性说明和指示；其次，在陪审庭合议中，确定合理的发言顺序，应当让陪审员依次优先于法官陈述判断结果，以免受到法官专业判断的影响；最后，完善陪审员评议意见记录，确保每位陪审员完整、明确地就事实争点给出判断意见。

（六）提高陪审员补贴标准，落实陪审经费

在陪审员补贴标准上，我国参照英美的做法，将陪审员区分为有固定职业和无固定职业两类，前者通过立法要求其单位或雇主不得以任何形式削减陪审员履职期间的报酬，保证陪审员收入不会降低，此外仅提供因陪审而支出的食宿差旅费用。而对后者，则按照普通居民平均收入水平予以支付。但显然吸引力不足，不少法官建议参照对两类陪审员按照居民收入水平统一支付，这样能够保障有固定职业陪审员的参审积极性。这一标准

实际上也曾被俄罗斯采用。苏联后期，公民不愿担任陪审员的现象广泛出现，从而造成基层法院人民陪审员数量严重不足，因此俄罗斯改革者们通过提高陪审员补偿标准的方式来鼓励公民参审。如公民经过法定程序被委任以陪审员的重任以后，在其参与的整个审判活动期间，将获得相当于本法院一名法官同时间应得工资数的 1/2 作为经济补偿。陪审员按照参审时间计算补偿，从法院将其召集来接受法庭审查的时间就开始计算。并且，陪审员如果能够证明法院给予的经济补偿要少于他们在其同时间的本职工作中所获的报酬，法院将根据后一标准计算补偿费用。此外，陪审员在参审期间的交通食宿费用按照职业法官所享有的待遇加以补偿。[①] 此外，应当强调陪审经费在法院经费中单独列支保障，切实到位。

（七）建立合理的陪审员培训制度

1. 弱化陪审员培训中的职业化倾向，强化行为规范要求

如果建立了较为完善的法官指示制度，那么在很大程度上可以替代陪审员法律专业知识的培训，更好地保持陪审员的“平民”色彩。陪审员的培训应当弱化法律知识和技能方面的培训内容，将重点放在陪审员行为规范要求上。规范陪审员的行为规范，有助于提升公众对司法机关的公信力，有助于解决纠纷，提高司法工作人员的职业形象，增强其职业荣誉感和责任感。人民陪审员作为司法活动的参与者和职权的行使者，学习庭审礼仪规范十分重要。

2. 利用电子技术建立低成本的培训方式

随着陪审员数量的不断增长，陪审员培训成本是一个不可忽视的问题。现代电脑电子技术的发展和迅猛普及可以在很大程度上解决这一问题。法院可以多利用现代电子技术，开发低成本的陪审员培训方式。比

---

① 陈瑞华:《陪审团制度与俄罗斯的司法改革》，载《中外法学》1999 年第 5 期。

如，录制参审事项指导光盘、陪审员行为规范手册或电子刊物等，避免因培训时间过长占用陪审员过多的时间。

（八）建立和完善陪审员管理制度

1. 确定专门的陪审员管理机构

如美国州法院中大多有陪审专员，负责陪审员的联络协调和管理工作。而我国各地法院对陪审员管理工作不够统一，常出现分散管理、多头管理的现象。因此，应当统一陪审员管理机构，以便建立协调统一的陪审员选任、日常管理、惩戒等事务。

2. 推广适用陪审员电子管理系统，保证均衡参审

如果陪审员过多的参与案件审理，容易受法官的影响，形成法律职业人的理性思维，失去了作为大众朴素是非观代表的作用。南京市鼓楼区人民法院规定了每位陪审员每年参审的最低数额和最高限额。人民陪审员超过最高限时，人民陪审员信息化管理平台将其自动屏蔽在摇号抽选的范围之外。这一创新能够有效防止“陪审专业户”现象，值得借鉴推广。

3. 完善陪审员惩戒机制

建立和完善合理有效的陪审员奖惩机制，是保证陪审义务履行，促进陪审员积极性的重要措施。既有奖惩制度管理存在不合理之处，即纸面规范过严，且与法官管理同质化，而实际未予执行。完善陪审员奖惩机制，应当切合陪审员非职业法官的身份。

（1）制定系统、统一的《陪审员行为规范》，为陪审员参审提供完整的指引，也为陪审员的管理提供重要依据。

（2）完善陪审员惩戒机制。陪审员的惩戒，主要针对四类行为：其一，庭前失仪，言行有悖中立地位等失当行为；其二，无故缺席、多次无故拒绝陪审等一般违反陪审纪律行为；其三，接受吃请、滥用职权、徇私舞弊等严重违纪行为；其四，严重违纪行为构成刑事犯罪的行为。针对第一类

行为，应当赋予法官庭上训诫的权利。针对第二类行为，对审判工作造成不良影响的，审判长可以建议陪审员管理部门予以批评教育、警告、扣发补贴。针对第三类行为，首先，可以将人民陪审员纳入法院廉政风险防控范围，增强其廉洁自律的意识和能力；其次，在履职期间出现不廉洁情形，情节较轻的，对其进行批评教育，情节严重的，依照法定程序免去其人民陪审员职务。针对第四类行为，依法追究其刑事责任。

（3）建立人民陪审员正常退出机制

陪审员有下列情形之一的，经陪审员管理部门确认，可以上报法院院长提请人大常委会予以免职：人民陪审员申请辞职的；由于职业或岗位发生变动或者身体健康等原因，无法继续履行陪审员职务的；凡人民陪审员在3年内，无正当理由拒绝参加陪审案件超过3次的；凡因廉洁问题被惩戒过3次以上的。

第三章

审委会制度实施状况评估与完善

审判委员会作为具有中国特色的法院组织，也是我国诉讼制度的一项独创，法源依据体现在《人民法院组织法》与各诉讼法中。2012 年《民事诉讼法》修改未涉及审委会制度，在党的十八大以来推进的新一轮司法改革中，审委会制度改革是四项重大改革项目之一的司法责任制改革的组成部分。① 对审委会制度实施情况尤其是司法改革背景下审委会制度改革的实际情况进行实证研究，有助于准确把握审委会制度存在的问题及改革方向，为今后法院《人民组织法》与《民事诉讼法》相关内容修改奠定基础。

一、审委会制度运行的实证考察

（一）审委会制度运行的基本状况

课题组以重庆市第一中级人民法院为主要实证研究对象，同时参考了广州市增城区、原萝岗区、安顺市平坝区人民法院等地的情况，对 2013—2014 年审委会履行职能情况进行梳理。样本法院审委会职能履行情况呈现出以下特点：

表 3-1　重庆市第一中级人民法院 2013—2014 年审委会职能履行情况

年份	法院全年案件受理数（件）	审委会讨论事项总数（件/次）	审委会讨论案件数（件）	与审判有关的重大事项（件）	职务任命（次）	参考性案例（件）
2013	13860	307	292	8	7	15
2014	16305	281	241	23	8	28

① 党的十八大以来推进的四项重大改革包括法院人员分类、司法责任制、司法职业保障、人财物省级统管。

1. 提请审委会讨论的案件数量大致与法院受理案件数量增幅保持一致

近年随着社会矛盾日益复杂，纠纷表现形式多样化，法院受理案件数量呈不断增长趋势。与此相一致，审委会讨论案件数量大体上也与法院受理案件数量增长保持一致。

2. 审委会职能多元化

除讨论和决定重大、疑难、复杂案件以外，审委会还切实履行了与审判工作相关的制度审定、审判疑难问题解答、审判职务任命、参考性案例报送等工作。

3. 各项职能比例失衡

从各项职能所占讨论事项的比例来看，案件讨论比重最大，均占到了审委会每年议事事项的 85% 以上，最多者达到了 95%（2013 年），而职务任命以及讨论、决定与审判有关的重大事项等职能所占比重仅为 10% 左右。比例的严重失衡，也反映出审委会职能偏离的趋势。审委会过多的精力被案件讨论所占据，使得其他职能几乎无机会得以履行，难以发挥实质性作用。

就案件讨论类型而言，提请审委会讨论并决定的案件类型多样，不仅涵盖法院审理的各类案件，且不同类型案件之间，数量差别亦较明显（见表 3–2），对比某法院审委会两年讨论案件的类型，刑事案件均占据讨论案件总数的较大比例，民事案件数量相对较少。

表 3–2　重庆市第一中级人民法院审委会 2013—2014 年讨论案件类型及数量对比

单位：(件)

年份	刑事	民事	行政	执行	再审	请示	信访	司法救助
2013	103	19	9	17	57	50	41	38
2014	77	12	0	7	57	34	4	13

从广州市增城区、原萝岗区、安顺市平坝区等地法院审委会讨论案件的情况看，既存在一些共性现象，如讨论决定刑事案件数量明显超过民事案件，但在民事案件讨论决定方面也存在一些差异。有的法院审委会对民事案件把关作用较为明显，年度讨论案件数量在200件左右，而有的年收数在10000件以上的法院审委会一年仅讨论2—3件民事案件。在审委会回避方面，各地法院普遍未赋予当事人申请审委会委员回避的权利，仅有个别法院在案件提交审委会时告知当事人有申请回避的权利，一些法院则在受理案件时概括性告知当事人有此项诉讼权利，一些法院将公布审委会委员名单视为已经告知当事人有申请回避的权利，相当数量的法院未履行任何告知当事人可申请审委会委员回避的义务。

（二）审委会制度存在的问题

1. 审委会成员的非专业化

目前，审委会广受批评的一点在于其成员的非专业化。现实中，各级法院审委会委员是由院长、副院长、政治部主任、审判庭庭长、执行局局长等组成的，客观来讲，由于他们常年在某一领域内从事审判工作，审判经验丰富，对该领域内的审判业务较为精通，全是各自领域内的资深法官，但是审委会讨论的案件类型多样，概括了民事、行政、刑事、立案、执行等各方面的内容，就现实而言，要求审委会委员对卷帙浩繁的法规进行逐一研究是不现实的，因此在实践中，一般审委会讨论案件的程序是按承办人、庭长、分管院长、院长的顺序发言，分管院长与院长的意见在案件讨论决定中具有重要影响，审委会的案件讨论往往流于形式。此外，各级法院的审委会委员应是法院素质最好、水平最高的法官。审委会委员由院长提名，提请相应的人大常委会任免。在实践中，许多作为审委会当然组成成员的法院领导均来自党政系统，即使是根据《中共中央关于进一步加强人民法院、人民检察院工作的决定》文件精神而产生的专职委员，往往也是为了解决一些资深的法院内设机构负责人的行政级别而选任。更有甚者吸纳一些非审判业务部门的行政领导进入审委会，相反，精通业务的无行政职务的审判人员无法进入审委会，从而导致审委会人员的非专业化倾向严重。

2. 讨论案件准入标准模糊

审委会讨论决定案件限于重大疑难案件，但具体认定标准却未予界定，这在一定程度上增加了提请审委会讨论案件范围的审核难度（见表3–2）。案件准入制度的缺失，造成实践中审委会几乎对案件来者不拒，由此也带来了相应的问题：

一方面，案件标准的模糊化与范围不明，为大量案件进入审委会提供了制度渠道，也易造成法官对审委会的过分依赖。审判实践中，有的法官为规避风险、回避矛盾，或基于其他因素考虑，将一些本不属于审委会讨论范围的案件提交审委会讨论，导致其主观能动性及责任感削弱。另一方面，许多案件未经过滤便进入审委会，过重的审判任务势必导致审委会工作重心向案件讨论方面倾斜，不仅使审委会无暇顾及总结审判经验，也制约了其发挥对审判工作中带有根本性、全局性的问题进行研究和作出权威性指导的作用。此外，有的本应由合议庭就能够处理的案件最终交由审委会决定，在增加审委会工作任务的同时，也有损害合议庭审判权之嫌。

表 3–3 重大、疑难案件的划分标准及存在的主要问题

案件类型	案件划分标准	审理焦点	存在的主要问题
重大案件	案件审理的影响	法律适用问题	案件本身所涉及的法律适用问题可能简单，也可能很复杂，如果不对重大案件加以限定，很有可能许多本身法律适用很简单的问题也因缺乏必要的过滤而进入审委会

续表

案件类型	案件划分标准	审理焦点	存在的主要问题
疑难案件	案件涉及事实或法律较复杂	事实认定或法律适用存在争议	审委会侧重于解决法律适用问题，对于事实认定存在争议的案件，应交合议庭处理而不宜提交审委会讨论，否则有可能导致审委会审判权泛化，干预合议庭行使审判权

3. 违背直接审理原则

司法的亲历性与判断性，是司法之重要法则。[①] 尽管不可否认审委会以会议形式讨论决定案件在一定程度、范围和时间内起到了积极效果，但其理论根基的缺失难以回应诉讼法原理的诘问。民事诉讼法早已经确立辩论原则和公开审判制度，审委会以会议形式讨论案件显然不符合公开审判制度及辩论原则。诉讼法理中的直接审理原则、言词审理原则、排除传闻证据规则已成为现代法治国家普遍适用的诉讼原则，法官对个案的处理必须亲历其境，听取诉讼两造论辩，直接审查证据和事实，形成对案件事实的内心确信，审委会以会议形式讨论决定案件与这些诉讼法原理均南辕北辙。[②]

4. 回避制度落空

设立回避制度旨在从审判主体中立性的层面确保审判的公正性，审判中立性更为注重从诉讼程序结构内部来确保案件的公正审理，也即法官应当与案件本身以及当事人双方及诉讼代理人无关联而保持中立的诉讼地位，也就是双方当事人保持同等的诉讼距离。[③] 我国《民事诉讼法》以及《最高人民法院关于审判人员严格执行回避制度的若干规定》均对审判人

① 陈光中，龙宗智：《关于深化司法改革若干问题的思考》，载《中国法学》2013 年第 4 期。

② 重庆市高级人民法院课题组：《审判管理制度转型研究》，载《中国法学》2014 年第 4 期。

③ 常怡主编：《比较民事诉讼法》，中国政法大学出版社 2002 年版，第 37 页。

员回避作出明确规定，然而正是在对于审判人员的回避规定极为严格的情况下，对案件有最终决定权的审委会委员却没有相应的回避制度，这无疑降低了司法威信，使得程序公正在最后一个重要环节形同虚设。

5. 有违审判公开原则

审判必须公开，这是司法过程最基本的原则，让权力在阳光下运行是被现代社会所公认的司法准则。审判公开一方面要求案件审理过程公开，包括案件审判人员、案件庭审过程等对外公开，另一方面要求案件审理结果公开，包括判决理由、判决结果等对外公开。而审委会审理案件是秘密、不公开的，讨论时仅有审委会成员、主审法官、记录人员等参加（主审法官所在庭庭长常作为列席人员参加），其他人（包括法院内部人员、当事人等）不被允许参加或旁听审委会。审委会委员对案件事实的认定和法律适用的确定以及实体权利义务的分配仅建立在主审法官汇报的基础上，审理过程中的每个决定均是在当事人不在场的情况下作出，裁判结果最后以合议庭名义发出，使得整个审判完全处于秘密状态。

6. 审判责任追究无法实现

审委会运行基础为民主集中制，讨论案件作出处理决定的原则是少数服从多数，但审委会对外是一个整体，承担责任形式是集体负责制，便导致责任分散与不确定，在出现错案情况下往往无法分清责任，从实践中看，尚未出现追究审委会集体责任的成例。尽管现行法律规定合议庭也是集体负责制，但是合议庭作为实际审理机构，每位成员都需要在裁判文书中署名，每位都需要对裁判结果负责。审委会不同之处在于一方面人数较多且没有向当事人公示，另一方面在于其并不在对外裁判文书上署名，即使在讨论笔录上也无人签字，仅最后决议由院长一人签名，从而在出现错案情况下往往无法追究责任。正因为没有责任追究机制，审委会可能被一些人利用成为干涉司法公正的工具。“审判委员会只行使超越法官的权力，不承担司法责任，这是法治国家不能容忍的现象，也是这一制度最严重的缺陷。”①

二、审委会制度改革的实践观察

《中共中央关于全面深化改革若干重大问题的决定》提出让“审理者裁判，让裁判者负责”的审判权运行机制改革任务，《中共中央关于全面推进依法治国若干重大问题的决定》进一步提出司法责任制改革任务，审委员制度改革即其中的重要内容。最高人民法院出台《关于审判权运行机制改革试点方案》，确定的上海市第二中级人民法院、重庆市第四中级人民法院等9个审判权运行机制试点法院正在推进审委会制度改革，一些未纳入试点的法院也在进行审委会制度改革的实践探索。对改革文本和实践的分析，是明确审委会制度改革走向的重要基础。

（一）审委会制度改革的文本分析

《人民法院第四个五年改革纲要（2014—2018）》作为本轮司法改革的总揽性文件，在第27项“院庭长办案”改革任务中提出“完善院、庭长、审判委员会委员担任审判长参加合议庭审理案件的工作机制”；并在第32项“改革审判委员会工作机制”对审委会制度改革作出明确规定：“合理定位审判委员会职能，强化审判委员会总结审判经验、讨论决定审判工作重大事项的宏观指导职能。建立审判委员会讨论事项的先行过滤机制，规范审判委员会讨论案件的范围。除法律规定的情形和涉及国家外交、安全和社会稳定的重大复杂案件外，审判委员会主要讨论案件的法律适用问题。完善审判委员会议事规则，建立审判委员会会议材料、会议记录的签名确认制度。建立审判委员会决议事项的督办、回复和公示制度。建立审判委员会委员履职考评和内部公示机制。”

① 徐显明:《司法改革二十题》，载《法学》1999年第9期。

最高人民法院制定并经中央全面深化改革领导小组会议审议通过的《关于完善人民法院司法责任制的若干意见》对审委会制度改革作了更细致的规定，首先，明确审委会统一法院裁判标准职能，要求依法合理确定审委会讨论案件的范围，审委会只讨论重大疑难复杂案件的法律适用问题，以及涉及国家外交、安全和社会稳定的重大复杂案件。强化审委会总结审判经验、讨论决定审判工作重大事项的宏观指导职能。其次，规范提交审委会讨论的程序，合议庭认为案件需要提交审委会讨论决定的，应当提出并列明需要审委会讨论决定的法律适用问题，并归纳不同的意见与理由。再次，规范审委会讨论决定案件程序，案件需要提交审委会讨论决定的，审委会委员应当事先阅读合议庭提请讨论的材料，了解合议庭对法律适用问题的不同意见与理由，根据需要调阅庭审音频视频或者查阅案卷。审委会委员讨论案件时应当充分发表意见，按照法官等级由低到高确定表决顺序，主持人最后表决。所有参加讨论和表决的委员应当在审委会会议记录上签名。最后，建立审委会运行保障机制，要求建立审委会委员履职考评和内部公示机制。建立审委会决议事项的督办、回复和公示制度。

最高人民法院《关于审判权运行机制改革试点方案》关于审委会制度改革的核心内容是“严格限缩审委会讨论案件的范围，规范审判委员会的议事规则，建立审委会讨论案件的过滤和分流机制”。

分析以上三份重要司法改革文本，本轮司法改革中的审委会制度改革针对审委会长期存在的问题主要进行了三方面改革：

其一，限缩审委会讨论案件范围。针对审委会讨论案件门槛低、讨论案件准入标准模糊、重大疑难案件表述不清的问题，本轮改革采取“分类制”与“清单制”结合的方式限定审委会讨论案件范围。所谓“分类制”，系将讨论的问题分为事实问题与法律适用问题，审委会主要讨论法律适用问题。所谓“清单制”，是指对于既讨论事实认定又讨论法律适用问题的案件，仅包括涉及国家外交、安全和社会稳定的重大复杂案件。

其二，强调审委会委员直接审理案件。强调审委会委员直接审理案件，系审委会作为最高审判组织审判属性的回归，而并非行政性的会议性机构，以此体现司法的亲历性与诉讼法中的直接审理原则。

其三，规范审委会讨论案件程序。程序有显著的“控权”特征，这种派生于权力制约原理的程序功能表现在用法定时限、时序、规则来制约权力行为。[①] 审委会制度作为诉讼制度的组成部分，其程序运行系诉讼程序运行之一部分，应受到程序本身的制约。改革文本从提交讨论到发言顺序、表决程序直至保障机制，对审委会运行作出全面细致的规定，有助于解决审委会运行程序公开不足、责任不明等问题。

（二）审委会制度改革的各地实践

审委会制度改革并不涉及司法体制等顶层设计，为各地法院在改革文本引导下推进改革试点实践提供了较广阔的空间。通过对最高人民法院官方网站、人民法院报及法制网、法制日报等权威媒体报道的梳理，可洞见各地法院推进审委会制度改革的具体实践。

1. 关于审委会委员审理案件

辽宁省丹东市振安区人民法院实行审委会委员参与办案制度，将审委会委员全部编入各庭室，直接审理重大、疑难、复杂、发回重审等案件。甘肃省定西市人民法院制定审委会委员办案制度，要求审委会委员每年应办理案件12件以上；办理案件侧重疑难、复杂、重大案件，新类型案件，具有指导意义的案件。要求审委会委员要亲临一线、全程参与办案，做到亲自调查、亲自调解、亲自开庭、亲自草拟法律文书、亲自操作法综系统。同时应就审判执行工作全局性、普遍性的突出问题，主动开展调查研究，及时发现审判执行工作中存在的问题，积极建言献策，提出合理化建

① 孙笑侠:《程序的法理》，商务印书馆2005年版，第112—113页。

议，提高全院审执质效。珠海市中级人民法院要求审判委员会委员除参加审判委员会会议外，还应当审理（承办或参审）案件。对六类案件院长可指定审判委员会委员审理：一是有重大社会影响的案件；二是上级部门、人大代表、政协委员关注的案件；三是疑难、复杂案件；四是适用法律具有指导意义的案件；五是新类型案件；六是院长认为有必要由委员审理的其他案件。还对审委会委员的办案数量提出了硬性的最低要求：具有审判职称的院领导、专职审判委员会委员每年至少审理 6 件案件，其中至少承办 3 件案件；其他审判委员会委员每年至少审理 10 件案件，其中至少承办 5 件案件。广东省高级人民法院则规定该院审判委员会委员每年须承办 1—2 件案件，担任审判长审理 2—3 件案件。

2. 关于健全审委会运行程序

上海市黄浦区人民法院建立审委会记录电子签阅系统，审委会秘书将会议记录上传至系统后，委员可以对其中本人发言部分按实进行修改增补；全体与会委员签阅完毕后，系统将记录合并并自动生成电子签名。通过该系统，审委会每次会议记录的内容和结论更加清晰明了，进一步促进了审委会机制运行的公开、公正。天津市高级人民法院建立审委会委员履职档案，如实记载出席会议情况、讨论案件议题情况和讨论规范性文件等议题情况，并实行全程录音录像，严格保管措施，以促进审委会委员依法履职。同时强调要完善量化考评，加强总结和通报，以增强审委会委员依法履职的积极性和公正性，确保对履职情况的监督和管理取得实效。

3. 关于审委会委员旁听案件

安徽实行审委会“庭审亲历”，要求各级法院的审判委员会委员每月至少集体现场旁听 1 件拟报审委会讨论案件庭审情况，或者由审判委员会委员直接参加合议庭开庭审理案件，全年总计不少于 10 件。其中，年案件受理数 5000 件以上的法院，应不少于 15 件。各地法院可结合实际，通过集中收看庭审影像资料等方式，增加“庭审亲历”案件数量。“庭审亲历”的案件包括疑难、复杂、敏感案件，在辖区内有重大影响的案件，在辖区内具有统一裁判标准、指导同类案件审判意义的案件等。该项实践探索的特征在于，除要求审委会委员直接审理案件外，另将审委会旁听案件作为履行审判职能的方式。

（三）审委会制度改革存在的问题

1. 改革后的审委会制度仍存在行政化问题

第一，审判委员会委员选任行政化色彩明显。各法院的试点改革方案中均强调，审判委员会成员应当吸收政治素质好、业务经验丰富、专业素质过硬的资深法官，其选任标准导向的专业化程度较为明显，这是值得肯定的。但由于我国《人民法院组织法》和《法官法》中对审判委员会成员的选任资格并无明确规定，实践操作中，法院的行政领导历来当然是审判委员会的委员，而无论其法律专业水平如何。不仅如此，在访谈中也了解到部分法院的审判委员会身份是作为一种副院级待遇来授予，而非对委员专业资质的认定。专业资质可能存在不足也是审判委员会讨论决定重大、疑难、复杂案件面临的主要质疑。

第二，讨论案件过滤程序环节显形式化和行政化。大多数法院设置的审委会讨论案件的过滤机制是合议庭拟提交审判委员会讨论决定的案件，必须提出书面意见，说明需要讨论的法律问题，交由专业法官会议审查或者审委会部分委员审查是否属于审判委员会讨论决定案件的范围，并提出书面意见，报院长决定。专业法官和审判委员会部分委员的审查足以提出有效的意见，院长因为管理事务繁重，对提交审委会讨论的申请的审查可能会变得形式化，无太大实质意义。

第三，将查看庭审录像方式视为间接的亲历性，系名为尊重司法规律、顺应司法信息化、科技化发展趋势，实为对司法行政化予以包装的做法。有论者以为，司法亲历性原则等经典原则也在发生变化。[①] 随着现代信息技术在庭审中的广泛运用，审委会委员确可通过查看庭审录像方式，在一定程度上解决亲历性不足的问题。但是，亲历性即为诉讼法中的直接审理原则，并不存在间接性的直接审理原则。直接审理原则还存在间接性变异之说，实则逻辑上的自相矛盾。查看庭审录像方式显然无法满足直接审理原则中的听取双方论辩、根据当事人的反应推进庭审等内容。[②] 直接审理原则建立在判断者对被判断者的“近距离观察”上，对案件当事人言辞的判断，对证人所作证词可信性的判断，都离不开“近距离观察”，而只有这种“近距离观察”基础上的判断，才更接近真实，也更让人信服。[③]

第四，在陪审制等其他改革设计中将提交审委会讨论作为最终救济方式，可能是司法行政化思维一种新的体现。以陪审制改革为例，人民陪审员与法官就事实认定发生意见冲突且人民陪审员意见占优，法官认为人民陪审员对事实的认定违反了证据规则，可能导致适用法律错误或造成错案时，本次陪审制度改革提出的思路是“可将案件提交院长决定是否由审判委员会讨论”。问题在于，陪审员与法官就事实认定发生的争议并不属于审委会制度改革中审委会主要讨论法律适用问题的范围，可能人为扩大了审委会讨论范围，与审判委员会制度改革的方向相悖，也使不同诉讼制度改革之间的协调性受到破坏。同时，将提交审委会讨论作为最终救济渠道，似乎是将审委会作为化解矛盾灵丹妙药、最后防线，可能又将陷入“审者不判、判者不审”的怪圈，有违亲历性原则，也与“去行政化”的改革方向不符。

2. 事实问题与法律问题难以区分

事实问题与法律问题的区分对陪审制度、审级制度以及审委会制度均

① 顾培东:《人民法院内部审判运行机制的构建》，载《法学研究》2011 年第 4 期。

② 重庆市高级人民法院课题组:《审判管理制度转型研究》，载《中国法学》2014 年第 4 期。

③ 贺卫方:《中国司法管理制度的两个问题》，载《中国法学》1997 年第 6 期。

有至关重要意义，但其区分规则或原则却未有过深入的研究，大陆法系法治发达国家包括德国、日本似乎也未形成清晰可见的标准，[①] 即使在整个司法制度都建立在这组区分基础上的英美法系国家，也没有规则或原则可以“无差错地将事实认定和法律结论区别开”[②]。事实问题与法律问题极难区分，有学者认为，当法官认定事实时，实际上已对事实作出了法律评价。[③] 从案件类型来说，相对于刑事诉讼，民事诉讼系难以将事实问题和法律问题区分开来的领域。[④] 如经验法则、“过失”的判断属于事实问题还是法律问题？对某一证据如鉴定结论、电子证据的认定属于事实问题还是法律问题？这些问题一直有较大争论。

关于事实问题和法律问题的区分标准，审委会制度改革文本并未给出明确答案，《最高人民法院关于完善人民法院司法责任制的若干意见》采取“合议庭列明需审委会讨论的法律适用问题，并归纳不同意见与理由”的方式。此方式与法国陪审制度中的问题清单有几分形似，将事实问题与法律问题的区分交由合议庭决定，由合议庭将需由审委会讨论决定的法律适用问题一一列出，审委会仅对合议庭列出的法律适用问题讨论即可。这是一种将复杂问题简单化处理的方式，将事实问题与法律问题区分的难题交由合议庭解决，在区分规则缺失的情况下，要求合议庭在庭审中区分事实问题和法律问题，将对审判长法律素养和专业能力提出极高的要求，同时也给予合议庭裁剪事实和法律、选择性提交审委会讨论之可能。

---

① 傅郁林：《审级制度的建构原理——从民事程序视角的比较分析》，载《中国社会科学》2002年第4期。

② 陈杭平：《论“事实问题”与“法律问题”的区分》，载《中外法学》2011年第2期。

③ 耿宝建：《在法律与事实之间——司法裁判中事实认定过程的法理分析》，载《河北法学》2008年第1期。

④ 王亚新：《陪审制改革与司法公信力的提升》，载《人民法院报》2015年4月26日，第2版。

3. 审委会公开仍然不足

首先，在审委会负责法律适用问题的模式下，审委会可能对当事人造成“法律适用突袭”。就实现方式而言，心证公开包括心证过程、心证理由以及心证结果公开。心证公开尽管成为共识，但制度设计体现为心证结果及理由公开，2012 年修改的《民事诉讼法》及其司法解释仍未明确提出心证过程公开。[①] 如果审委会讨论后最终形成的法律意见改变了合议庭之前向当事人开示的法律见解，而不将改变后的法律见解向当事人开示，则可能导致具有决定性的“裁判突袭”。这是审委会讨论决定案件，对审判公开制度最深层的抵牾。只要仍存在审委会对当事人的“法律适用突袭”以及“裁判突袭”，审判公开就难说得到充分有效的实现，而毋论裁判文书上网、法院微博、微信等司法公开举措已用之极致。

其次，审委会委员回避仍未得到有效实现。改革文本在案件提交审委会讨论程序上，从法院内部权力制约、提升诉讼效率等方面做了大量精细化设计，但均是一种内部视角，而未对案件当事人的听审权予以充分关注，甚至未作出任何回应，即改革文本中的提交审委会讨论程序系封闭性程序，忽略了对当事人申请审委会委员回避权利的保障。程序设计缺陷具体体现为：未规定如案件需要提交审委会讨论，合议庭须在提交讨论前告知当事人此项程序变化，并书面向当事人公开审委会委员名单，告知当事人有权申请回避。

---

① 2012 年《民事诉讼法》第 152 条增加了“判决书应当写明判决结果和作出该判决的理由”的规定，是心证公开的一大进步，但裁判文书说理公开主要是心证结果及理由的公开，毕竟裁判文书仅是法院认定事实和适用法律的整个审判活动的书面载体，具有事后公开、不可逆转的特征，并未涉及心证过程公开。《民诉法解释》第 105 条规定“人民法院应当按照法定程序，全面、客观地审核证据，依照法律规定，运用逻辑推理和日常生活经验法则，对证据有无证明力和证明力大小进行判断，并公开判断的理由和结果”，仍未规定心证过程公开。

4. 审委会委员进入法官员额的冲突

在法官员额制压力传导下，审委会改革面临旧有矛盾进一步加深的窘境，审委会的法官员额可能被挤出，既有“垂帘审判”模式面临身份不合法的重大挑战，审委会在司法改革中转入幕后，或通过案件过滤机制事实上仍然保留最终定案权，并未彻底改变“判而不审”的弊端。在员额改革后，要么是现有办案法官退出法官员额，要么是审委会委员退出法官员额。审委会委员多数是经过层层优选的结果，在审判经验等方面占有优势，让这部分精英层主动放弃员额，于法于理都不具说服力。如果让这些资深人员回归一线，一方面，审委会委员大多数是党组成员或分管法院工作的领导，现在还看不到司法行政工作将简省的曙光；另一方面，审委会委员由于多年不亲历一线审判，审理案件未必能迅速进入角色。如果部分一线办案法官退出法官员额，将给案多人少的审判工作带来“雪崩式”灾难。审委会委员大多挂名办案，实际工作仍然主要落在一线人员身上。

三、审委会制度的再改革建议

（一）进一步凸显审委会的审判组织属性

其一，在人员组成方面，审委会应由专业素养较高的资深法官成员组成，不分管或从事审判的法院领导不宜担任审委会委员，审委会委员除院庭长外，应吸纳一定数量专业水平较高、审判经验丰富的普通法官参加，既可缓解审委会委员进入法官员额可能形成的案多人少矛盾进一步加大的困境，又可使审委会从组织上弱化行政色彩，突出审判属性。

其二，在审委会委员直接审理案件方面，确立审委会委员审案分案一般法则及动态调整规则。在审委会委员审理案件是数量或是类型性质为重的选择上，可采设定一定数量底数、侧重案件性质的分案规则，让审委会委员主要审理疑难复杂新型案件以发挥裁判示范指引功能。审委会委员侧重审理疑难复杂新型案件具备一定的主观性，可能打破随机分案规则进而形成审委会委员择案而审、挑案办，最终审理的却是简单案件之弊，因此分案法则应当明细化，明确当事人人数众多、涉及地方稳定、有信访压力、党政机关及社会组织对案件审理提出意见、本法院未受理过的新型案件、本法院不同合议庭及法官作出矛盾裁判的案件优先由审委会委员审理。在程序设置上，可探索建立当事人协议选定法官制度，当事人协商一致的可选择审委会委员作为审判长或承审法官审理本案。另一方面，合议庭或独任法官经过庭前会议认为案件疑难复杂或在法律适用方面具有普遍指导意义的，需要审委会委员审理的，可依一定程序申请由审委会委员担任审判长组成或重组合议庭审理。审委会委员参加法院内外会议等行政事务对审理案件的影响，将随外部行政化体制及会议式工作方法的渐进改革而趋于弱化。在这个长期渐进过程中，应结合法官工作量的精细化核算建立审委会委员工作量核算制，每年度核算审委会委员的会议工作量及其他行政事务工作量，按一定标准折扣法官审判工作量，作为确定下年度审委会委员审理案件数量的重要依据，并根据每年度具体情况动态调整。

其三，变革将审委会作为诉讼程序重大事项把关者、最终救济者的程序设计定式。各诉讼程序均有其自身运行机理及救济机制，通过对审以公开言词辩论方式查明事实、裁断争议系对当事人最佳的程序保障，也是解决程序性争议的最佳方式。对上述陪审制改革中陪审员与法官的争议等问题，可通过陪审制本身以及合议制、裁判公开等内在程序解决，不宜依赖审委会最终救济把关。两大法系国家及地区极少赋予院长在回避、罚款等程序性事项上具有决定权、控制权，而是将此权力交由合议庭、审判长行使，如日本民事诉讼法对法官回避的程序设置是由作为回避对象的法官所在法院组成合议庭以裁定作出裁判。[①] 德国民事诉讼法规定法官可对经合

①《日本新民事诉讼法》，白绿铉编译，中国法制出版社 2000 年版，第 40 页。

法传唤而不到场的证人适用罚款。[①] 回避等程序性决定的作出，需建立在证据调查、直接审理、证明责任构建的程序空间之内，以程序控制保障而非审委会依职权保障实现正确作出决定之目标。“审理者裁判，裁判者负责”的改革方向指明了可取消审委会在回避等程序性事项方面的决定权，应遵循司法亲历性原则，将程序性事项决定交由合议庭以审理方式作出。

（二）探索建立事实问题与法律问题适度区分技术

事实问题与法律问题的区分是事实审与法律审分离机制的基础，但两者并非泾渭分明。“事实问题和法律问题的区别在于，判断某一事实或行为存在与否的问题，属于事实问题。事实问题的判断不涉及人的主观认识问题，仅就客观存在与否进行判断，而判断某一事实或某一行为是否存在法律上的价值，则属于法律问题。”[②] 从理论上讲，从主客观角度出发的区分标准比较容易掌握，但实践中的问题错综复杂，两者的区分标准应更具可操作性。在大量民商事案件中，事实问题和法律问题难以完全分开，相互之间的界限较为模糊，可以把对事实问题和法律问题的界定交给合议庭，由合议庭尤其是审判长在庭审中确定案件事实争议焦点。一般来说，诉讼程序、证据能力、法律适用、法条解释等属于法律问题。

法律问题与事实问题的分离需与庭审方式改革同步推进，庭审方式改革甚至是事实审与法律审分离的基础性条件。我国现行法庭调查和法庭辩论分立的庭审构造过于僵化，硬性割裂了事实的调查与事实问题、法律问题辩论的关联性。[③] 应以法律要件事实对庭审结构进行改造，根据权利请求—事实主张—证据提出的诉讼逻辑，重置先行法庭调查、之后法庭辩

---

①《德国民事诉讼法》，谢怀栻译，中国法制出版社 2001 年版，第 154 页。

② 张卫平：《民事诉讼法律审的功能及构造》，载《法学研究》2005 年第 5 期。

③ 张卫平：《法庭调查与辩论：分与合之探究》，载《法学》2001 年第 4 期。

论的庭审位阶。首先整理双方当事人的事实主张以确定争点，之后在出现争点事实的基础上进行证据调查。[①]具体可由法官根据法律要件事实的具体要件向当事人进行释明，以确定争点事实，之后逐一对争点事实进行审理，当事人围绕争点事实提出证据，法官主持证据调查程序（法庭调查阶段），法官对每个要件事实进行认定，并据以分离出案件的法律适用问题，使审委会仅讨论法律适用问题成为可能。

（三）深化审委会公开改革

首先，探索建立防止审委会"裁判突袭"的制度。如果审委会讨论后最终形成的法律意见改变了合议庭之前向当事人开示的法律见解，而不将改变后的法律见解向当事人开示，则可能导致具有决定性的裁判突袭。对于此类情形，应恢复法庭辩论程序对当事人进行新的法律见解公开，或以书面形式告知当事人审委会的法律适用意见，并给予当事人就改变后的法律观点再次陈述的机会，当事人对审委会法律适用意见提出异议的，审委会应针对初次评议结果及当事人异议再次进行评议。

其次，确立审委会成员回避制度。回避制度是保证司法公正的重要一环。在审委会各项弊端中，缺乏相应的回避制度是屡被责难的一点，审委会制度改革并未被适用回避制度作出实质性变革。审委会讨论案件作为诉讼程序一环，理应适用回避制度，排除与案件有利害关系的审委会成员参与案件处理以确保案件得到公正审判。具体可采概括性告知与个案性告知相结合的方式，首先，在法院公开网站、法院电子公告栏等予以告示，明确告知讨论案件的审委会成员名单，此为概括性告知的体现，也是司法公开的深层内容之一。更重要的是，如案件需要提交审委会讨论，合议庭须在提交讨论前告知当事人此项程序，并书面向当事人公开审委会委员名

① 段文波:《我国民事庭审阶段化构造再认识》，载《中国法学》2015年第2期。

单，告知当事人有权申请回避，此为个案性告知的体现。显然，个案性告知对确立审委会成员回避制度更有实质意义。同时，审委会成员认为自己应当回避的情况下，应当自行向院长提出申请，由院长决定是否回避。

（四）规范审委会运行程序

审委会制度的革新不仅要注重工作机制的完善，亦应当重视程序所发挥的效用，实现审委会工作规范化。审委会表决机制行政化色彩，易造成“领导重于平等、影响重于独立”的印象。为此，有必要对审委会表决机制予以进一步完善，通过民主评议的过程保障决议的公平与公正。审委会委员发表意见的顺序，一般应按照职级高的委员后发言的原则进行，待审委会委员发表完意见后，由主持人最后发言，并归纳委员意见，按照多数意见拟出决议。议程当以制度方式固定下来，会议主持人在实际运行中带头执行。

在审委会讨论决定结果的体现形式上，经过审判委员会讨论案件的裁判文书，经案件承办法官、合议庭其他法官和审判长依次签署后，参与讨论的审委会委员应进行共同签署。合议庭应当执行审判委员会决定，审判委员会作出决定的理由应当反映在以合议庭名义制作的裁判文书中。

囿于当前审委会决议机制的弊端，一方面，审委会对案件实体作出裁决却由合议庭成员承担责任，导致审委会与合议庭责任分担有失公平之嫌；另一方面，民主集中制的讨论机制，导致出现错案时亦难以分清审委会委员之间的责任。针对此弊端，审委会制度改革的核心内容是要明晰责任，落实错案追究制度。具体而言，合议庭对其报告的事实负责，审委会委员对其发表的意见及最终表决负责。审委会改变合议庭意见导致裁判错误的，由持多数意见的委员共同担责，合议庭不承担责任。尤其是在明确审委会主要讨论法律适用问题的前提下，审委会如何超出法律问题讨论而径直讨论决定事实认定问题并改变合议庭事实认定的，持多数意见的委员应承担责任。就此而言，审委会主要讨论法律适用问题不仅是训诫性规范，同时也是效力性规范。同时，对于合议庭提出对案件事实进行讨论的动议，审委会有拒绝讨论的权利。

（五）强化审委会对审判宏观事务的指导职能

尽管可以通过制度设计使审委会讨论决定案件的程序更加优化，但其亲历性不足、法律问题与事实问题难以区分等深层次问题难以从根本上解决，因此，弱化审委会讨论决定案件功能，强化审委会对审判宏观事务的指导职能应是改革趋势。

其一，加强审委会对审判事务的研判与对策分析。审委会制度设置的初衷在于保证案件审判质量，审委会应当凸显审判质效的宏观指导与研判职能，以促进案件审判质效的提升。具体而言，可从以下方面着手：审委会委员应加强对审判工作中存在问题的调研，分析原因提出对策，并总结带有全局性、方向性、指导性的审判工作经验；决定所在法院审判管理和审判方式改革的重要问题，审议、批准涉及审判工作的重要制度和规定；审议合议庭庭审质量；处理其他与审判工作相关的事务。

其二，研究审判工作新情况，总结有指导意义新类型案件的审判经验。审委会的重要职能在于总结审判经验，审委会总结审判经验的工作主要可以包括以下内容：加强审判实务调研，对案件审理中出现的疑难复杂案件或新类型案件，带有普遍性而法律规定较原则或缺乏明确规定的案件，应当进行规则提炼和总结，以统一法律适用尺度。[①] 结合目前最高人民法院开展的指导性案例工作，审委会应立足于审判实际，发现和提炼具有指导性意义的参考案例，并按照指导性案例实施规定逐级上报，以推进案例指导制度发展，更好地服务于审判。

---

① 这在中、高级法院，尤其关键；亦是中、高级法院“规则之治”角色作用发挥的题中之义。

第四章

诉讼调解制度实施状况评估与完善

一、问题的提出

诉讼调解，又称法院调解，长期在我国国家治理体系和纠纷解决机制中占据着显要位置，尤其通常被当作贯彻党的政策、实现社会管理和争取政治合法性的有效手段，其兴衰甚至可以被看作政治因素强弱的风向标。[①]它不仅是我国自新民主主义革命时期以来中国共产党领导下所创制的司法传统和经验，更是当前司法实践中备受重视的纠纷解决机制。现行立法将诉讼调解定位于与审判并行的审判权运行方式，并作为民事诉讼法的基本原则加以规定；司法解释还对诉讼调解建构了具体的操作规则，而对诉讼调解进行总体规划和理念指导的司法政策更是始终贯穿和践行于诉讼调解实践之中。在我国，广义的司法政策是指中央政法委、最高人民法院、最高人民检察院等国家政法机关在一定时期内为实现特定目标所制定、实施并执行的工作方针和行为准则；而狭义的司法政策是“最高人民法院根据国家的政策，结合法院工作实际制定的工作方针、工作重点以及一个时期的审判工作方向，是国家政策在司法领域中的具体体现”[②]。为解决在司法领域中存在的与国家统治、社会治理相关的纠纷解决和法律适用等司法问题，司法政策作为“上层建筑”的产物，其代表了一定时期内“上层”对“下层”的理念宣传和具体指导。

就传统而言，我们不能否认调解作为中国历史上传统的纠纷解决方式，它的形成有其深厚的文化底蕴，即儒家文化对其具有深刻的影响，时至今日，调解制度依然根植于这种文化基础。由于调解给予了当事人拒绝的权利（包括形式的拒绝和内容的拒绝），如果说儒家文化对当今纠纷解决方式不再具有影响力的话，则很难解释为何即使在通过诉讼这种强制性

---

① 吴英姿：《“调解优先”：改革范式与法律解读》，载《中外法学》2013年第3期。

② 杨咏梅：《最高法院对下级法院：个案审判之外的影响》，载左卫民等：《最高法院研究》，法律出版社2004年版，第375页。

解决纠纷时，调解的利用也达到了极高的程度；同时，不可忽视的是，创建并形成于陕甘宁边区政府时期的“马锡五审判方式”，可谓赋予了中国传统意义上平讼解纷的调解制度以新的含义和内容，创设了中国法律的新传统。

2012年《民事诉讼法》创设了“立案调解”和“庭前调解”两项制度，加上原有的“庭审调解”，我国民事诉讼程序显然已经变成了一个以“调解为中心”的程序。实践中法院调解的运行极为混乱，除自身主持调解外，还有“委托调解”“授权调解”等改革实践，加之“调解率”是对法院审判工作的一个重要考核指标，诉讼调解已经出现扩大化适用的趋势，其产生的影响不可小觑。对诉讼调解运行情况的评估，有利于正确认识诉讼调解与法院审判的关系，正确认识法院裁判的制度价值，合理安排法院调解与法院审判的程序结构，并进一步完善我国的诉讼调解制度。

二、诉讼调解制度的历史发展考察

受法律虚无主义的影响，新中国成立以后的相当长一段时期内处于无法可依的境地。司法政策，长期以法律化“身份”起着司法裁判依据的作用。随着法治建设的发展，尤其是相关法律的制定与完善，司法政策的裁判依据作用逐渐为法律法规所取代。然而，法律与司法政策的关系犹如法律与政治的一个面相，深刻地折射出一个国家在不同时期的法治水平与政治生态，法律的稳定性、规范性、公正性与司法政策的变动性、价值性、功利性在当前我国法律现实和政治生态之间存在共存且互补的空间。[①] 从新中国成立至今，我国在民事诉讼立法和司法政策两个层面上对诉讼调解进行了制度建构和理念指导，其大致经历了“调解为主”“着重调解”“自愿合法调解”“调判结合”和“优先调解”五个阶段的嬗变历程。

① 陈兴良:《刑法的刑事政策化及其限度》，载《华东政法大学学报》2013年第4期。

（一）1949—1982年："调解为主"时期

新民主主义革命时期，革命根据地在处理诉讼案件时奉行的是"调解为主、审判为辅"的政策，这种"马锡五审判方式"将审判与调解结合，契合了当时特殊历史时期的需要。[①] 而1949年2月中共中央发布的《关于废除国民党的六法全书与确定解放区的司法原则》更是明确了政策作为法律裁判依据的地位与作用。[②] 新中国成立后，立法规则的缺位和审判理念的缺乏使得"马锡五审判方式"继续侵染着当时的审判权运行方式。

在不断总结"马锡五审判方式"和将调解作为人民司法建设重要内容的基础上，1950年7月至8月召开的第一次全国司法会议明确提出，诉讼调解是"我国审判制度的一个必要组成部分"[③]，由此正式奠定了我国诉讼调解的特殊地位。1956年10月，最高人民法院在《关于印发"各级人民法院刑、民事案件审判程序总结"的通知》中提出了"调查研究，就地解决，调解为主"的民事审判方针；1964年，这一方针又被发展为"依靠群众，调查研究，就地解决，调解为主"；1979年2月，最高人民法院制定的《人民法院审判民事案件程序制度的规定（试行）》再次明确规定，"处理民事案件应坚持调解为主。凡可以调解解决的，就不要用判决，需要判决的，一般要先经过调解。"

在"无法可依"的时代背景下，"调解为主"的司法政策发挥了积极的纠纷解决功能，获得了很高的赞誉，取得了较好的政治效果与社会效果。然而，尽管体现了当时的政府政党意志，"调解为主"的司法政策却不具有法律作为国家意志体现的严格、规范与正当的程序，仅仅是一种非

---

① 张希坡：《马锡五审判方式》，法律出版社1983年版，第38—41页。

② 中国社会科学院法学研究所民法研究室民诉组、北京政法学院诉讼法教研室民诉组合编：《民事诉讼法参考资料》（第一辑），法律出版社1981年版，第37页。

③ 李荣棣、唐德华：《试论我国民事诉讼中的调解》，载《法学研究》1981年第5期。

正式的国家意志。[①] 此外，司法政策依然保留了其在革命根据地时期所具有的特殊性和随意性的痕迹和烙印，这也在一定程度上限制了其积极功能的全面发挥。

（二）1983—1990 年：“着重调解”时期

1982 年 10 月，新中国颁布实施了第一部《民事诉讼法（试行）》，这标志着我国民事审判活动进入了“有法可依”的时代。《民事诉讼法（试行）》第 6 条规定：“人民法院审理民事案件，应着重进行调解；调解无效的，应当及时判决。”同时，立法在第一审普通程序中专节规定了法院调解的原则、调解书的制作和效力。具有稳定性的法律取代了司法政策，承担起了指导与规范民事审判活动的作用与功能。因此，诉讼调解的规范依据应当以制定程序严格、效力等级更高的法律规定为准，在应然机理上以“着重调解”原则为指导方针。

然而在实然状态上，诉讼调解依然表现出“调解为主”的客观现实，“着重调解”原则的行为指引作用并未得到真正显示。究其原因，“调解为主”司法政策的长期奉行固化了司法实践中法院审判权运行“调解化”的趋向，进而影响了 1979 年起草的《民事诉讼法（试行）》关于诉讼调解的规定。从条文内容来看，尽管“调解无效，应当及时判决”的立法规定使得其在对调解的重视程度上比“调解为主”有所减轻，这表明立法者力图调整判决与调解的关系，然而“人民法院审理民事案件，应着重进行调解”的规定依然强调了民事案件审理中调解的主导和优先地位。正如有学者解读：“人民法院受理民事、经济纠纷案件后，应当立足于调解解决，能够用调解方式结案的就不采用判决形式结案。”[②]

---

① 齐恩平：《民事政策的困境与反思》，载《中国法学》2009 年第 2 期。

② 柴发邦：《民事诉讼法学》，法律出版社 1987 年版，第 67 页。

尽管“着重调解”只是“调解为主”的承继和发展，但这种“从司法政策到立法规定”的变化却具有极其重要的制度意义。通过规范有效的立法活动，司法政策的实践价值以法律的形式衍生为“着重调解”法律原则，司法政策的法典化诠释了一个从“实质合理性”到“形式合理性”的过程，表明了我国民事诉讼法律事业的发展与进步。

（三）1991—2002 年：“自愿合法调解”时期

1991 年 4 月正式颁布实施的《民事诉讼法》对 1982 年《民事诉讼法（试行）》进行了全面而深入的修订，其第 9 条规定：“人民法院审理民事案件，应当根据自愿和合法原则进行调解；调解不成的，应当及时判决。”法律还规定了诉讼调解的具体操作程序，突出强调了调解的自愿性和合法性，并赋予调解与判决同等的法律效力。

诉讼调解原则的根本转变，缘起于 1982 年《民事诉讼法（试行）》确立的“着重调解”原则并没有解决当时实践中“重调解轻判决”的问题，其弊端不断显现，进而引发了法院系统深刻的反思。1987 年的《最高人民法院工作报告》首次提及“对有些纠纷的调解工作指导不力……案件违背了合法、自愿原则”①。1988 年的《最高人民法院工作报告》指出：“从法院来说，我们强调……及时教育疏导调解，该判决的就及时判决。”②1988 年 7 月召开的第十四次全国法院工作会议正式启动了民事审判方式改革，提出了强调当事人举证责任、突出当事人主体地位以及调整判决与调解的相互关系。③ 基于此，1991 年《民事诉讼法》将诉讼调解原则修改为“自愿合法调解”。“自愿合法调解”原则的确立从根本上改变了“着重调解”原

①《最高人民法院工作报告》（1987 年 4 月 6 日）。

②《最高人民法院工作报告》（1988 年 4 月 1 日）。

③ 张卫平：《诉讼调解：时下势态的分析与思考》，载《法学》2007 年第 5 期。

则的规定，并逐渐去除了“调解为主”的司法政策的影响，调整了判决与调解的定位。此外，2001 年公布的《最高人民法院关于民事诉讼证据的若干规定》(以下简称《民事证据规定》) 第 67 条规定了“调解自认豁免规则”，[①] 从证据调查程序封闭性的角度再次厘清了判决与调解的关系。

进一步看，诉讼调解法律原则的转变并非一时兴起、一蹴而就，其变化和修改的过程潜隐了司法政策对法律修订的引导和影响。司法实践中因“着重调解”盛行而出现“以调压判”等违反当事人自愿的“强迫调解”问题，甚至出现了“久调不决”等迟延纠纷解决的现象，从而引起法院系统的重视。因为具有对社会活动的高度敏感性，且决策过程也比立法程序更为灵活便利，司法政策首先发生转变以稀释和减弱“着重调解”的影响。调整后的司法政策再历经不断论证和反复实践，通过决策层的首肯和推动后，进而肇致法律的修订和调整，最终确立了“自愿合法调解”原则。

(四) 2003—2007 年:“调判结合”时期

2003 年 2 月实施的《最高人民法院关于审理证券市场因虚假陈述引发的民事赔偿案件的若干规定》第 4 条规定:“人民法院审理虚假陈述证券民事赔偿案件，应当着重调解，鼓励当事人和解。”对此，有学者指出，“这是法院多年来再次明确重申‘着重调解’，说明法院已经清醒地认识到司法在处理此类纠纷中的能力限度”[②]。同年 12 月实施的《最高人民法院关于适用简易程序审理民事案件的若干规定》第 14 条明确规定了简易程序中的六类案件应当“先行调解”。对“判决是解决纠纷的唯一手段”

---

①《最高人民法院关于民事诉讼证据的若干规定》第 67 条:“在诉讼中，当事人为达成调解协议或者和解的目的作出妥协所涉及的对案件事实的认可，不得在其后的诉讼中作为对其不利的证据。”

② 范愉:《纠纷解决的理论与实践》，清华大学出版社 2007 年版，第 417 页。

的反思与迫于“案结事不了”的压力，重视与强调调解成为法院处理特定民事纠纷的实践经验，并进而作为妥善解决民事纠纷的直接示范逐渐扩展开来。

2003年12月的全国高级法院院长会议上，最高人民法院将“加强诉讼调解工作，提高诉讼调解结案率”作为落实司法为民的重要措施进行布置。[①]2004年11月实施的《最高人民法院关于人民法院民事调解工作若干问题的规定》(以下简称《调解规定》)在继续强调诉讼调解的价值和优势的同时，制定了促进调解合意达成的规则：一是赋予了法院在审判程序中更多的职权，如扩展了法院实施调解的阶段；[②]二是增加了引导当事人自愿达成调解的规则，如“调解范围扩宽”。[③]2005年最高人民法院提出了要坚持“能调则调、当判则判、判调结合、案结事了”的工作方针。[④]2006年国务院通过的《诉讼费用交纳办法》第15条确立了“调解案件费用减半”的规定，[⑤]从经济刺激的角度引导当事人各方达成调解合意。2007年3月最高人民法院公布的《最高人民法院关于进一步发挥诉讼调解在构建社会主义和谐社会中积极作用的若干意见》第2条确立了“能调则调，当判则判，调判结合，案结事了”的民事审判工作指导方针。

在此时期，尽管民事诉讼立法上的“自愿合法调解”原则发挥着诉讼调解的应然依据作用，然而具体影响司法实践中诉讼调解活动的却是一系

① 刘嵘：《树立司法为民思想，践行公正与效率主题——记全国高级法院院长座谈会》，载《人民司法》2003年第9期。

②《最高人民法院关于人民法院民事调解工作若干问题的规定》第1条：“人民法院对受理的第一审、第二审和再审案件，可以在答辩期满后裁判作出前进行调解。在征得当事人各方同意后，人民法院可以在答辩期满前进行调解。”

③《最高人民法院关于人民法院民事调解工作若干问题的规定》第9条：“调解协议内容超出诉讼请求的，人民法院可以准许。”

④《最高人民法院关于增强司法能力、提高司法水平的若干意见》(法发〔2005〕4号，2005年4月1日)。

⑤《诉讼费用交纳办法》第15条：“以调解方式结案或者当事人申请撤诉的，减半交纳案件受理费。”

列的司法政策。从虚假陈述证券案件的“着重调解”，到简易程序特定案件的“先行调解”，再到“判调结合”审判方针，直至“调判结合”司法政策。司法政策的变迁逐渐复兴了诉讼调解，进而重塑了诉讼调解制度的微观基础。尤其是《调解规定》和《诉讼费用交纳办法》确立的引导当事人达成调解合意的规则，标志着重视诉讼调解的司法政策不再只是纯粹的理念宣扬，而开始寻求规则层面的尝试。

（五）2008—2012 年："优先调解"时期

2008 年，为响应决策层构建和谐社会的政治倡导和指导法院的审判活动，中央政法委明确提出了“优先调解，调判结合”的司法政策，并在司法实践中由上至下得到迅速贯彻。

2009 年 3 月，最高人民法院发布的《关于进一步加强司法便民工作的若干意见》第 4 条指出："基层人民法院应当建立健全案件繁简分流和速裁工作机制，着重以调解方式解决纠纷，快速化解矛盾，提高诉讼效率。" 2009 年的《最高人民法院工作报告》进一步重申了“优先调解，调判结合”的原则方针。[①]2010 年最高人民法院《关于进一步贯彻“调解优先、调判结合”工作原则的若干意见》再次明确了“调解优先，调判结合”的司法政策。各地方法院根据上述司法政策开展了所谓“大调解”的调解实践活动，尽管各地法院的做法有所差异，但就总体而言，诉讼调解开始引入民间力量的参与，逐渐出现“社会化”和“大调解”的倾向和趋势。

经过一段时间的探索性实践，“优先调解”司法政策开始对法律修订产生影响。2012 年 8 月修正后的《民事诉讼法》在保留原有“自愿合法调解”原则和调解的专章规定之外，增加了两条关于诉讼调解的规定，分别为第 122 条规定的“先行调解”和第 133 条“程序分流”规定中的“庭前

①《最高人民法院工作报告》（2009 年 3 月 17 日）。

调解”。由此可见，“优先调解”司法政策通过立法活动上升为法律规定，其实践价值以法典化的形式得以确立。

（六）2012 年至今：“规范调解”时期

2013 年，最高人民法院最高领导层更替。6 月，新任最高人民法院院长周强在江苏调研时发表重要讲话：“为建设平安中国提供司法保障，要求人民法院必须有维护社会公平正义的能力，有健全完善的工作体制机制，有政治业务素质都过硬的法院队伍。……四是要继续狠抓队伍建设，以建设正规化、专业化、职业化法官队伍为目标，以人民群众司法需求为导向，着力提升广大干警做好审判工作、为群众解决实际问题的能力。……”法官的正规化、专业化、职业化要求成为法院系统队伍建设的指导目标，同时也对审判业务造成了相当的影响，包括诉讼调解的政策。2014 年的《最高人民法院工作报告》明确提出了“坚持合法自愿原则，规范司法调解”的司法政策。[①] 这表明诉讼调解司法政策的方向再次发生改变，我国进入了“规范调解”时期。

从历史维度来考察变迁过程，我国的诉讼调解遵循了“司法政策出台→立法制定→司法政策改变→法律修订”的脉络。司法政策，因其灵活便利的特点而总是先于立法对法院审判工作进行指导，而其变动不居的特质和功利性的效用又往往会导致法律的进一步修订。由此可见，在我国的国家治理、社会治理和法律实施格局中，司法政策发挥了“转轴”的作用，其对立法制定和法律修订或多或少会产生影响。

---

①《最高人民法院工作报告》（2014 年 3 月 10 日）。

三、诉讼调解制度的实施状况评估

（一）诉讼调解制度的宏观检视

如上所述，司法政策能够在一定程度上影响诉讼调解的立法活动；而司法政策对诉讼调解实践的影响效果则需要通过定量研究的路径来予以考察，即以司法政策与诉讼调解率之量变关系的分析来印证和检视。

为检验司法政策对诉讼调解司法实践的影响效果，首先要在准确把握诉讼调解率的指标意义的基础上，对新中国成立以来的诉讼调解率进行科学分析。民事诉讼调解率是民事案件中以调解方式结案的比率，而相对应的数值则是统计时间段内调解结案数与相对应的总结案数的比例。[①] 就考察对象而言，囿于二审和再审程序中以调解方式结案的案件数量相对较少，且相关的统计数据缺失过多不具有连续性和完整性，无法以 60 多年的时间跨度来进行考察。故本章的研究主要以全国法院民事一审案件为样本。

① 受司法体制改革和司法统计变化的影响，我国的民事一审案件调解率统计需要作以下说明：其一，我国的经济审判庭从 1983 年设立，于 2000 年撤销，其间所审理的经济纠纷案件按照经济纠纷进行了统计。按照目前民事案件的界定标准，这部分应当纳入民事一审案件的范围；其二，我国的司法统计从 1988 年起单独设立交通运输经济纠纷一审案件，对海事、海商、铁路运输、航空运输和公路运输纠纷案件进行单独统计，但 1992 年后，司法统计又将上述单独统计表中的铁路、航空和公路纠纷案件纳入经济纠纷案件进行统计，本表将交通运输经济纠纷纳入经济纠纷的统计范围；其三，特别程序案件和驳回起诉、移送管辖等案件属于纯粹的程序性案件，不具有调解或判决的可能性，在计算相关结案数时作了剔除处理。本书所有数据均来源于《全国人民法院司法统计历史资料汇编：1949—1998》《全国法院司法统计公报》《中国法律统计年鉴》和《中国统计年鉴》。

表 4–1　全国民事一审案件调解数据

单位:(件)

年份	相关结案数	调解结案数	调解率	年份	相关结案数	调解结案数	调解率
1950	616649	缺失	缺失	1971	134217	104832	78.11%
1951	843459	缺失	缺失	1972	68455	47955	70.05%
1952	1356912	缺失	缺失	1973	218746	152142	69.55%
1953	1755122	缺失	缺失	1974	270320	193374	71.54%
1954	1265090	缺失	缺失	1975	251301	181647	72.28%
1955	297356	缺失	缺失	1976	218954	158214	72.26%
1956	710244	290316	40.88%	1977	231200	173567	75.07%
1957	778329	307854	39.55%	1978	268835	205710	76.52%
1958	482759	225733	46.76%	1979	347775	258605	74.36%
1959	431039	280809	65.15%	1980	523389	383653	73.30%
1960	275374	194958	70.80%	1981	629122	456753	72.60%
1961	514624	347325	67.49%	1982	743594	530543	71.35%
1962	766413	454856	59.35%	1983	766408	568767	74.21%
1963	725654	475790	65.57%	1984	904714	677874	74.93%
1964	604828	426039	70.44%	1985	1031374	794965	77.08%
1965	539260	391604	72.62%	1986	1256367	961699	76.55%
1966	336804	257039	76.32%	1987	1531921	1140512	74.45%
1967	218173	缺失	缺失	1988	1877342	1406561	74.92%
1968	100411	缺失	缺失	1989	2451370	1770585	72.23%
1969	55193	缺失	缺失	1990	2422341	1611338	66.52%
1970	78426	57993	73.95%	1991	2467030	1489227	60.37%

续表

年份	相关结案数	调解结案数	调解率	年份	相关结案数	调解结案数	调解率
1992	2560276	1534967	59.95%	2004	4022005	1332142	33.12%
1993	2934897	1779933	60.65%	2005	4099898	1394372	34.01%
1994	3384567	2017600	59.61%	2006	4153266	1422345	34.25%
1995	3939431	2274186	57.73%	2007	4443285	1559718	35.10%
1996	4533401	2478179	54.66%	2008	5135441	1891630	36.83%
1997	4662013	2385565	51.17%	2009	5560136	2097599	37.73%
1998	4747917	2168223	45.67%	2010	5890150	2370535	40.25%
1999	5018022	2132188	42.49%	2011	6299592	2650715	42.08%
2000	4681309	1785560	38.14%	2012	6896106	2997593	43.47%
2001	4560747	1622332	35.57%	2013	7025633	2847990	40.54%
2002	4102980	1331512	32.45%	2014	7848982	2672956	34.05%
2003	4112608	1320385	32.11%				

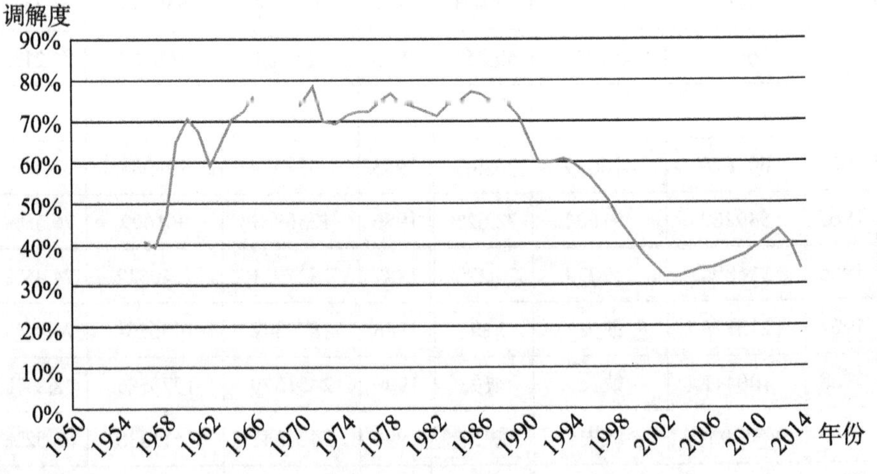

图 4-1　民事一审案件诉讼调解率变迁趋势图

从表 4-1 的数据来看，60 多年来全国民事诉讼调解率发生了剧烈变化和显著波动。其间，最高值可达到 1971 年的 78.11%，最低值为 2003 年的 32.11%。从图 4-1 调解率的变迁趋势来看，2003 年是一个重要的转折点。在此之前的调解率呈现出一种先升后降的趋势，之后的调解率则呈现一种缓慢上升的趋势。根据统计数据并具体结合诉讼调解的历史流变过程，我们可以对调解率变迁趋势图的现象作出以下解析：

第一，1949 年到 1982 年的“调解为主”时期的调解率，除了 1956 年、1957 年和 1962 年以外，其余年份的调解率均在 60% 以上；从 1970 年开始，调解率一直盘踞高位、波动不大，几乎保持在 70% 以上的高位水平。这反映了调解是此阶段法院结案的主要方式，“调解为主”的司法政策对法院审判权运行方式产生了呈“正态”的积极影响。

第二，1983 年到 1990 年的“着重调解”时期，调解率呈现宽辐波动的特点。从 1983 年到 1986 年，调解率一直处于高位态势；从 1988 年到 1991 年，调解率则出现了显著的下降。究其原因，一方面，这一阶段前期法院审判工作在很大程度上受到前一时期“调解为主”司法政策的延续影响，加之“着重调解”原则依然强调调解的优先地位，使得调解率继续维持高位运行；另一方面，20 世纪 80 年代末的民事审判方式改革已然启动，程序保障的理念不断得到强调，相关司法政策开始对“着重调解”进行反思，从而对司法实践中的诉讼调解活动造成了一定程度的影响，以致这一阶段后期的调解率开始下降。

第三，1991 年到 2002 年的“自愿合法调解”时期，调解率呈现大幅直线下降的现象。这一时期，调解率从 1991 年的 60.37% 骤降为 2002 年的 32.45%，下降了近一半。“自愿合法调解”原则的确立从根本上改变了诉讼调解原则，法律规定的转向极大地影响了审判权的运行方式；同时强调当事人自愿行使自己的诉讼权利，尤其突出了当事人处分权对法院审判权的制约。在保障当事人主体性地位理念的影响下，诉讼调解遭遇了前所未有的“寒冬”。

第四，2003年到2007年的“调判结合”时期，调解率开始出现缓慢上升的态势。从2003年的32.11%上升到2007年的35.10%，平均每年有接近1%的增长幅度，诉讼调解出现了回暖的趋势。基于司法解决纠纷的能力限度和“案结事不了”的现实压力，“调判结合”司法政策重新强调了诉讼调解的地位。虽然受到了“自愿合法调解”原则的约束，但是司法政策在微观层面上影响了司法实践活动的具体展开，同时在法院内部绩效考核的助推下，诉讼调解出现了复兴的迹象。

第五，2008年到2012年的“优先调解”司法政策阶段，调解率呈现出逐步上升的趋势。调解率从2008年的36.83%以每年超过1.5%的幅度逐步上升到2012年的43.47%，增长的趋势越发明显。从中央政法委确立的“优先调解”司法政策开始，为贯彻决策层意志和实施社会治理，法院制定实施的一系列司法政策不断提高诉讼调解的地位。这一时期的调解率增长幅度大于2003年到2007年的“调判结合”时期，诉讼调解开始加速升温。

第六，2012年至今的“规范调解”司法政策时期，调解率呈现出迅速下降的趋势。调解率从2012年的43.47%下降到2013年的40.54%，进而在2014年下降到34.05%，下降幅度极大。最高人民法院在2013年强调法官的正规化、职业化、专业化，对诉讼业务也带来了正规化、职业化、专业化的影响，进而影响到诉讼调解。规范诉讼调解的司法政策强调了调解的自愿合法，使得刚兴起的诉讼调解又迅速降温。

考察我国60多年的调解率变迁，从宏观表象上看，以调解率上升和下降为标准，司法政策的嬗变与调解率的变化大体而言是一致和同步的。因此，司法政策对诉讼调解实践具有较大的趋导作用。进一步分析，诉讼调解是法院运用审判权和当事人行使处分权协力解决纷争之结果，然而司法政策对审判权和处分权的趋导性影响却存在着失衡现象。无论是重视调解还是尊重当事人主体地位，司法政策都是通过影响法院的审判权运行方式来达到其预期目标的，并没有对当事人诉讼权利的行使产生太多影响。

一方面，在“调解为主”“着重调解”“调判结合”和“优先调解”时期，重视调解的司法政策强化了法院审判权的职权作用，引导法院审判权运行的“调解化”趋势，从而使调解率保持高位水平或上升态势；在“自愿合法调解”和“规范调解”时期，民事审判方式的改革突出了当事人的主体性地位，强调当事人的处分权和程序保障，使得法院的审判权逐渐消极和中立，司法政策稀释和弱化了审判权运行的“调解化”倾向，从而使得调解率迅速下降。

另一方面，在“调判结合”和“优先调解”时期，“调解自认豁免”[①]“调解范围扩宽”和“调解案件费用减半”尽管在应然机理上可以引导当事人各方达成调解合意，然而在实然效果上却差强人意。具体而言：其一，“调解自认豁免”是由《民事证据规定》第67条予以确立的，而《民事证据规定》出台的2001年尚未进入重视调解的时期，其主要目的在于完善和规范我国的证据制度，并无对当事人产生调解“合意诱导”的预设目标；其二，“调解范围扩宽”尽管体现了调解的彻底性和灵活性，但因为能够超出诉讼请求进行调解的案件范围有限，从而限制了其作用的发挥；其三，“调解案件费用减半”在实践中几乎难以发挥作用，由于我国民事诉讼程序的启动成本相对而言较低，案件的廉价化使得当事人的调解成本和诉讼成本并无显著的差别，以致费用减半收取对当事人“合意诱导”的效果并不明显。

由此可见，诉讼调解制度的利用，并不主要取决于当事人对程序的选择，其关键点在于司法政策对审判权运行方式的影响：在重视调解的时期，调解率维持上升趋向；在强调尊重当事人诉讼权利的时期，调解率则

① 尽管《民事证据规定》是在2001年12月出台、2002年4月实施的，但其主要发挥作用的期间实际上是2002年以后的“调判结合”和“优先调解”时期。

维持下降态势。尽管我国"调审合一"的程序结构强调和突出了调解的地位，但却并没有带来当事人对调解的"热情"和"向往"，相反，调解率的高低与否，在很大程度上取决于司法政策引导下的审判权运行方式。

（二）诉讼调解制度的现状深描

在分析完全国60多年调解率变化的趋势后，课题组对重庆、贵州、河南、广东等地的中级人民法院、基层人民法院2010年至2014年期间的调解情况进行了调研，通过调解数据的采集以及与法官座谈的方式对2012年《民事诉讼法》修改前后的诉讼调解制度的现状进行深入考察。

1. 重庆市第一中级人民法院

对重庆市第一中级人民法院调解情况的调研主要以该院民事一审案件为对象。

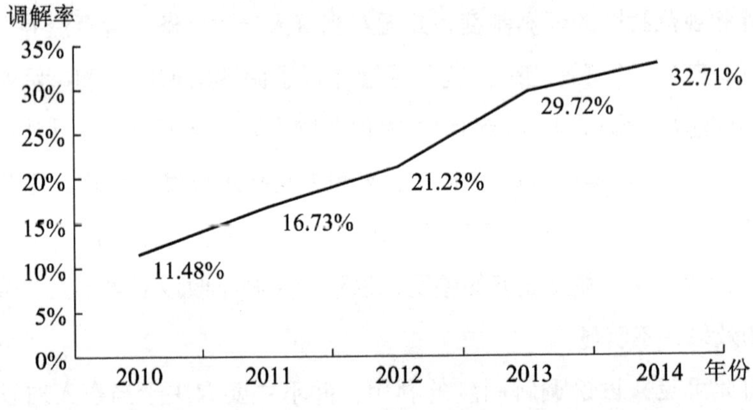

图4-2 重庆市第一中级人民法院民事一审案件调解率趋势图

在2008年"调解优先"司法政策确立后，重庆市第一中级人民法院主要通过司法绩效考核的硬性手段和评选"调解能手"等柔性荣誉的方式"鼓励"法官多调解、勤调解，这在一定程度上使得该院的调解率得到了大幅提升，而2012年《民事诉讼法》修改后，相关促进法官调解的措施全面开展，使得调解率继续攀升。这表明司法政策与立法规定的确立对中级人民法院影响颇大，能够在相当程度上影响中级人民法院审判权的运行情况，在相当程度上提高了调解率的数值。然而，对比全国调解率的数据来看，重庆市第一中级人民法院的调解率依然居于低位水平。这说明中级人民法院调解率即使得到一定程度的提高，也并未达到全国调解率的平均数值，依然居于低位水平，无法成为调解率提升的“主力军”。这与中级人民法院所管辖的案件调解空间较小有一定的关系。

2. 贵州省安顺市平坝区人民法院

对贵州省平坝区人民法院调解情况的调研主要以该院民事一审案件为主要对象，同时参考了该院民事案件调解率较高的高峰法庭的情况。

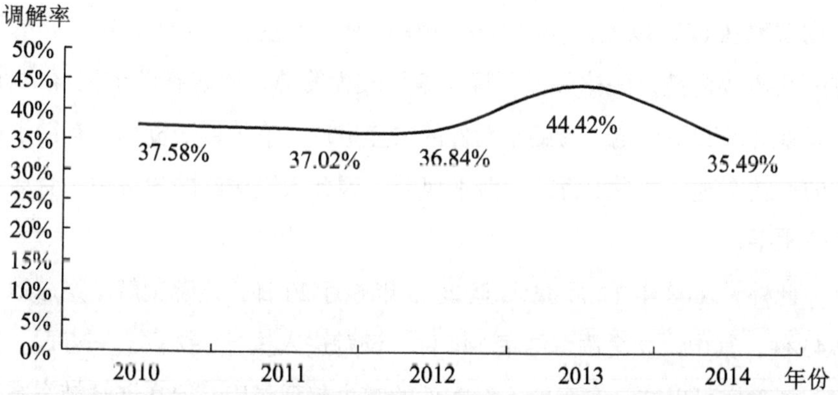

图4-3　贵州省安顺市平坝区人民法院民事一审案件调解率趋势图

贵州省安顺市平坝区人民法院的调解率始终保持在较为平缓的范围内。在2012年《民事诉讼法》修改后的第一年，该院调解率出现了较大幅度的增长，表明立法规定的修改对该院审判权运行方式产生了相当的影响。但随后的2014年，该院调解率又恢复了前几年的数值。

2014年以前，该法院往往以“调解率”作为考核法官工作的一项硬性指标，并以考核结果作为对法官进行奖惩的依据。在这种背景下，很多法官基于趋利避害的本能，对于所承办的案件总免不了进行一番调解，如此，调解结案率理所当然要有所增高。但有时候调解使法官威严扫地，所以大部分法官并不是积极地想通过调解结案，且非常反感调解，但不得不调。还有一个更为严重的情况是，法官一旦以追求调解率作为办案目标，往往会以判决结果对当事人造成压力来促使当事人接受调解，当事人不理解或不接受的，其也要尽可能以拖促调，这样有损司法公正。而2014年以后，“调解率”的考核仅仅作为一项弹性指标，没有了绩效考核的压力，调解率就出现了一定程度的下降。

而就该院高峰法庭的情况来看，调解成为人民法庭审判权运行的主要方式。该法庭普通诉讼案件调解率达到75%—80%，其中婚姻家庭继承纠纷调解率在80%以上，合同纠纷调解率在40%左右。由于人民法庭的案件一般事实清楚、法律关系明确、案情较为简单，调解有助于化解矛盾、实现社会的和平稳定，有助于案件的快速审理、节约诉讼资源，有助于案件的有效审理、减少上诉或改判的风险，因此人民法庭的调解率一直居于高位水平。

此外，2008年12月16日至2015年6月20日，该院调解结案总数为1945件，其中，立案调解结案144件，调解进入执行292件。一方面，立案调解确实可以在一定程度上对案件的解决起到作用，但在调解结案案件中的比例较小；另一方面，超过15%的调解案件进入了强制执行程序，表明调解协议的履行并没有完全产生预期的自愿履行效果。

3. 广东省广州市增城区人民法院

对广东省广州市增城区人民法院调解情况的调研以该院民一庭民事案件为主要对象。

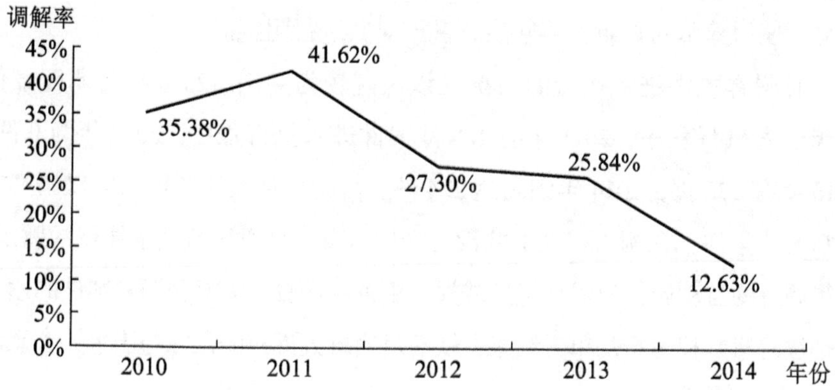

图 4-4　广东省广州市增城区人民法院民一庭调解率趋势图

广东省广州市增城区人民法院民一庭的调解率自 2008 年“调解优先”司法政策实施以来，出现了先增后降的变化趋势。在 2012 年《民事诉讼法》修改以后，该法院调解率出现了显著下滑的趋势，尤其 2014 年的调解率更是下降了一半左右。该院由于地处珠三角经济发达地区，案多人少现象较为突出。尽管存在司法绩效考核的要求，但法官对案件进行调解远远超过了作出判决的时间。加之该地区当事人法治规则意识较强，且调解的结果往往是法官通过“损害”权利一方当事人的利益而达成，以致调解在该院民一庭并非主要的结案方式。

就调解难以成功的具体案件类型而言，侵权纠纷中的交通损害赔偿案件占据绝大多数，但由于保险公司政策往往未授予代理人调解权限，以致该类案件调解成功率极低。而劳动侵权纠纷案件中的劳动者由于遭受侵害，往往调解的意愿也并不积极。合同纠纷类案件由于受到经济大环境的影响，导致当事人往往难以执行从而使得调解达成协议的可能性也微乎其微。商事纠纷的被告在调解过程中往往会拖延诉讼，且由于诉讼成本过低，缺乏不利后果承担机制，使得调解程序时常成为“额外负担”。此外，大部分有律师代理的案件中，由于律师费用的收取往往以案件结果数额来计算，使得律师对调解并不热衷，甚至对其进行阻挠。

而调解案件进入执行的情况在该法院较为突出。2010 年的调解案件均未进入执行程序，2011 年有 168 件案件进入执行程序，2012 年为 0 件，2013 年有 176 件，2014 年则高达 224 件。由此可见，该院民一庭以调解方式结案的案件，在相当程度上并没有产生当事人自愿履行调解协议的效果，使得调解的自动履行权威性越发减损。更进一步看，大部分调解案件的达成都是法院审判权运行的单方结果，缺乏对当事人诉权的保障与当事人合意的诱导。

4. 广东省广州市原萝岗区人民法院

对广东省广州市原萝岗区人民法院调解情况的调研是以该院民事案件为考察对象。

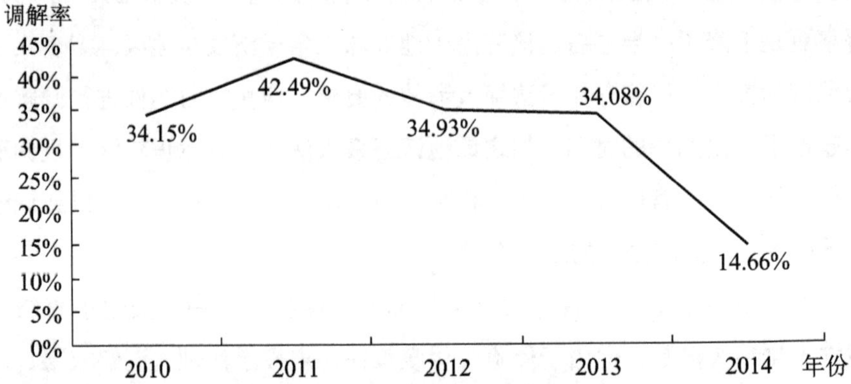

图 4-5 广东省广州市原萝岗区人民法院民事案件调解率趋势图

广东省广州市原萝岗区人民法院的调解率也呈现出先升后降的变化趋势。"调解优先"政策实施后的调解率呈现急速上升的变化，这是由于广州地区实施了法院系统的"排头兵"绩效考核，以致广州地区法院的调解率被要求达到 40% 以上。因此，该院通过司法绩效考核影响了审判权运行的方式，使得调解率出现了一定程度的上升。而2012年《民事诉讼法》修改后的调解率却呈现出下降的态势，尤其2014年的调解率更是下降了一半以上。一方面由于调解耗费的时间比起判决更多，法官基于案件积累的压力而逐渐“弱化”调解；另一方面，自2014年起，广州地区法院系统对调解率的考核逐渐淡化，统计调解率仅仅作为参考指标，不再成为定量考核的因素。因此，缺乏绩效考核压力的审判权又逐渐出现了“去调解化”的趋势。

5. 广东省惠州市惠城区人民法院

对广东省惠州市惠城区人民法院调解情况的调研是以该院民事案件为主要考察对象的，且以婚姻家庭继承类纠纷、合同纠纷、权属侵权及其他纠纷为具体案件类型来具体考察。

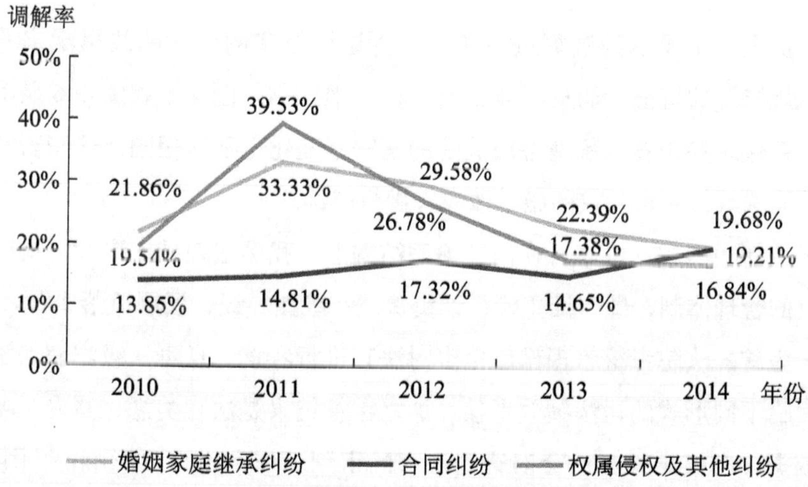

图4-6 广东省惠州市惠东县人民法院民事案件调解率趋势图

广东省惠州市惠东县人民法院民事案件的调解率也基本呈现出“先升后降”的变化趋势。以案件类型划分来考察，除了合同纠纷案件调解率一直呈现微幅上升外，婚姻家庭继承纠纷与权属侵权及其他纠纷案件均有明显的“先升后降”趋势，且三种类型案件的调解率在2012年《民事诉讼法》修改后更是都位于20%以下的低位水平。

尽管广东省高级人民法院对惠州地区调解率的要求为60%以上，但该院几乎从未完成这种定量指标的要求。该院民事案件之所以调解率低下，主要有三方面原因：一是案件过多且耗费时间极长，法官对案件处理存在快速结案的压力，缺乏实施花费时间更长的调解的动力。二是调解结案大多存在权利方的利益减损，使得当事人失去对司法公正的信任，以致事后会寻求非正当的权利救济途径。基于信访的压力，法官对调解的实施往往慎之又慎。三是调解过程中当事人往往缺乏积极性，尤其突出表现在劳动争议纠纷等争议较大的案件。

四、诉讼调解制度的现状问题分析

从图4–1显示的数据进一步看，诉讼调解率的变化曲线呈现出“无序—规律”的特征，而从图4–2、图4–3、图4–4、图4–5和图4–6显示的数据变化趋势来看，各地各级法院的调解率变化也不尽相同，这些表象可以从司法政策对审判权的激励效应来进行解读。

从新中国成立以来，在内部治理结构上，我国法院的人事管理比照公务员的管理体制，即“谁主管、谁负责，一级抓一级、层层抓落实”，[①]以院长为首的法院考核管理部门负责对法官进行考核，且每一级法院的法官都面临不同形式的司法绩效考核，加之考核结果是法官奖惩、晋升、培训的依据，考核结果必然会对普通法官的审判工作产生重要影响。[②]因此，司法政策能够对法院审判权的运行方式产生实质影响，其根本原因即在于科层制管理和绩效考评机制所带来的激励效应。

---

① 王守安：《司法官职务序列改革的体制突破与司法价值》，载《当代法学》2014年第1期。

② 艾佳慧：《中国法院绩效考评制度研究——“同构性”和“双轨制”的逻辑及其问题》，载《法制与社会发展》2008年第5期。

从诉讼调解的历史演进来看，尽管司法政策对审判权具有激励效应，但不同时期司法政策的激励效果却并不相同。这是因为司法政策对法院审判权的激励效应需要与法院内部“命令—服从”的秩序治理结构进行对接才能发挥影响。对我国法院内部秩序现状的述说，还必须进一步回溯到我国法院内部秩序形成的过程，特别是法院在内部治理从弱化到强化所付出的努力。

在“调解为主”时期，法院权力可以完全引导、指挥甚至“强迫”当事人行使诉讼权利的方式。这一阶段的高调解率“神话”只需要司法政策的激励效应影响到法院审判权就可以成就。然而，通过图 4-1 可以发现，尽管各个年份调解率的数值都比较高，但此阶段的调解率变迁曲线呈现出极其无序的特征。究其原因，这一时期处于从革命到建设的治理转型阶段，法院的内部秩序结构尚在形成中，法官在司法实践中更多依靠长期的革命“自觉性”来贯彻“调解为主”，司法政策并未体制化地实施作用，难以通过组织管理的形式对审判权产生影响。无论在法院的组织人事任命由司法行政机关管理的 1954 年至 1959 年和 1979 年至 1983 年时期，还是在司法行政事务与审判“合一制”的 1959 年至 1966 年和 1970 年至 1979 年时期，[①] 都存在一定的初始形态，然而当时的法院系统却没有建立起真正意义上的司法绩效考核体系。

进入“着重调解”时期以后，“着重调解”立法原则对“调解为主”司法政策的“萧规曹随”并未给诉讼调解制度带来太多的变化。1983 年修改后的《人民法院组织法》以删除旧有规定的方式将审判管理的职能重

① 陈杭平:《论中国法院的“合一制”——历史、实践和理论》，载《法制与社会发展》2011 年第 6 期。

归于法院。[①] 这一时期关于审判管理的立法规定付之阙如。尽管如此，法院单独设置了人事局以管理法院内部的组织人事任命工作。[②]1983 年 1 月，时任最高人民法院院长的江华向中共中央提出法院法官的职称级别问题。[③]1985 年中共中央办公厅进行了回应，法官的职级分层管理予以确定，[④] 并逐步扩展到其他审判业务人员。通过职级层次管理及其相应的工资待遇激励，法院的审判管理工作开始加强。遵循“着重调解”原则，法官在司法实践中多调解和勤调解有了激励的正当性，调解率无论在数值还是曲线上均节节攀升。随着发端于 20 世纪 80 年代末的民事审判方式改革开始实施，司法政策强调尊重当事人的处分权，反思“着重调解”原则的弊端，调解率开始出现下降的现象。这一时期调解率“先升后降”的变化曲线，开始走出“无序”的阴影，逐渐出现“规律”的端倪。

迈入“自愿合法调解”阶段后，法院的内部治理机制也在逐步加强。1995 年的全国人大常委会通过了《法官法》，第 16 条将法官分为四等十二级。尽管此序列因没有得到相关制度的配套而仅仅具有象征意义，然而这却在法院系统内部正式形成了“命令—服从”的等级秩序。同时，《法官法》第 19 条至第 23 条对“法官考核”进行了规定，包括考核的组织、考核的形式、考核的内容、考核的结果和考核的效力等方面；第 46 条、第 47 条又对“法官考评委员会”进行了规定。至此，我国法院审判管理的司法考核首次以立法形式予以明确规定，这为法院内部秩序结构的完善提供

---

① 1954 年《人民法院组织法》第 14 条第 3 款规定："各级人民法院的司法行政工作由司法行政机关管理"，而"管理司法行政工作"被时任司法部长的魏文伯解释为"管理法院的设置和人员编制、干部教育和管理、组织制度的建立"。参见魏文伯：《对于〈中华人民共和国人民法院组织法〉基本问题的认识》，法律出版社 1955 年版，第 14 页。后这一条文被 1983 年《人民法院组织法》删除。

② 刘忠：《格、职、级与竞争上岗——法院内部秩序的深层结构》，载《清华法学》2014 年第 2 期。

③《江华传》编审委员会编：《江华传》，中共党史出版社 2007 年版，第 441 页。

④ 参见《中共中央办公厅关于加强地方各级法院、检察院干部配备的通知》（1985 年 9 月 1 日，中办发〔1985〕47 号）。

了制度条件。伴随着制约法院权力、强调当事人诉讼权利的程序保障理念不断强化，立法上强调调解的自愿合法原则，审判权运行“调解化”的激励效应失去了正当性和必要性，法官调解的积极性也随之降低，以致诉讼调解率急速下降。

进入21世纪，伴随着诉讼调解逐渐复兴，法院内部秩序结构也在进一步强化。1999年，最高人民法院发布“一五纲要”，明确提出“在科学的法官管理制度下，造就一支高素质的法官队伍”①。2002年7月，第十八次全国法院队伍建设工作会议明确提出了“建立能够形成有效激励机制的法官业绩评价标准体系”。2005年，最高人民法院发布的“二五纲要”提出：“建立科学、统一的审判质量和效率评估体系”“改革法官考评制度和人民法院其他工作人员的考核制度……科学设计考评项目，完善考评方法，统一法官绩效考核的标准和程序，并对法官考评结果进行合理利用。”②2008年，最高人民法院明确将“调解率”作为审判效果指标之一。③2009年，最高人民法院“三五纲要”进一步提出：“建立以法官、法官助理、书记员和其他政治人员的绩效和分类管理为主要内容的岗位目标考核管理体系。”④2011年，最高人民法院提出：“要建立审判管理与考核奖惩的对接机制，将审判绩效考核结果作为法官评先评优、晋职晋级的主要依据，充分发挥以管人促管案、管案与管人相结合的综合效应。”⑤尤其在中央政法委确立“优先调解”这一带有政治目标性质的司法政策后，法院系统通过量化考评建立的“命令—服从”治理机制开始发挥显著作用。

①《人民法院五年改革纲要》（1999年10月20日）。

②《人民法院第二个五年改革纲要》（2005年10月26日）。

③ 参见《最高人民法院关于开展案件质量评估工作的指导意见（试行）》（2008年1月11日，法发〔2008〕6号）。

④《人民法院第三个五年改革纲要》（2009年3月17日）。

⑤《关于加强人民法院审判管理工作的若干意见》（2011年1月6日，法发〔2011〕2号）。

在司法政策的激励效应下，调解率越高，法官的审判工作就越被肯定，法官的评优评先、职务晋升就越容易。除了较为直接的物质刺激和职位刺激之外，法院系统还往往开展相应的造势活动，通过新闻报纸宣传调解率高的法院和个人，以营造鼓励调解的氛围，从而引导普通法官多调解和勤调解。①

进入2013年，最高法院确立了法官的正规化、职业化、专业化要求，为更好地尊重司法工作规律、尊重法官主体地位，进一步调动广大法官办案的积极性，尤其在“规范司法调解”的政策导向下，全国各级法院对调解率的考核逐渐出现了弱化趋势。调解率不再作为量化考核的约束性指标，而成为统计分析审判权运行态势的参考性指标。缺乏了上级的绩效考核压力，法官对调解的积极性也随之减弱，使得大多法院的调解率出现下滑的态势，有的法院甚至出现了剧减的变化。

从以上分析可以看出，在着重调解时期以前，高的诉讼调解率主要依靠的是法官对司法政策实施的自觉性以及内部的行政命令；进入调判结合时期直至今日，高的诉讼调解率则是司法政策对法院审判权运行方式的引导以及科层管理的内部治理机制的双重作用下的产物。尽管通过与法院内部的秩序结构对接，司法政策可以体制化地对法院审判权产生激励效应，但是这种激励效应却仅具有单一性，对在调解中起“决定”作用的当事人则几乎不产生作用，这就出现了尽管法院明显地重视调解，却无法大幅提

① 在此期间，河南省法院系统在建设“调解年”中，提出一审民事案件的调解率必须达到60%—80%，南阳市中级人民法院甚至开展了一项“零判决”竞赛活动。江苏法院系统则将调解率指标与法院院长、庭长考核绑定在一起，要求法院的调解撤诉率必须达到全省法院相应条件指标的平均数。广西、河北、福建等地也出现了“零判决”法庭建设活动。

升调解结案率的情况，[①]这种局面的形成只能归咎于诉讼调解中对当事人行为选择“合意诱导”规则的建设不完善。

五、诉讼调解制度的完善对策建议

关于我国诉讼调解制度的改革，学界是仁者见仁、智者见智，各种观点大相径庭、分歧颇大。有的主张取消诉讼中的法院调解制度；有的主张调审分离，在诉讼程序中另设一套不同于裁判的程序；有的主张建立诉讼和解制度来取代诉讼调解制度。课题组认为，我国传统文化受儒家思想的影响较深，尽管调解并非我国解决纠纷的司法传统，但是，以合意的方式来解决当事人之间所发生的纠纷却存在着相当深厚的文化基础。所以，在我国的诉讼制度中仍有保留调解制度的必要。

（一）调解不应当作为民事诉讼法的基本原则

长期以来，我国民事诉讼法学界一直将法院调解定位为民事诉讼法的基本原则，在已出版的法学教科书中，无一例外地将其划入民事诉讼法基本原则的范畴。然而，在近些年的学术研究中，关于法院调解是否应当作为民事诉讼法基本原则的认识，出现了一些分歧。我们认为，法院调解不应当纳入民事诉讼法基本原则的范畴，理由有四：第一，从基本原则的本质属性来看，调解不具备基本原则所必需的品质。民事诉讼法基本原则应当具备至少两个本质属性，一是其效力的贯彻始终性，即作为民事诉讼立

① 从之前媒体对各法院的高调解率报道来看，当下诉讼调解率应当在60%以上甚至更高。然而，全国法院民事一审案件的调解率直到2010年才刚超过40%，且近十年的调解率上升较为平缓，并没有媒体报道宣传的一路攀升的效果。此外，法院科层制管理带来的“一级压一级”的绩效考评指标犹如“达摩克利斯之剑”，各级法院系统在司法统计调解率时或多或少都存在数据“失真”的情况，使得最终得到的调解率数据偏高。在调研过程中，通过采访高级人民法院、中级人民法院和部分基层人民法院的部分法官来进行调研，得出的结论是：在上级绩效考评的压力下，很多法院统计的调解率数据都或多或少有虚假成分。

法准则的属性。显然，法院调解不具备这样的品质，其作为法院结案一种方式只有在取得当事人同意的情况下才具有意义，缺少这一要素调解程序根本无法展开。二是法律的基本原则具有根本性和强制性，必须通过具体的法律规范加以体现并强制性地实现。然而，法院调解最根本的要素是当事人的同意，这就对这一原则的实现设置了不可逾越的障碍。法院调解若不能强制实现，则其作为基本原则的正当性便会受到合理的质疑。无当事人同意调解即无法适用的特点，使其不具备民事诉讼法基本原则的基本属性。第二，基本原则最为核心的内容，是调整主体之间的相互关系，调解并不对主体在诉讼中的相互关系产生影响，更主要体现为解决纠纷的技术性制度。民事诉讼主体之间围绕解决纠纷的活动，是法院、当事人和其他诉讼参与人之间的一个相互作用的过程，民事诉讼法就是这一作用关系的规范，基本原则既是立法准则，其核心内容或者实质就必然涉及主体间关系的调整。比如，平等原则调整的是当事人之间的诉讼关系，辩论原则、处分原则和诚实信用原则是调整法院与当事人之间的诉讼关系，而法院调解对主体间的诉讼关系并无实质的调整价值。第三，法院调解作为基本原则，会与判决程序发生冲突。判决程序的结构决定了法官与当事人诉讼权限有比较清晰的划分，为使判决能够获得正当性，通常要求法官处于比较消极的地位，当事人提出诉讼主张进行论证承担证明责任，法官严格遵守程序规则对事实加以判断并根据实体法的规定作出判决。而调解则恰恰相反，当事人与法院的诉讼权限、界限划分较为模糊，法官恪守中立消极的态度是不可取的。第四，裁判的庭审设计，没有调解原则存在的余地。判决型程序要求庭审结构是一种对审结构，当事人双方通过主张、证明、反驳等具有对抗性的辩论行为展开程序，这与调解需要当事人双方合作协商模式形成对立，这不仅表现为程序上的不融合，也容易导致当事人情绪上的对立，不利于形成调解合意，甚至走向反面。

基于以上分析，我们认为，诉讼调解不能置于民事诉讼法基本原则的地位来指导立法，而应当将其作为在民事诉讼中的一项当事人可以选择利用的诉讼制度来对待。这样不但可以根据判决法理和调解法理来规范程序设计，同时，也可以避免因调审程序混同而导致法官角色不分和产生“强制合意”等消极后果。

（二）确立调审适当分离的结构

当下对我国诉讼调解制度改革具有代表性的观点，是倡导“调审分离”的程序设计，强调的不仅是程序的分离，同时调解组织也区别于判决组织，意在避免法官“依仗”其所具有作出最终判决的权力强制性地进行调解。这一代表性的观点表明，学界已清楚地认识到了“调审合一”程序所存在的弊端，以及审判权对当事人处分权的不当“侵蚀”，损害了当事人的正当利益。

然而，这样的考虑存在不周延之处：第一，调审程序如何分离，这在程序设计上存在一定的难度。因为，当事人起诉后，法院便围绕查明事实并作出判决的逻辑思路展开审判工作，因为程序最终能否以合意解决纠纷是无法预测的，而判决是程序展开的主要目标，因此，法院受理案件后的一切行为都应当围绕这一目标展开，尚无法单独分离出调解程序的可能性。第二，调解本身具有反程序性和在事实判断法律适用方面的模糊性，其程序规则如何设定尚存在一定的技术难度。第三，单独设立一套调解程序规则，由于其是判决前的程序，不免会带来过多的程序耗费，也会导致纠纷的迟延解决。因为，在程序展开之前，各方对程序结果都存在追求利益最大化的动机，很难达成合意，在无法形成合意的情况下，又重启判决程序是不二的选择，这是因为调解程序无法替代审判程序的任何一部分。

但这并不意味着完全否定“调审分离”的程序设置观点，只是基于调审原理的差异，以及结合我国诉讼政策，我们主张的是一种“调审有限分离”的模式，即不设立独立的诉讼调解程序，诉讼程序的设计以判决的形成为中心。在这一前提下，设置当事人可选择的调解解决纠纷方式，且将调解可选择的时间控制在审前程序。这样的制度设计的理由是：第一，审前程序中不存在双方当事人实质上的对抗审理，其程序设计相对于庭审程序更具有灵活性、非正式性和可控性。第二，审前并不对案件事实进行实质审理，仅仅是审前的一系列准备活动，而且在这一阶段由于证据开示程序和争点整理程序的导入，强化了当事人之间促进诉讼的义务，程序规则更趋向于促成双方当事人之间的"合作关系"，从这一点来看，其具备了诉讼调解的氛围；再有，因调解不必在证据审查和事实认定上花费太多的时间，这恰与审前程序的功能基本协调。第三，审前程序已具备了调解的基础。按照诉讼程序一般理论及立法规则，开庭审理采取集中审理原则；通常情况下，审前程序必须达到适宜开庭集中审理的程度，否则，审前程序中的举证时效制度、争点整理制度以及答辩失权制度等都会丧失其程序功能，无法实现其程序价值。基于这样的程序结构考虑，审前程序中提供给双方当事人进行协商的案件信息（诉讼资料）已相当充分，若在这一程序中设置一定的合意诱导机制，再辅以法院一定的职权作用，合意的形成将是可以期待的。第四，我们不赞同调审完全分离的另一个理由是，审判结果的可预测性与强制性都是潜在的促进当事人合意的推动力，这比采取调审彻底分离的态度无论是在纠纷解决的成本上还是调解成功的可行性上，都是占有优势的。

当然，本书所主张的调审有限分离原则，只是在不改变诉讼程序基本结构的前提下，在审前程序中加入一定的促成合意的要素，但这并不否认在庭审程序开始以后，当事人仍有进行和解的可能。然而，作为裁判法官却不适宜以调解者的身份再行调解之行为，否则又会重蹈"调审合一、重调轻判反而调处率不高"的覆辙，陷入欲调不成、欲判不能的尴尬境地。

（三）调解程序启动的职权性

调解应当遵循当事人自愿原则，这不仅体现在双方达成的调解协议是自愿的，作为调解程序适用的前提——调解程序的启动也是自愿的，这被认为是诉讼调解的基石。然而，从国外法院附设替代纠纷解决程序（Alternative Dispute Resolution，ADR），或者法院在诉讼中所进行的调解，出现了“强制调解”的发展趋势。这种所谓“强制调解模式”是指将调解作为判决适用的前置程序，即法院可以不征得当事人的同意，直接进入调解程序。我国“调审合一”的程序结构使得在“审判阴影”下的调解具有了“合意诱导”的空间。但如前所述，“调审合一”的程序结构并没有激发当事人的调解热情。相反，为在判决程序中获得更多的利益，当事人往往在调解程序中避免示弱而持强硬立场，导致调解合意难以达成。这就存在制定“强制调解”规则的必要。“强制调解”是程序上的强制启动，调解结果依然需要当事人同意，并不完全违反自愿调解的原则。在不根本违背当事人自愿的限度内，劝说、可容忍程度内的胁迫甚至程序上的强制，可以对当事人调解合意的达成产生“强制诱导”的效果。日本和韩国民事诉讼法上均有“强制调解”的结构性特征，不仅可以优先适用调解程序处理纠纷，而且在诉讼过程中法官可以依职权将案件交付调解，只是在特殊情形下需要征得当事人的同意。[①][②]在实行自愿调解的场合，由于双方当事人都试图在法官面前表现出必胜的态度，作为一种诉讼对策或者技巧，双方都不愿在法庭上示弱，从而在调审合一程序中排斥调解程序不失为获得心理优势的一种必然选择。“现在的问题是，也许是出于诉讼策略的考虑，无论是当事人还是他们的代理人，在激烈的对抗诉讼中都不愿意主动提出调

---

① 参见［日］中村英郎：《新民事诉讼法讲义》，陈刚等译，法律出版社2001年，第14页。

② 参见［韩］孙汉琦：《韩国民事诉讼法导论》，陈刚审译，中国法制出版社2010年版，第25—30页。

解，甚至还会做出他们将不接受调解的暗示——因为接受调解往往被视为一种示弱的表现。”① 从强制调解的实践看，尽管对调解持排斥心态的当事人，其一旦进入调解程序后，都成为积极参与调解的人，取得了不错的效果，与自愿调解相比，成功的比例并无甚差别。而我国 2012 年《民事诉讼法》的“先行调解”“庭前调解” 和司法解释规定的 6 种案件“先行调解”只是倡导调解的优先性，并非严格意义上的强制调解。当然，不可否认的是，我国实践中存在因司法政策的激励效应异化而肇致的大量强迫调解现象，严重侵犯了当事人的诉讼权利。鉴于此，在制定强制调解规则的同时，对其适用范围、启动时间等方面进行限定以及赋予相应的异议、救济权利也是很有必要的。因此，我们建议我国诉讼调解程序的启动，应当改变目前的依当事人自愿原则的立法思路，法院可综合案件实际情况当事人的态度调解的可能性等依职权启动，当然，这样规定并非排斥当事人申请的自愿调解。②

（四）建立诉讼调解合意诱导机制

从诉讼调解的历史考察和诉讼调解率的样本解析来看，司法政策对诉讼调解的立法制定和法律修订能产生一定的影响，对诉讼调解的司法实践具有趋导作用，但是这种趋导性影响却存在失衡的问题。如上文分析，司法政策的引导作用通过法院内部的科层管理机制对审判权的运行方式产生重要影响，而对当事人的行为选择却难以产生激励效果。党的十八届三中全会确立了“健全司法权力运行机制”的总体改革目标，审判权运行的

---

①［澳］娜嘉・亚历山大:《全球调解趋势》，王福华译，中国法制出版社 2011 年版，第 37 页。

② 在我国审判实践中，依当事人申请进行的法院调解相当罕见，调解程序的启动通常是在法院征得当事人的同意后开始，立法上似乎也并没有给当事人申请调解提供程序上的条件，因为庭审辩论终结后便是法院征求当事人是否同意法院主持调解的程序性安排。从某种角度讲，这种调解程序的启动多少也带有依职权启动的色彩。

“去行政化”成为法院系统锐意改革的方向，审判管理的“去行政化”也是改革的题中应有之义。在此宏观背景下，我国诉讼调解制度应当科学设计司法政策激励效应的“双轨制”：一是逐渐去除科层管理的行政化体制进而科学化司法考核体系，二是不能忽视对当事人诉讼行为选择的“合意诱导”。任何司法政策的提出，无论基于什么样的威权，都不可能像制度规则那样产生“令出即从”的效果。政策更多是依据一系列制度体现出来，制度是政策体现和实现的载体。司法政策作为一种价值的宣扬，只有配备相应完善的制度规则，才能够实际成为指导调解实践的理念，从而避免成为一种飘悬的政治倡导。

如前所述，我国的司法政策中已经存在一些诉讼调解“合意诱导”规则，然而无论是规模还是效果，上述当事人“合意诱导”规则都不尽如人意，尚不能说已达到司法政策激励效应“双轨制”的目标。现有的“合意诱导”规则呈现出零星和散乱的特点，并未从规则的科学化和体系化的视角去理解司法政策的目的性。所以，完善诉讼调解“合意诱导”规则应着力于以下几个方面：

其一，完善费用评价规则。首先，“调解案件费用减半”尚且存在进一步完善的空间。“当事人是通过诉讼还是和解来解决争议取决于诉讼成本和谈判成本的高低。”① 我国现行的廉价诉讼并不是一个良好的制度设计，相反会导致当事人滥用诉权以及导致“调解案件费用减半”诱导当事人达成调解合意的司法政策失灵，因而有必要适度增加当事人的诉讼成本来抑制滥诉和促进调解合意的形成。其次，“调解案件费用减半”是一种费用积极评价的规则，相对应的存在费用消极制裁的规则。在当事人选择调解程序而未能最终达成合意的情况下，案件将不可避免地进入开庭审理阶段，如若法院最终判决的结果不如调解程序的解决方案，对于造成这一

① 陈国富：《法经济学》，经济科学出版社 2006 年版，第 242 页。

后果的当事人可以给予费用上的消极性制裁，亦即承担因此而产生的程序费用（甚至包括对方不必要的律师费用）。这种诉讼费用承担机制，不再适用败诉方负担的原则，而由造成调解合意未能达成的一方当事人负担。[①]从经济刺激的角度来看，这种费用消极制裁规则比积极评价规则的效果和作用更为强烈和有效，更加能够对当事人的行为选择进行引导以促成调解合意的达成。

其二，充实审前程序，增强诉讼的可预测性。从比较法的视野来观察，美国联邦法院民事案件真正进入审判程序的比例非常小，[②]而大部分案件都是在审前程序通过和解等 ADR 方式予以解决，诱导当事人选择 ADR 的重要因素之一就是审前程序中的证据开示程序。证据开示“是一种审判前的程序和机制，用于诉讼一方从另一方获得与案件有关的事实情况和其他信息，从而为审判做准备”[③]。其具有三大优点：一是获取证据；二是消除或减少突然袭击；三是促进和解。正是因为通过证据开示，双方当事人都能够知晓对方所掌握的信息，可以预期案件的结果，从而衡量费用和时间上的“投入”与“产出”以评估自己的目标，最终促进调解合意的达成。而我国民事诉讼奉行的是“审判中心主义”，在制度设计和资源投入上更加偏重于庭审程序，忽视了审前程序的功能与作用。一方面，《民事证据规定》设置了以证据交换为中心环节的审前程序，然而规定内容的简单化使其有“形骸化”之嫌。有学者指出，我国的证据交换程序存在程序发动机制不完备、程序适用范围模糊、交换对象缺乏规定、证据交换方式不明

---

① 唐力：《在“强制”与“合意”之间：我国诉讼调解制度的困境与出路》，载《现代法学》2012 年第 3 期。

② 据统计，1997 年在美国联邦法院系统中起诉的案件只有 3% 进入审判程序，2004 年的该比率更是降低到了 1.6%。See Administrative Office of the U.S. Courts，Judicial Business of the United States Courts：1997 Report of the Director，table C-4；2004 Report of the Director，table C-4.

③ 韩波：《民事证据开示制度研究》，中国人民大学出版社 2005 年版，第 22 页。

确、程序主持者未特定和违反程序后果缺位六个方面的内在不足。[①]另一方面，证据交换程序在司法实践中呈现出闲置倾向，当事人大多规避其适用，法官对其的利用也过于随意。即使在《民事证据规定》刚颁布实施之际，证据交换程序在司法实践中的适用率也不尽如人意。[②]尽管2012年《民事诉讼法》第133条的庭前程序分流对交换证据作出规定，但其条文内容过于简单，而且其功能定位与证据开示程序出现了方向性背离。[③]因此，通过借鉴美国的证据开示程序，完善我国的证据交换程序并进而充实审前程序，才能为促进当事人达成调解合意提供程序基础。

其三，培养职业调解法官。尽管当事人主体地位的提高和诉讼权利的增强使得法院审判权的职权作用逐渐减弱，然而通过加强法官的调解技巧能力依然可以有效促进当事人双方调解合意的达成。这就需要调解法官的职业化发展。德国学者认为，职业的调解人应当具备保持中立和超然的姿态、倾听和传达当事人的利益诉求、引导沟通与磋商并确保当事人遵守规则、能够对突发情形作出专业迅速的反应和提供调解所需的相关知识五种相互联系的能力和技巧。[④]这种尤为重视调解人专业素养的培育对我国颇具有启示意义，我国今后需要为调解法官职业能力的训练和提升提供相应的制度安排与保障。

---

① 许少波:《民事诉讼证据交换制度的立法探讨》，载《法律科学》2012年第3期。

② 有关调研报告表明，《民事证据规定》实施之后，厦门市两级法院适用证据交换的案件约占一审民事案件总数的37.6%，其中，由当事人申请证据交换的案件比例为28.9%，有71.1%的案件为法院依职权组织进行，且开展证据交换的法院多为中级人民法院，很多基层人民法院尚未进行过证据交换。参见厦门市中级人民法院、厦门大学法学院联合课题组:《新民事诉讼证据司法解释的执行与完善——厦门市两级法院执行关于民事诉讼证据的若干规定情况的调研报告》，载《法律适用》2003年第4期。

③ 美国审前程序中的证据开示程序，力图通过给当事人提供充分的案件信息，促进庭前解决纠纷，避免案件进入庭审程序；而我国《民事诉讼法》第133条的程序分流规定为交换证据限定了“需要开庭审理”的前提条件，同时将“庭前调解”作为与“开庭审理”并列的程序类型，这样的程序分流设计无疑表明我国证据交换的目的仅仅是为了开庭审理的需要，并非为了促进调解合意的达成。

④ 雷磊:《德国的调解观念及其启示》，载《法商研究》2014年第2期。

一言以蔽之，我国现有的诉讼调解制度呈现出“政策激励单一，合意诱导缺乏”的格局特点。司法政策的嬗变不应只停留在理念更新上，更为重要的是进行配套规则的制定和完善。在尊重当事人诉讼权利的基础上，充分利用“合意诱导”规则，司法政策就可以对当事人的诉讼行为进行理性引导，有效促进调解合意的达成，这样最终必能推进诉讼调解在中国社会的合理普及，在务实的基础上推动中国特色诉讼调解制度的完善。

第五章

审限制度实施状况评估与完善

审限制度是我国民事诉讼法所特有的一项制度，自1991年《民事诉讼法》确立审限制度后，在一定程度上保障了审判效率的实现，对及时化解民事纠纷和实现当事人权利要求发挥了积极作用。不过，这一制度从其设立之时起就存在一定的局限性，实践中将审限制度纳入法院审判绩效考核之后，其产生的问题越显突出。特别是，近20余年我国社会、经济发生了翻天覆地的变化，设立审限制度时的社会条件与当今相比相去甚远，审限制度的价值取向与当今民事审判工作要求的不适应性日益加剧，产生了制度本源性的功能缺陷。在司法实践中，基于绩效考核的审限制度已使法官特别是基层法院的法官“行为失范”，在一定程度上影响了审判效率和对当事人的程序保障。本章拟从法院审判行为与当事人诉讼行为的视角，对审限制度存在的问题进行实证分析，并对审限制度的改革展开方向性探讨。

一、审限制度运行的实践面相

1991年《民事诉讼法》出台之前，无论是1982年的《民事诉讼法（试行）》还是最高人民法院出台的司法解释，都没有对法院审理案件的期限作出规定。从实践的角度来看，20世纪80年代中期以前，法院在处理纠纷方面并不比其他机关或者机构占有更多的资源和优势；而随着改革开放后经济迅速发展所带来的民商事纠纷爆发式增长，以及强调法治建设的理念导向，法院在处理社会矛盾方面愈加显得重要并因此而获得了更多的社会资源，法院的社会地位和在国家治理中的重要作用不断得到提升。随之而来的是，大量的纠纷涌向法院，纠纷解决迟延现象也逐渐显现。

（一）审限制度运行的困境

从提高诉讼效率和消除积案的角度看，审限制度无疑是具有积极意义的。以实践运行的情况观之，在2006年以前并没有遇到特别突出的问题。

但自2006年国务院发布《诉讼费用交纳办法》规定诉讼费用收支两条线以后，审判实践似乎发生了一些变化：一是诉讼案件陡增，法院年度审结案件从2006年的438万件，逐年大幅增加到2014年的801万件（见表5-1），“案多人少”已然对法院形成了巨大压力；二是多办案件对于法院来讲已经不像既往再具有吸引力，法院办公经费日益得到改善，“钱”已不是突出的问题，而这一时期积案问题逐渐显现。为解决积案问题，法院系统开始了新一轮的司法改革，包括探索强化纠纷多元化解决机制、诉讼与非讼调解相衔接等改革措施应运而生①。同时，法院也从内部挖掘潜力，一方面强调司法能动主义，另一方面改革试点速裁机制。为切实落实《民事诉讼法》关于案件审理期限的规定，2000年最高人民法院发布了《最高人民法院关于严格执行案件审理期限制度的若干规定》，明确了对各级法院审限的监督管理措施，对超审限并造成严重后果的行为给予相应的消极评价。最高人民法院2005年发布的《人民法院第二个五年改革纲要》明确提出建立科学、统一的审判质量和效率的评估体系，人民法院自上而下的考核进入了规范化的轨道，审限是极为重要的一项考核指标。

尽管审限制度外有立法上的明确规定，内有法院绩效考核，但该制度在实践中的运行却遭遇窘境：一是立法上对审限的“划一”规定，无法满足个案的审理期限需要；二是案件审理过程情况的复杂性，导致法定审限的适用被立法的“酌定延长审限”和司法解释“不计审限情形”的例外所软化，造成了实践中审限制度适用的混乱。一方面是审限制度实践运行的“非适法性”，另一方面是民众对高效司法的主观需求以及自上而下的绩效考核，使得审限制度的适用陷入了“尴尬”的境地。以课题组实践调研的

① 2009年、2011年最高人民法院相继出台了《关于建立健全诉讼与非诉讼相衔接的矛盾纠纷解决机制的若干意见》和《关于人民调解协议司法确认程序的若干规定》两个司法解释。从这两个司法解释来看，法院将案件解决在非诉讼阶段的意图非常明显，这也折射出了法院对日益增长案件所带来的审判压力和诉讼迟延问题的种对策。

情况来看，基层人民法院的法官对审限考核普遍感觉“压力大”[①]。从法院审判管理来看，为确保案件能在审限内及时审结，每一个案件的审理都纳入流程管理，一旦案件超过审限的规定，电脑便自动将案件“锁定”而使其无法进入下一流程。在延长审限或有正当排除事由而需要“解锁”恢复流程管理的情况下，“解锁”需要多人“合作”才能完成的烦琐程序导致诉讼迟延现象加剧。

值得我们注意的是，1991年立法设定审限制度的历史条件与当下相比较发生了巨大的变化，特别是案件数量呈爆发式增长，“案多人少”日显突出。

表5-1 1991—2014年全国法院民事案件审结数量及法官人数数据[②]

年份	一审结案数（件）	二审结案数（件）	再审结案数（件）	执行结案数（件）	法官人数（万人）
2014	8010000	无数据记载	无数据记载	无数据记载	无数据记载
2013	7611000	无数据记载	无数据记载	无数据记载	无数据记载
2012	7206331	583855	33902	1976716	无数据记载
2011	6558621	571762	38609	1934936	19.5
2010	6112695	593373	41331	2055410	19.3
2009	5797160	598355	38070	1969323	19.0
2008	5381185	517873	35704	1752411	18.9
2007	4682737	422041	38786	1658189	18.9
2006	4382407	406381	42255	1706849	19.0
2005	4360184	392191	41461	1590814	18.9

① 在所调研的法院举行的座谈会上，审限给他们带来了相当大的工作压力，特别是2012年立法增设小额诉讼制度后，这种压力倍感明显。

② 由于资料记载不完整，上述数据分别来源于《中国法律年鉴》《人民法院工作报告》及朱景文主编：《中国法律发展报告：数据库存和指标体系》，中国人民大学出版社2007年版。

续表

年份	一审结案数（件）	二审结案数（件）	再审结案数（件）	执行结案数（件）	法官人数（万人）
2004	4303744	377052	44211	1706075	19.1
2003	4416168	370770	47412	1836694	21.0
2002	4393306	357821	48916	1856949	无数据记载
2001	3457770	377672	82550	2073225	无数据记载
2000	3418481	264798	58531	1271977	无数据记载
1999	3517324	244550	56103	1227192	无数据记载
1998	3360028	204958	48152	961938	无数据记载
1997	3242202	177317	43347	823420	无数据记载
1996	3084464	159702	37274	788577	无数据记载
1995	2714665	138585	34475	645421	无数据记载
1994	2382174	123005	30780	546683	无数据记载
1993	2091051	118638	30639	30639	无数据记载
1992	1948949	129079	31980		无数据记载
1991	1910013	128396	29286		20.1

从上述统计数据分析，20多年间法院案件受理量逐年增加，其中，全国法院一审结案数从1991年的191万件到2014年的800万件，增长4倍之多；二审结案数从1991年的12.8万件到2012年的58.4万件，增长近5倍。而同期法官人数变化不大，基本上维持在20万人上下的规模。在历史条件发生巨变的今天，审限制度未作任何调整（至少在立法上是这样的），这已经使得审限制度不能很好地契合当下的诉讼实践，立法所规定的审限制度已难以在实践中切实有效实现，即使在审判绩效考核之下也难以有所改观，实践中可以通过多种技术手段使得超审限“合法化”。这种偏离程序立法的实践状态，会加剧民众对司法的信任危机，构成对司法权

威的损害。

审限制度不但限制了法院审理案件的期限，同时，法院严格遵守审限的规定也就意味着可能会对当事人实施诉讼行为的期限构成影响。从表面上看是满足了当事人对诉讼效率的需求，但这却可能对当事人程序保障构成障碍，以及可能对案件审判质量构成实质性的影响。由于我国审限的法定期间都较短，变更审限期间的控制权也牢牢掌握在法院手中，对当事人程序保障构成损害容易理解，但其对案件的审判质量产生实质性的影响却未必那么显而易见。这种影响可以从两个方面加以论证：一是从当事人的侧面看，由于没有充足的时间进行诉讼准备，当事人的“攻击”与“防御”难免存在疏漏，对实现实体权利必然会造成消极影响；二是从法院的侧面讲，因审限规制的原因，案件处理显然难以做到“从容不迫”，因此而造成“忙中出错”的可能性也是存在的。“但是必须记住，时间可能导致错误并非仅仅是在迟延判决时才发生，而且在仓促判决时也会发生。在匆忙之间作出判决，没有为收集证据和准备辩论提供充分时间，也会冒错误的风险。”①在课题组实证调研中与法官座谈提及这一问题时，得到了与会法官肯定的答复。②统一的审理期限规定，无法满足实践中纷繁复杂的个案差异的特殊要求，从而司法解释对期间适用设置诸多例外规定，可以说是一种不得已而为之的选择。

另一个值得思考的问题是，我国《民事诉讼法》对第一审程序（普通程序、简易程序）、第二审程序在不考虑案件审理的难易复杂程度的情况下，规定各自统一适用的审理期限。从理论上讲，这种不区分个案差异普遍适用的审限制度并不具有妥当性，尽管立法在制度上也作了例外适用

①［英］阿德里安·A.S. 朱克曼主编:《危机中的民事司法》，傅郁林等译，中国政法大学出版社 2005 年版，第 6 页。

② 课题组成员于 2015 年 7 月 5 日至 26 日，在贵州安顺、河南信阳、广东广州、惠州、重庆等地 10 余基层人民法院就审限问题进行了广泛的调研，通过座谈、调取数据等获得了审限制度适用的实证材料。

的规定。“某一程序之进行是否不适当地过长，必须依照个案之情况予以判断，自何时开始，程序系不合比例地过长，不能一概而论，亦无法明确地有一个具体的期限。须依程序之性质，事证提出之难易程度，以及长期诉讼对于当事人之影响而定。”① 制度上对案件审理期限作出统一的期限安排的优势在于，规范法官的裁判行为以及当事人对于结案时间有明确的预期。但是，由于实践中案件的个性差异较大，在制度上做这样的安排确实难以周全。为了应对实践中个案的复杂状况，立法作了可以延长审限的规定，最高人民法院也制定了较为详尽的实施规则，可实践中实施的效果并不理想，“隐性超审限”现象较为突出。②

（二）审限制度运行存在的问题

我国审限制度采取了“一刀切”的方式整齐划一规定所有案件适用同一审限，显然这种过于理想的规定不可能完全有效实现，因而，实践中超审限现象不可避免，问题突出。

1. 法院变更审限权力“失控”，随意性较大

《民事诉讼法》关于各类审理程序分别规定了不同的审结期限，其中简易程序为3个月且不得延长；普通程序为6个月并在特殊情况下经批准可以延长；二审程序为3个月并在特殊情况下经批准可予以延长。从《民事诉讼法》的规定来看，除普通程序和二审程序明确规定了特殊情况下经批准可以延长审限外，简易程序并无明示可以变更审限的规定，理应理解为不可变更审限，此并无异议。然而，最高人民法院2015年发布的新司法解释明确规定适用简易程序审理的案件，3个月审理不完，当事人同意

① 沈冠伶著：《诉讼权保障与裁判外纷争处理》，台湾元照出版公司2012年版，第7页。

② 参见几位实务界著者的论文：王宝鸣、谢善娟：《民事审判中的隐性超审限现象初探》，载《法律适用》2000年第7期；沈镇友：《民事一审审限延长制度之现实批判》，载《福建法学》2010年第3期；岳明静：《审限延长制度的实践审视、价值解析与规范运作》，载《上海政法学院学报》2013年第11期。

继续适用简易程序审理的，人民法院可以继续适用简易程序，为实践中突破立法审限之规定创造了条件。

正是基于立法对审限无限制变更的弹性规定，实践中通过变更审限而导致“隐性超审限”现象较为突出。特别是，对于变更审限之操作，立法既未明定事由，也没有严格的程序规范，仅为本院院长批准或上级法院批准为限，这无疑从制度层面为法院随意变更审限提供了方便。具体表现为：

（1）超审限案件数量大

我国立法对案件审理期限采取统一的期限规定，不可避免会出现案件超审限的问题，只不过各地法院表现出超审限的程度不同而已。图 5–1 是 C 市 S 区法院和 W 中院 2012 年至 2014 年超审限的数据统计：

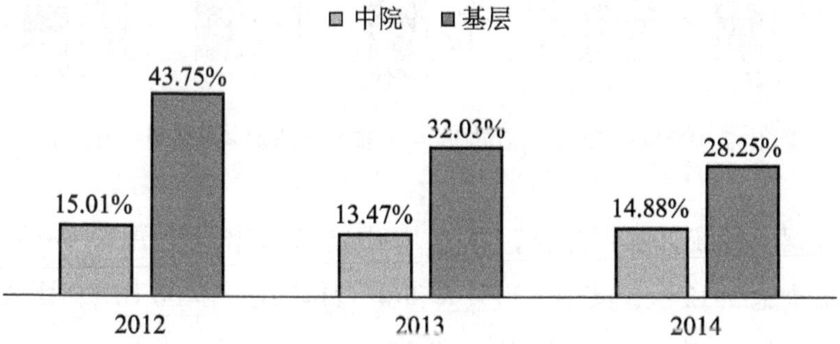

图 5–1　2012—2014 年 C 市 S 区法院和 W 中院民事审限变更案件占比

2012—2014 年 C 市 W 中院和 S 区法院审理各类民事案件分别为 19722 件和 36971 件，涉及审限变更分别为 2855 件和 10410 件，占比分别 14.48% 和 28.16%。其中，W 中院 2012 年 1099 件，2013 年 851 件，2014 年 905 件，分别占同期民事结案总数的 15.01%、13.47% 和 14.88%；S 区法院 2012 年 5382 件，2013 年 4052 件，2014 年 3395 件，分别占同期结案总数的 43.75%、32.03% 和 28.25%。上述数据表明，实践中超审案件占比较大，基层法院超审限压力巨大，“隐性超审限”现象突出。

（2）变更审限事由扩大化

由于立法仅规定了特殊情况下可以变更审限或者变更程序适用，而变更理由则交由实践视情况把握，因此而导致变更事由的扩大化适用。图5–2中的数据是C市W中院和S区法院变更审限的主要事由，实践中变更审限的事由多达10余种。

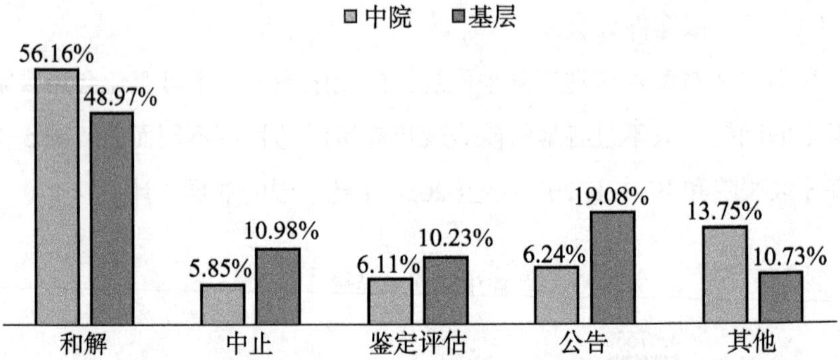

图5–2　2012—2014年C市W中院和S区法院审限变更事由分布

根据上述统计数据分析，在W中院2855件审限变更案件中采取审限变更措施3812次，其中，当事人和解[①]2141次，占56.16%；评估鉴定233次，占6.11%；公告238次，占6.24%；中止诉讼223次，占5.85%；其他事由[②]524次，占13.75%。在S区法院10410年变更审限的案件中采取审限变更措施12829次，其中，当事人和解6282次，占48.97%；评估鉴定1313次，占10.23%；公告2448次，占19.08%；中止诉讼1409次，占10.98%，其他事由1377件，占10.73%。

①《最高人民法院关于人民法院民事调解工作若干问题的规定》第4条规定："当事人在诉讼过程中自行达成和解协议的，人民法院可以根据当事人的申请依法确认和解协议制作调解书。双方当事人申请庭外和解的期间，不计入审限。"

② 其他事由主要包括调卷、向有关部门征求意见、处理管辖权异议、等待审委会决议等事由。

上述统计数据表明，“隐性超审限”案件虽整体呈现减弱态势，但以上的审限变更案件中，W中院和S区法院适用两次以上审限变更措施的案件分别占33.52%和20%，“隐性超审限”现象仍然突出。从审限变更的事由分布看，“隐性超审限”多发生在当事人和解、诉讼中止、鉴定评估、公告，以及调卷、向有关部门征求意见、处理管辖权异议、等待审委会决议等其他事由扣除审限期限不明确的案件中。“正是审限延长这种模糊不清、笼统弹性给变通主义者留下了自由裁量的活动空间，审限延长的理由呈无序化。从上海法院审判管理系统来看，审限延长的申报理由多达10余种。以某基层法院2004—2012年审限延长适用情况为例，该院共延长审限1510次，涉及事由达10余种，但报延理由集中分布在‘分管院长批准的其他情形’和‘简易程序审理的民事案件，当事人一致同意延长一个月继续适用简易程序审理’两种，占总次数的75%左右。”①

2. 审限变更操作手续复杂化

课题组在就此专题的调研过程中了解到，一方面变更审限随意性较大，另一方面，基于对审限考核的顾虑，各法院对变更审限都明确规定履行相应的审批手续，通常由审判组织提出申请、庭长签批、分管院长签批后报院长签批并对延长审限之案件解锁。调研座谈中与会法官普遍反映，由于延长审限审批需要经多人共同完成，常常由于工作安排、出差等原因，签批手续往往需要花费大量的时间，反而因此而耽误了案件的审理。而有的法院院长则表示，严格控制审限，原则上不签批变更审限申请，这样可以倒逼法官按正常的审限规定结案。②不过，此种“严卡审限”的做法必然会迫使法官加速案件审理进程，容易导致对当事人程序权利的侵

① 岳明静：《审限延长制度的实践审视、价值解析与规范运作》，载《上海政法学院学报》（法治论丛）2013年第6期。

② 其实，这样的严格审限的实践操作极少，也与法院院长的职业性格有关，更多是迎合司法绩效考核之需要，不具有普遍意义。

害，甚至会影响案件的审理质量。[①]

3. 法院对审限之操作未予当事人程序救济之机会

一般理解，审限是规范法院审判行为的制度，旨在加速纠纷的解决，并未考虑当事人在程序运行期间上的利益，特别是我国诉讼程序较强的职权主义色彩，把程序的管理运营更看作法院内之事务。然而，现代各国及地区都非常重视对当事人在程序利益与实体利益均衡追求之程序保障，法院过度耗费时间处理纠纷并非当事人所期望之正义，有必要赋予当事人为追求纠纷迅速解决而要求法院积极推进诉讼之权利。就审理期限的变更而言，本是法院针对个案具体审理情况对程序管理行自由裁量之权力，使程序的运行不至于因立法所规定固定的审理期限而有所不适应。但是，如同上述分析，程序运行并非仅涉及法院一方之考虑，还必须照顾当事人的程序利益追求。因此，基于此法理，应当赋予当事人就法院延长审限提出异议的权利，以确保当事人适时裁判请求权的实现。由于制度上并未考虑在审限制度方面当事人的程序利益，仅将其作为法院程序管理的一项内容和权限。因而，实践中当事人对法院久拖不决的案件，实无计可施，最高人民法院相关司法解释也仅仅规定在延长审限或者转换程序时向当事人“告知而已”，这是典型的职权主义程序观。

我国现行审限制度总体表现出规定过于笼统、期限变更随意性大、对法院无约束力等本源性问题；同时，欠缺对当事人的程序关照，程序运行体现过重的职权色彩，当事人的程序利益被忽视。因此，有必要从法院与当事人在诉讼中的相互作用关系来考量案件审理的程序运行。

① 尽管没有具体的案例说明为了避免超审限而加速案件审理进度与案件审判质量存在直接关联，但这一观点在法院调研座谈会上得到了与会法官的普遍认同。

二、解决诉讼迟延的比较法考察

根据课题组所掌握的资料，外国民事诉讼制度中尚未见有审理期限的规定，究其原因，有学者认为西方主要发达国家民事诉讼采当事人主义原则之缘故。“发达国家的民事诉讼法都没有设置关于审限的规定，是因为在当事人主义的原理下，诉讼过程主要由原、被告双方的攻击防御所构成，无法要求法官负责做到程序必须在某个特定时期内终结，而追究当事人迟延诉讼的责任也难以采取规定不变的程序终结期间这一方式。”[①] 从西方国家的诉讼观念来看，更多的是把民事诉讼看成私人之间的事情，以当事人主义作为构建程序的基本原则，在程序结构上，当事人主导诉讼而法官则保持中立的程序地位，相应地当事人程序责任也就较重。这里的程序责任既包括程序运行本身所带来的不利程序后果，也包括由程序决定的实体结果。因此，我们通常看到的西方发达国家民事诉讼法更多的是规定当事人的诉讼促进义务，以及为达成纠纷尽可能迅速解决而规定的当事人程序权利“消减期间”即失权制度。

诉讼迟延是各国司法存在的一个普遍性问题，由于案件审理没有类似我国的审限规定，西方发达国家诉讼周期相对较长，诉讼迟延现象非常突出，案件的审理周期持续数年的情形并不鲜见。“民事司法制度在20世纪80年代受到批评，理由是太慢、太贵，几乎不能为常人所理解。”[②] 为克服诉讼迟延所带来的司法信任危机，20世纪末21世纪初，西方一些发达国家开展了旨在提高司法权威和高效司法的改革运动。因法院与当事人在诉讼中的程序管理权限存在差异，英美法系中当事人拥有更多的程序进行的机会和权利，因此改革的方向更多的是强化法官对程序的管理权限；而在

① 参见王亚新：《我国民事诉讼立法上的审限问题及修改之必要》，载《人民司法》2005年第1期。

②［英］阿德里安·A.S. 朱克曼主编：《危机中的民事司法》，傅郁林等译，中国政法大学出版社2005年版，第27页。

大陆法系国家，法官的角色则更为主动，但也因应给予当事人充分程序保障而使当事人拖延诉讼的情况，因此改革的方向是强化法院和当事人促进诉讼义务。

在美国，诉讼迟延现象十分严重，“另一困扰美国联邦司法的是当事人对发现程序的滥用，而这也是造成诉讼迟延、诉讼费用高昂的重要原因之一。发现程序无疑是美国民事为所欲为制度的一大进步，但由于当事人在审理前调查和收集证据的权力很大，而法院对当事人管理和监督不足，导致自20世纪70年代以来滥用发现程序、拖延诉讼的现象相当普遍”①。为解决这一难题，美国国会于1990年通过了旨在防止诉讼迟延和提高诉讼效率的《民事司法改革法案》，在该法案的推动下，出现了“管理型法官”这一观念，法官可以通过召开审前会议等方式，根据案件的具体类型、案件的性质等因素来安排审理程序以及相关期日；当事人证据开示制度也从过去的被动开示（discovery）到主动开始（disclosure）的制度改革。英国的民事诉讼也遭遇美国同样的诉讼迟延问题，“传统的诉讼当事人在决定诉讼活动的进度和长度方面享有相当大的自由，特别是在审前准备阶段尤其如此。因此，利害关系人或对方当事人，或者说是律师，将程序弄得复杂而拖沓，他们有相当大的余地”②。为解决诉讼积案，在法务大臣指定的由沃尔夫勋爵（Lord Woolf）领导下的司法改革委员会于1996年发表的“接近正义”（Access to Justice）最终报告中指出，英国诉讼制度存在成本高、诉讼迟延、程序过于复杂不易理解以及过强的对抗性等弊端③。作为英国司法改革的成果，新民事诉讼程序规则赋予了法官更多的程序控制权力，包括期间控制权、程序中止、合并等程序运行控制权，法官权力

① 吴如巧编著:《美国联邦民事诉讼规则的新发展》，中国政法大学出版社2013年版，第15页。

②［英］阿德里安·A.S.朱克曼主编:《危机中的民事司法》，傅郁林等译，中国政法大学出版社2005年版，第13页。

③ Final Report to the Lord Chancellor on the Civil Justice System in England and Wales（1996）.

的扩张无疑会有效的改变当事人控制程序的诸多弊端，大大减缓了诉讼积案。“英国民事程序的主要缺陷在于诉讼活动过多，新规则减少了这些活动，而且对诉讼的控制权交给了法院，这与过去的制度分道扬镳，按照过去的制度，当事人及其律师在控制审前程序的长度和程度方面是自由的，对庭审的持续时间和范围在某种程度上也是自由的。从现在开始，这些事项都要由法院来决定。简单的纠纷会有一个严格的时间表和便宜的程序。较为复杂的争议则由法院决定当事人双方必须或者被允许采取的步骤和时间表。”①

与英美法国家较为彻底的当事人主义诉讼结构不同，在大陆法系国家，法官对诉讼程序本身就拥有较大的依职权进行的权力。不过，即便如此，也并不是说在职权色彩较重的大陆法系国家就不存在诉讼迟延和积案的问题。在日本，由于受律师执业严格限制的影响，大部分案件是由当事人自己诉讼，这难免会给诉讼带来迟延。1996年日本对民事诉讼法进行了大幅的修正，其主要目的是充实对当事人的程序保障和案件的迅速审理，其提出的改革目标是“让国民容易理解，并让国民容易利用，从而使诉讼程序成为适合现代社会要求的一种制度”。完善了争点和证据整理程序，为了在当事人之间尽可能早地实施争点和证据的整理，日本民事诉讼法为当事人提供了多种整理程序可供选择；除此之外，为适应不同类型案件的需要，增设了小额诉讼程序以解决诉讼成本和效率的问题，加快纠纷处理的水平；同时，为了进一步改善诉讼效率、及时解决当事人之间的纠纷，推进适用现代通信设施新诉讼技术，也大大方便了当事人。在此基础上，2003年日本司法改革审议会提出了《支撑21世纪日本司法的改革报告》，明确提出了将案件审理期限降低到2—3年的时间。为了实现这一目标，

①[英]阿德里安·A.S.朱克曼主编:《危机中的民事司法》，傅郁林等译，中国政法大学出版社2005年版，第17页。

日本2004年民事诉讼法修正案新设了“特殊案件专业委员会”制度、“提诉预告”制度等旨在充实和加速案件审理的制度。特别值得一提的是，为了使案件审理更加有序和及时，新设了“审理计划制度”。审理计划制度是一项关于案件审理阶段（期日）管理制度，是在法院主持下双方当事人达成的关于审理程序各个阶段的（期日）管理协议，协议对于双方当事人具有很强的约束力，若有违反则可能招致失权制裁的后果①。日本的审理计划制度，非常类似于我国的审限制度，只不过其更多地考虑了案件的个性因素以及对当事人程序利益的尊重，其所适用的对象不仅仅是涉及规范法院对程序的操作，同时也规范当事人的诉讼行为，在追求实体利益的同时平衡程序运行的效率，避免在权利实现的诉讼中过度的程序耗费。

从上述美国、英国、日本等国家关于缓和和消除积案的诉讼制度改革经验，我们可以得到以下两点启发：

第一，赋予法官对程序的管理权，课以当事人诉讼促进义务。

消除积案、提高诉讼效率，并非完全依靠设定每一程序案件审理的法定期限来实现，而是通过制定促进法院管理诉讼程序以及促进当事人及时实施诉讼行为的制度来推进案件的审理进程。比如，区别不同案件的多轨制审理程序；赋予法院对程序运行的管理权限（其实，这种权力在实践中已然演化为法院的程序促进义务）。课以当事人诉讼促进义务，是通过设置诉讼失权制度等加以实现。这样的制度安排，较规定具体的审理期限相比更能满足复杂的诉讼实践需要，特别是强化法官对程序的管理职责，对缓解诉讼迟延具有决定性的制度价值。“法官权力的增加，传统的当事人主义原理的弱化（即使不抛弃的话），这一潮流也为许多西方国家所认同，在某种程度上还包括英国和美国。实践证明，这一潮流

①［日］小林秀之：《平成15年改正民事诉讼法的要点》，新日本法规出版社2003年版，第13—20页。

是合理的，因为它提高了司法裁判之效率，使保障诉讼迅速且井井有条地进行成为法官之任务。”[①] 英国的司法改革，大大改变了“对抗制”这一传统法律文化，“而变革民事诉讼文化的主要措施是强化法院对诉讼的司法干预，弱化当事人和律师对程序的支配地位，不断提升法官在民事诉讼中的地位。”[②]

将促进诉讼作为法院和当事人均应当承担的诉讼义务，在制度设计上不但注重法院对提高诉讼效率的程序职责，而且强调当事人的程序义务。这就与我国审限制度仅适用于法院，或者说将消除积案、提高诉讼效率仅看作法院之职责有所不同。日本2013年司法改革之机，课以法院与当事人诉讼促进义务，特别是对于复杂案件法院与当事人必须就诉讼程序的争点和证据事理期间、证人询问期间、口头辩论期间以及宣告判决期间的审理计划进行协议[③]。

第二，兼顾程序利益与实体利益的平衡。

在追求程序效率的同时，保障当事人追求实体权利的机会是非常重要的。法院在案件审理中，提高诉讼效率、及时化解矛盾固然重要，但作出公正判决乃是程序追求之根本，不容忽视。就当事人而言，在追求实体权利的同时，也需要经济、高效率的司法。上述各国及地区在应对和解决诉讼迟延的同时，并未忽视对当事人实体利益实现的程序保障，避免因程序的不当推进影响当事人充分行使诉讼权利而损害实体的正义性。这一点，在我国改革审限制度时尤其值得注意。

---

①［意］莫诺·卡佩莱蒂等:《当事人基本程序保障权与未来的民事诉讼》，徐昕译，法律出版社2000年版，第52页。

②徐昕:《英国民事诉讼与民事司法改革》，中国政法大学出版社2002年版，第204页。

③小林秀之:《平成15年改正民事诉讼法的要点》，新日本法规出版社2003年版，第15页。

三、适时审判之当事人与法院诉讼促进义务

民事诉讼是围绕案件的解决，当事人与法院相互作用的过程，在这一过程中无论是当事人的诉讼行为，还是法院的审判行为，无疑都会对诉讼进程产生影响。从当事人与法院在诉讼中的相互作用关系出发来考察程序运行的效率性要求，符合诉讼程序之本质，毕竟当事人的诉讼行为和法院的审判行为构成了诉讼的基本内容，而案件的多样性归根结底会上升到对主体行为的影响，以此视角来探究缓解诉讼迟延的基本法理，具有重要的理论价值和实践意义。

按照阿德里安・A.S. 朱克曼教授的观点，衡量司法正义有三个维度：真实维度、时间维度和成本维度。人们在谈论诉讼所耗费的时间这一论题时，通常的观点是诉讼迟延对当事人所造成的损害。但是，司法正义的时间维度不仅仅是一个时间耗费的概念，而是可能对判决正确性构成影响的一个因素。“时间不是一个单独的维度，却是一个影响判决正确性的因素。拖延可能通过导致证据灭失或篡改而促成错误；在一起依赖证人证言的争议中，允许其在庭审之前（或采集证言之前）消磨的时间越长，则记忆力减退的概率越高。如果时间持续得足够长，则证人可能都已死亡或消失。于是，程序制度必须将错误的风险降低到最小，必须保障审判在证据仍然鲜活的时候进行。但是必须记住，时间可能导致错误并非仅仅是在迟延判决时才发生，而且在仓促判决时也会发生。在匆忙之间作出判决，没有为收集证据和准备辩论提供充分时间，也会冒错误的风险。”①

作为解决纠纷的诉讼程序必然会伴随一定的时间耗费，时间不只是一个关系诉讼效率的因素，而且是关涉诉讼公正的一个重要条件。从追求实

---

①［英］阿德里安・A.S. 朱克曼主编：《危机中的民事司法》，傅郁林等译，中国政法大学出版社 2005 年版，第 17 页。

质正义的角度来看，查明案件真实、作出符合客观实际的判决是诉讼程序应当追求的目标。在实质正义观的指导下，诉讼程序唯一且重要的目标是发现案件真实并正确适用法律作出判决，而不必在乎时间和费用成本的耗费。然而，作为公共资源的司法被不当地消耗，从另一个角度来看也是不公平的，特别是过于迟延和过度耗费成本的诉讼并不能真正满足真实判决的需要，也未必是民众所需要的理想中的司法。“那些曾经赞成将实体正义凌驾于纯程序事项之上的人，现在也同样认同这样一种状况，即司法由于缺乏可行的准入条件从而使司法 / 正义在整体上或在大部分人那里被拒绝了。并没有普适的或不受时间限制的实质正义哲学，实质正义哲学只是代表了一种特别的选择：向那些能够支付司法成本的少数人提供正义 / 司法救济。然而，也可以作出另一种选择：假设程序超过了开支和造成了迟延则视为拒绝司法 / 正义。”①

诉讼是以法院与当事人作为两极围绕案件解决的活动，推进诉讼程序、发现案件真实都有赖于法院与当事人的共同作业。在不同的诉讼结构之下，当事人与法院在这两方面获取的权限有所差异。无论是在何种程序结构下，也无论法院与当事人所获得的对诉讼控制的权限有何差别，有效率的司法乃是司法公正所必备的条件。在此观念下，作为诉讼作业共同体的法院与当事人有效推动程序的进程应当是一项重要的程序义务。这一点，从各国针对诉讼迟延所进行的司法改革方向来看，就能发现这一共同规律，此即被称为法院与当事人的诉讼促进义务。

（一）当事人诉讼促进义务之法理分析

从当事人的角度观察，课以当事人诉讼促进义务的基本法理，一是基

①［英］阿德里安·A.S. 朱克曼主编：《危机中的民事司法》，傅郁林等译，中国政法大学出版社 2005 年版，第 1 页。

于司法资源的有限性，国家司法制度是以国库作为保障维持其有效运行，尽管当事人诉讼也需要缴纳一定的费用，但国家则负担更大的成本；二是考虑司法为公共资源，为全民平等利用，当事人漫不经心的实施诉讼行为而至诉讼迟延，必然会影响他人接受公正、高效裁判的权利。基于这样的考虑，许多国家或者地区立法均有规定当事人诉讼促进义务、协力诉讼义务等当事人所应承担之程序义务，以保证诉讼程序是被正当利用、民事纠纷是被有实效地解决。

当事人诉讼促进义务的制度表达，通常表现为对当事人诉讼权利行使的限制，即所谓的失权制度。一般而言，诉讼程序制度必须能为当事人诉讼基本权的实现提供充分的程序保障，其中听审权、权利有效保护请求权、适时裁判权等是当事人诉讼基本权的重要内容。然而，当事人诉讼基本权的保障与迅速裁判要求之间存在着一定紧张关系，若对当事人诉讼权行使不加任何限制，恐难保证迅速裁判之实现。“一造当事人如在可提出之期间内，基于可归责之原因，不尽责提出裁判所需资料，以致诉讼拖延，将直接地妨碍他造当事人受适时裁判之权利。”① 规制当事人迟延诉讼之有效策略，是对当事人诉讼权利的行使进行必要的规范，此即失权制度所能发挥之作用。从制度构建上来看，失权制度可谓一种平衡装置，是在当事人诉讼权保障与迅速裁判之间寻求一种平衡，以求在确保当事人诉讼权基础上实现纠纷有效、迅速的解决。

从各国关于失权制度规定之内容看，大致包括主张失权、答辩失权以及举证失权等，此乃对当事人听审请求权之限制。于此，可以有效促进当事人向法院主张或提交裁判资料，有利于纠纷的迅速解决。2001 年我国诉讼实践首次规定了举证时限制度，最高人民法院《民事证据规定》第

① 沈冠伶:《诉讼权保障与裁判外纷争处理》，台湾元照出版公司 2012 年版，第 27 页。

33 条和第 34 条[①]分别对举证期限的确定以及迟延举证的法律后果作了规定，此项司法解释突破了当时《民事诉讼法》所确立的证据“随时提出”原则，是证据失权制度首次在我国司法实践中加以确立和运用，对当事人积极进行诉讼起到了一定的促进作用。不过，由于此项规定之失权制裁过于严苛，实践操作难度较大，也在一定程度上损害了实体真实的发现和当事人实体权利的实现。2012 年修改《民事诉讼法》时，首次在立法中对证据失权制度加以确定并对迟延举证行为采取了更为缓和的制裁措施。我国《民事诉讼法》第 65 条第 2 款规定：“人民法院根据当事人的主张和案件审理情况，确定当事人应当提供的证据及其期限。当事人在该期限内提供证据确有困难的，可以向人民法院申请延长期限，人民法院根据当事人的申请适当延长。当事人逾期提供证据的，人民法院应当责令其说明理由；拒不说明理由或者理由不成立的，人民法院根据不同情形可以不予采纳该证据，或者采纳该证据但予以训诫、罚款。”从这一规定来看，以采取程序性制裁来替代后果严重的证据失权之消极评价，从制度设计的价值取向来看，兼顾了程序效率与实体公正的实现。

除证据失权之规定外，我国《民事诉讼法》尚未对当事人其他诉讼权利的行使作出必要的规制，特别是 2015 年最高人民法院新司法解释更加放宽了对当事人行使权利的约束：在一审开庭审理程序中，当事人可以提出新的证据（第 231 条），原告可以增加诉讼请求、被告可以提出反诉、

① 《民事证据规定》第 33 条规定：“人民法院应当在送达案件受理通知书和应诉通知书的同时向当事人送达举证通知书。举证通知书应当载明举证责任的分配原则与要求、可以向人民法院申请调查取证的情形、人民法院根据案件情况指定的举证期限以及逾期提供证据的法律后果。举证期限可以由当事人协商一致，并经人民法院认可。由人民法院指定举证期限的，指定的期限不得少于三十日，自当事人收到案件受理通知书和应诉通知书的次日起计算。”第 34 条规定：“当事人应当在举证期限内向人民法院提交证据材料，当事人在举证期限内不提交的，视为放弃举证权利。对于当事人逾期提交的证据材料，人民法院审理时不组织质证。但对方当事人同意质证的除外。当事人增加、变更诉讼请求或者提起反诉的，应当在举证期限届满前提出。”

第三人可以提出与本案有关的诉讼请求（第232条）；在第二审程序中，原审原告可以增加独立的诉讼请求、原审被告可以提出反诉（第328条）。这些规定，对当事人充分行使诉讼权利全面解决其争议具有一定意义，但是，这也容易导致诉讼迟延的发生，特别是这些规定将使得“证据失权”丧失其制度价值。

（二）法院适时审判义务[①]之理论展开

从法院方面看，审限制度可以理解为隐含于当事人程序基本权之一项内容。理论上认为，当事人诉讼基本权包括以下内容：适时审判请求权、权利有效保护请求权、听审请求权、程序之平等权和公正程序请求权等内容。[②]从当事人的侧面来看，诉讼程序应当能为其提供追求程序利益和实体利益之机会，法院负有保障义务。特别是，法院不得基于对审判程序的控制权而使得当事人在实现实体权利时过度耗费时间和金钱。审限制度是从法院的角度规定的一项制度，旨在规范法院审判行为，为当事人提供迅速、经济的程序并有效解决当事人之间的纠纷，从这一层面来讲，法院负有为保障当事人适时审判请求权之诉讼促进义务。审限制度也可以理解为法院诉讼促进义务的中国式表达，只不过这一义务是通过立法的强制性规定约束法院的裁判行为，并通过法院内部的科层制管理来加以保障实现，而非赋予当事人获得司法适时救济的程序权利。

法院适时裁判义务之法理基础，是法院应当对当事人诉讼基本权予以尊重并给予充分的程序保障。“适时审判请求权之承认，系为使当事人能籍以平衡追求实体利益与程序利益，而避免系争实体复位或者系争外财产权、自由权等被程序上劳费之额外付出（程序上不利益）所耗费或限制。

① 适时审判义务，是对法院诉讼促进义务的另一表述方式。

② 参见沈冠伶：《诉讼权保障与裁判外纷争处理》，台湾元照出版公司2012年版，第7—29页。

因此，不应仅由法院来判断审判是否‘适时’，亦宜承认就一定事项得由当事人两造合意或在一定条件下独由一造决定，在程序利益与实体利益间，选择优先追求程序利益，以影响程序终结在适当时期。”[①] 从上文论及的西方主要国家的司法改革来看，强化法院对诉讼程序的管理权、有效推进诉讼程序的进程，已成为程序改革的主要方向，并将此作为法院的一项审判职责在立法上加以规定。从这一点来看，强调法院适时裁判的程序义务，是为当事人提供程序上的权利保障，并借此在追求实体利益与程序利益时获得有效平衡，以不至于过度耗费财力和时间而给当事人造成损害。

就法院适时裁判义务之内容而言，应当包括两个方面：一是适时推进程序的进程，包括即时指定各种期日、即时组织当事人双方为诉讼之准备行为、诉之合并与分离等；二是适时为阐明行为，在当事人未充分主张或未及时提出证据等情况下，法院应当通过积极行使释明权促使当事人适时妥当实施诉讼行为。从上述域外诉讼程序运行制度的规定来看，普遍规定法院负有诉讼促进义务，积极地实施案件管理和及时推进诉讼进程。在我国，法院在程序运行方面获得了极大的权力，从案件受理、审前准备、开庭审理直至作出判决，几乎尽由法院依职权安排。相较域外程序运作，我国诉讼程序极可能因法院之“消极不作为”而导致诉讼迟延。因而，有必要基于当事人诉讼基本权之适时裁判请求权要求法院为审判行为，并对法院之不作为有提出异议之权利。当事人对漫不经心地处理案件的进程无表达不满之权利和机会，是目前我国民事司法实践中一大突出问题，当事人没有能力对法院程序运行上所享有的裁量权力加以制约，这无疑会对当事人程序基本权构成威胁。

此外，值得注意的一个问题是，在当事人未尽诉讼促进义务迟延提出诉讼资料，而法院并未适用失权制度加以制裁之时，受程序迟延不利益一

---

① 沈冠伶：《诉讼权保障与裁判外纷争处理》，台湾元照出版公司 2012 年版，第 8 页。

方如何救济其权利，尚有必要加以讨论。换一个角度思考，对一方当事人违反诉讼促进义务而法院未予制裁，也可以理解为法院未尽诉讼促进义务的表现，应当赋予当事人程序上救济之权利。

四、我国审限制度改革之路径选择

从上述的论证分析来看，解决诉讼迟延的问题最主要是减少不必要的程序耗费，就这一点有两种途径可供选择：一是明确规定案件的审理期限；二是课以法院与当事人促进义务来有效推进诉讼进程。

就立法上规定统一的审理期限这一点来看，有一定的积极意义。不过，不加区分地统一审理期限也存在难以做到“具体情况具体处理”。在现实中，有的案件简单、有的案件复杂证据繁多；有的案件则需要及时作出判决对当事人来讲方有意义。因此，统一的审理期限难以达成个案的需求。从我国的立法来看，既规定了统一的审理期限，也赋予了法院在特定情况下延长审限的权力，制度层面做到了原则性与灵活性的结合。然而，在司法实践中实施的状况并不理想，特别是延长审限需要履行一定的内部“行政审批”手续，加之实践中实行的审判绩效考核等因素，对案件的审理进程和审理质量带来了一定的影响，因而造成的消极后果表现为一方面实践中“隐性超审限”现象突出，而当事人对此无计可施。除此之外，迫于审判绩效考核的压力，仓促推进程序作出判决的情况也是存在的。

明确划一地规定案件的审理期限存在的一个最为难以破解的难题是，如何在纷繁复杂的纠纷中切实落实好审限制度，如何妥当地针对不同案件的“具体情况”差异化地处理审结期限，因而不可避免地会带来适用中诸多的“例外情形”，如果不能很好地对所谓的“例外情况”加以限制，审限制度可能会成为无法真正实现的诉讼制度。我国目前司法实践的状况，就已经能够说明这一问题。

解决诉讼迟延的另一路径选择即从主体行为上规范法院的审判行为和

当事人的诉讼行为着手，在制度上课以法院与当事人诉讼促进义务。从法院的侧面来讲，妥当审理和及时作出判决，应当是公正司法对法院的应然要求。由于诉讼判决是法院与当事人共同作用下完成的，纠纷处理过程的时间耗费也必然与两者的诉讼行为（审判行为）密切关联，而且从两大法系法院与当事人在程序推进方面的权限分配的发展与改革来看，法院获取了更多的程序管理权力。就此而言，妥当地推进诉讼程序不仅是解决诉讼迟延的有效途径，也是实现案件判决正义的重要保障，法院在这两方面被寄予了更大的期望。为保证法院能够切实落实诉讼促进义务，域外许多国家及地区赋予当事人"适时审判请求权"。适时裁判请求权，是作为法院对当事人诉讼权保障的一项内容，由此也就从程序上对法院课以诉讼促进义务之效果。从这一层意义来看，各国强化法院对程序的管理权，并不意味着当事人与此毫无关系，相反，法院职权的强化之目的是为当事人诉讼权提供更充分的程序保障。在防止因当事人不当的行为而拖延诉讼，课以当事人诉讼促进义务是必然的制度选择。从这一意义来看，规范当事人诉讼行为最有效的制度便是建立失权制度。

从我国保障诉讼效率的制度设定来看，仅仅是从法院的侧面规定其对案件的审理期限，而且从制度安排上来看，因没有赋予当事人适时裁判请求权或者说没有赋予当事人在法院违反审限制度时的异议权，而使得审限制度对法院的审判行为并不具有约束效力。从这一点上来看，我国诉讼制度上并没有课以法院真正意义上的诉讼促进义务。再从当事人诉讼权利行使的方面分析，课以当事人诉讼促进义务是"片面的"。立法仅就当事人举证权限规定了"举证时限"，并在当事人恶意不遵守时可能导致其"举证失权"的消极评价。然而，在没有规定主张（权利主张、事实主张）失权和答辩失权等制度情况下，可以说证据失权基本上不能发挥作用。特别是从《民事诉讼法》及相关司法解释的相关规定，当事人可以在一审庭审终结前或者在二审程序中，原审原告可以增加独立的诉讼请求，原审被告可以提出反诉，而这些增加的请求或反诉因其与本诉存在事实上或者权利义务上的牵连，不可避免地会导致诉讼程序的反复，延迟诉讼并损害程序安定。除此之外，就程序的管理而言，我国立法及实践并不重视当事人在此方面所能发挥的积极作用，当事人无法通过诉讼行为对程序进程实施实质性影响。

关于审限制度的改革思路，保守的观点认为目前只是实践中未严格执行审限规定，因而主张强化落实；较为谨慎的观点是保留审限制度，对现行法规定的审理期限作适当延长；较为激进的观点则建议在立法中取消审限制度，将其作为对法官的职业伦理要求规定在法官职业道德规范中，不作为一项法律义务要求。以上三种观点均有一定的道理，但课题组认为尚待有进一步讨论的余地。“保守型”的观点，与审限制度改革无关，强调严格适用审限制度无以解决实践中存在的问题，甚至因个案的差异反而适得其反。“谨慎型”观点与原有的制度规定并没有实质差异，只不过是将司法实践中表现出的大量超审限的状况归咎审限期间不尽合理，建议通过制定更长的审限期间来消解这一问题。这一观点难以解决现实中审限制度适用中存在的诸多问题，特别是将审限期间确定为多长时间更为妥当仍是一个难题，整齐划一的审限适用于所有案件也是理想化的思考。“激进型”观点尽管主张取消立法上的审限制度，将其作为一项职业伦理规范加以适用，但实务操作上却可能存在不确定及多变因素，在法律上也无法将诉讼促进作为法官的一项程序责任。

综合上述分析，课题组的观点是取消现有的划一确定的审限制度，取而代之的是在制度上课以法院与当事人诉讼促进义务，同时赋予当事人程序管理的参与权。作为法院而言，在充分考虑当事人程序利益与实体利益追求之平衡，以及综合当事人多方利益之考量而为适当之判断，合理适时推进诉讼程序。在促进诉讼效率方面，承认当事人对法院享有“适时裁判请求权”，在因法院不恰当地迟延诉讼的情况下给予当事人的程序救济。

具体而言，可以从以下几个方面考虑重构我国的审限制度。

（一）合意审限：赋予当事人程序管理参与权

我国现行程序立法所欠缺的是当事人就程序运行管理的参与权，立法采“职权进行主义”程序管理原则。诉讼程序运营采此项原则的积极意义，在于程序可以按立法所规定的时间、顺序等有效展开，也易于解决诉讼迟延的问题。然而，这不过是一种理想主义，实践并非能如立法者所愿，正如上文对大陆法系国家诉讼实践之分析，诉讼迟延也同样地存在。

如前文所述，我国司法实践普遍存在“案多人少”的状态，依课题组建议取消法定统一的审限规定，是否会加剧诉讼积案问题？这是一个不得不认真面对的问题，在课题组进行的实证调研座谈会上就这一问题的讨论中，与会法官普遍认为现行审限之规定及实践均存在诸多问题，但也认为一旦完全取消审限制度则可能导致法官审判行为“失范”而致诉讼迟延现象更加严重，导致社会对司法的不满和信任危机。

本课题组认为，解决上述两难选择的思路可以从法院与当事人相互作用关系以及“诉讼作业共同体”的视角切入，即在承认法院对程序拥有管理权的前提下，赋予当事人程序管理参与权，给予当事人在诉讼中平衡追求程序利益与实体利益的权利和机会。在程序运行的管理方面，课题组建议借鉴日本民事诉讼法的“计划审理制度”[①]。这一制度与我国的审限制度有相似之处，只不过这一制度是由法院与当事人双方共同协商加以确定的关于案件审理的大致终期及各审理阶段的主要任务的“计划审理协议”。“计划审理制度”是作为“诉讼作业共同体”的法院与当事人共同实施的程序管理行为，既考虑了法院作为诉讼程序的主要运营者的主导地位，也照顾了当事人在诉讼中平衡选择程序利益与实体利益的“适时裁判请求

① 参见唐力：《日本民事诉讼计划审理制度介评》，载《法学评论》2005年第5期。

权”的实现，制度设计上具有很强的可操作性。通过“合意”设定每一案件的“审限”，能够破解当下司法实践中法院“隐性超审限”的问题，也使得当事人在程序管理方面获得了可支配的权利。

（二）程序管理：课以法院和当事人诉讼促进义务

我国20余年的民事司法改革逐渐强化对当事人的程序保障和强调当事人的程序责任，法院职权受到一定限制，当事人对诉讼的主导倾向增加。从近些年民事诉讼法及司法解释的规则变化来看，当事人不仅在实体方面获得了支配性的地位，同时，在程序方面也获得了一定支配权利。法院与当事人在诉讼中的结构性变化，使得原有的规范法院审判程序管理的审限制度已与诉讼规则的发展产生了不协调甚至产生了冲突，即一方面案件审理期限的管理完全委以法院，而另一方面又要求当事人承担程序推进所可能产生的不利的程序责任，显然不具有正当性。

为解决审限管理与日益增长的当事人程序保障之间的冲突，强调法院与当事人的协同作业是改革审限制度的一个基本理念，从程序利益与实体利益平衡的角度，在案件审理的程序管理方面，应当从法院与当事人主体行为方面课以诉讼促进义务，可以避免僵化的统一规定审限制度所产生的与个案复杂性差异难以适应的问题，更具有合理性和正当性。课以法院诉讼促进义务的法理基础，是基于保障当事人的诉讼基本权之适时裁判请求权。在这方面，法律应当赋予当事人平衡追求实体利益与程序利益的权利，在法院过度迟延案件审理期限时须享有向法院主张及时裁判的权利；另一方面，程序的不当推进不但可能会损害当事人的程序利益，同样也可能会对实体正确判决产生影响。课以法院诉讼促进义务、赋予当事人适时裁判请求权，是从法院与当事人相互作用关系的侧面解决诉讼迟延的良好对策。该项制度选择，既可以使法院视个案具体情况合理管理诉讼程序，又能在制度上保障当事人的程序利益。课以当事人诉讼促进义务的法理基础，是基于程序效率和程序安定的价值考量。过于放任当事人对诉讼程序的滥用，不仅增加了纠纷解决的时间成本和费用成本，还有损程序公正。为促使当事人能及时有效地实施诉讼行为，除法院依职履行诉讼促进义务之外，对当事人实施诉讼权利进行恰当的限制是必要的。从各国诉讼立法实践来看，课以当事人诉讼促进义务的制度设计是对当事人诉讼权利行使设定必要的时间限度，即失权制度。失权制度的积极意义在于，为当事人提供了攻击与防御平等的机会和程序地位，创造了和解条件并为案件集中审理奠定了基础。

（三）释明权：法院诉讼促进义务的实现

从诉讼实践来看，法院诉讼促进义务主要包括以下内容：(1) 对当事人为适当、及时之阐明，以使当事人便于适当时期提出攻击防御方法、为事实上和法律上陈述、声明证据，或为诉之变更、追加；(2) 尽速指定言词辩论期日；(3) 为集中审理而行言词辩论之准备，选择适当之辩论准备方式，使当事人为书状交换，或使其整理争点并协议简化之；(4) 就当事人逾时提出之攻击与防御方法予以驳回。[①] 上述内容，既涉及诉讼程序的进行，也涉及实体内容的主张。因此，从制度建设层面来看，法院负有所谓的诉讼促进义务，绝不仅仅是一个诉讼程序的推进或者诉讼时间上的概念，其在有效推进诉讼程序的同时，伴随促进当事人充分地实施主张、举证、辩论等诉讼行为而有效地实现实体正义。当然，在法院未能履行诉讼促进义务而有损当事人诉讼权时，当事人可以就此而提出异议或者上诉等行为获得救济。与此相对，当事人对法院履行诉讼促进义务享有“监督权”，可以透过程序上赋予的异议权或者上诉权来督促法院积极履行诉讼促进义务。

---

① 沈冠伶：《诉讼权保障与裁判外纷争处理》，台湾元照出版公司 2012 年版，第 8 页。

（四）异议权：当事人程序选择权的程序保障

在以失权作为规制当事人诉讼行为基本制度的基础上，当事人拖延诉讼的可能性被大为降低。与此同时，法院违反诉讼促进义务之时也同样会损害当事人程序利益及实体利益，在这一问题上应当赋予当事人之程序救济权利，即在法院违反诉讼促进义务之时，可以提出异议，以获得救济，保障诉讼的有序、高效进行。本书倡导借鉴日本民事诉讼法“计划审理制度”建立诉讼程序运行的“合意审限”制度，对该计划审理协议的实施通常是通过对当事人的“失权制裁”和对法院的“异议”来保障的。赋予当事人对法院违反程序促进义务而导致程序拖沓时提出异议的权利，是对实现当事人“适时裁判请求权”重要的程序保障。

第六章

第三人撤销之诉制度实施状况评估与完善

一、问题的提出

近年来，司法实践中出现了以恶意诉讼、虚假诉讼侵害案外第三人合法权益的现象，这种以“合法”形式达到“非法”目的的行为严重损害了我国的司法权威，于是要求增加对案外第三人保护的呼声越发强烈。立法应当对实践有所回应。2012年修正的《民事诉讼法》第56条第3款规定：“前两款规定的第三人，因不能规责于本人的事由未参加诉讼，但有证据证明发生法律效力的判决、裁定、调解书的部分或者全部内容错误，损害其民事权益的，可以自知道或者应当知道其民事权益受到损害之日起六个月内，向作出该判决、裁定、调解书的人民法院提起诉讼。人民法院经审理，诉讼请求成立的，应当改变或者撤销原判决、裁定、调解书；诉讼请求不成立的，驳回诉讼请求。”此即我国建构的第三人撤销之诉制度。

在讨论如何对案外第三人进行保护的立法过程中，另行起诉、通过再审之诉和建构第三人撤销之诉都是选择的方案。经过权衡利弊，第三人撤销之诉脱颖而出，成为保护案外第三人权益的救济途径。[①] 尽管立法已经对案外第三人权利保护模式作出选择，但一方面学者对此的质疑之声并未停息，[②] 另一方面学界也开始了对其具体适用进行理论探讨。[③] 然而需要明确的是，在程序制度已经在立法上确立的现实情况下，与其进行质疑而影响立法权威，不如展开合理的解读以规范实践。制度的具体实施诚然需要细致化和精确化的理论解释，尤其在立法规定略显粗糙之际。但一项新的制度建立后，首先应当考虑的是如何与已有的制度进行衔接和协调，以使

---

① 参见王胜明主编：《中华人民共和国民事诉讼法释义》，法律出版社2012年版，第120—121页。

② 参见陈刚：《第三人撤销判决诉讼的适用范围——兼论虚假诉讼的责任追究途径》，载《人民法院报》2012年10月31日，第7版。

③ 参见张卫平：《中国第三人撤销之诉的制度构成与适用》，载《中外法学》2013年第1期；王亚新：《第三人撤销之诉的解释适用》，载《人民法院报》2012年9月26日；王福华：《第三人撤销之诉适用研究》，载《清华法学》2013年第4期，第7版。

新增制度成为积极因素而完善现有的制度格局，制度之间、程序之间的关系定位理应成为探讨的重要层面。

系统论认为，组成整体的各个部分之间应当具有各自的不同功能，部分之间的功能分化和联系衔接才能带来整体的稳定和完善。我国现有的保护第三人权利之制度构成，已存在第三人参加诉讼制度、案外人执行异议之诉和案外人申请再审制度，2012年修法又建构了第三人撤销之诉制度。那么，第三人撤销之诉制度在司法实践中的运行障碍是什么？与现存的第三人权利保护制度是否存在功能重叠？第三人撤销之诉制度如何进行系统定位，如何与其他程序制度实现功能分化，如何与其他程序制度协调以完善第三人权利保护的制度格局？本部分通过对司法实践中出现的案例进行调研，拟就相关问题进行解析，以求对制度的有效推行有所裨益。

二、第三人撤销之诉制度的特征与功能

探讨第三人撤销之诉在民事诉讼法中的系统定位，首先应当明晰其自身的制度特征和作用功能。我国建构的第三人撤销之诉是借鉴法国和我国台湾地区相似制度的舶来品，因此对法国和我国台湾地区相似制度的检视显得尤为重要。

法国的第三人撤销之诉被称为“第三人取消判决之异议”，法文是“Tierce opposition”，英文将其表述为“opposition by a third party”，是当第三人因其作为局外人的判决所产生之效果而受到损害时，或者仅仅是受到损害威胁时，为之设置的一种非常上诉途径。[①] 事实上，这一制度的产生有其特定历史背景。法国第三人撤销之诉的设立初衷是防止诉讼欺诈或虚假诉讼不当侵害第三人利益。而当时的民事诉讼实际上并未完全从实体

① 参见《法国新民事诉讼法典（附判例解释）》（上册），罗结珍译，法律出版社2008年版，第633—646页。

法体系中脱离开来，许多诉讼法上的问题都规定在民法典中。其中，构成“第三人取消判决之异议”形成基础之既判力理论也受实体法的影响。在当时，既判力被作为一种不可推翻的法律推定，具有既判力的判决即对案件真实之反映。学说理论认为，原告和被告在诉讼中构成了契约关系，这种契约具有与法同样的性质，一旦法官作出判决，就对当事人产生拘束力，当事人不得对已经判决的事项再行提起诉讼。[①] 判决即具有了如同合同的“对抗效力”和“相对性”。根据“相对性”原则，法院判决仅在参加诉讼的人之间发挥效果，而法院运用司法权作出的能引起一定法律效果之判决作为一种法律行为，对所有人都具有“对抗效力”。此种对抗效力实质是指法院的判决，依其本身的存在，以其所包含的处罚事项，以其命令转移、宣告防御，可能直接或间接地对第三人产生的影响力。当未成为当事人或未被他人代表参与诉讼却受判决不利影响的情况下，为了消除此种不利益，法律规定第三人可以提起取消判决之诉，对其合法的权利加以救济。所以，法国的第三人撤销之诉旨在消除判决对利害关系第三人的不利影响，从而对第三人的实体权益加以救济。尤为重要的是，近年法国司法判例将第三人撤销之诉的适用范围不断扩大。[②] 作为技术角色的第三人撤销之诉，在本质上是一种极其例外的救济程序，案外第三人能否发动该程序取决于他是否与生效判决存在（直接的、本人的）利害关系。这就决定了该程序的启动比再审程序还要严格，可以说难上加难。法国虽然是这个制度运转状态最佳的国度，但 1960 年以来的判例也以不予受理的情况居多。这意味着大量撤销之诉的案件没有被允许进入审理程序，足以见得

① 当时人们对既判力的认识仍受到实体法的局限，法国的民事诉讼法实际上并未完全从实体法体系中脱离开来，许多诉讼法上的问题都在民法典中规定。参见张卫平、陈刚：《法国民事诉讼法导论》，中国政法大学出版社 1997 年版，第 134 页。

② 参见巢志雄：《法国第三人撤销之诉研究——兼与我国新〈民事诉讼法〉第 56 条第 3 款比较》，载《现代法学》2013 年第 3 期。

其严格的一面。[①]

在程序保障理念的冲击下，我国台湾地区引入了第三人撤销之诉制度。依其“立法理由”中的说明，为扩大诉讼机制解决纠纷之功能，基于确保纷争解决之实效性、维持实体法秩序之调和及提高司法制度运作效率与经济性之必要，必须将判决效力扩张及于诉讼当事人以外的第三人以统一解决纠纷。然而在另一方面，站在“宪法”诉讼权、自由权及财产权保障之观点，使该第三人私法上的地位受特定判决的某种拘束力所及，必须在制度设计上赋予其某种形式的程序保障，充实判决效力扩张至正当性的基础。[②] 当第三人因非归责于己的事由未参与诉讼程序却仍要受到判决效力之所及时，第三人在未受任何程序保障的情形下却要服从法院判决对其权利义务构成的不利判定，显然不符合民事诉讼法的程序保障原则。第三人撤销之诉则在事后提供第三人提出攻击防御方法的机会以影响判决之形成，即通过事后赋予第三人之程序保障途径给予第三人救济自己合法权利的机会。所以，我国台湾地区的第三人撤销之诉旨在给予受到判决效力所及之第三人“事后之程序保障”，特别是与其新“民事诉讼法”第 67 条之一所增设的法院依职权为诉讼告知之制度相结合，共同形成“事前事后程序保障配套机制”，以调和“纷争解决一次性”与“程序保障”之间的矛盾。然而，第三人撤销之诉在我国台湾地区的实践中引发了很大的争议——赞同者奉其为程序保障之圭臬，反对者则指责其乃“儿戏立法，荒唐创法”的结果。[③] 而司法数据统计显示出，我国台湾地区的第三人撤销之诉制度很少被适用，法院受理和审理的第三人撤销之诉的案件极其有限。

---

① 参见《法国新民事诉讼法典（附判例解释）》（上册），罗结珍译，法律出版社 2008 年版，第 633—646 页。

② 参见黄国昌：《民事诉讼理论之新展开》，北京大学出版社 2008 年版，第 308 页。

③ 参见李木贵：《民事诉讼法》（下），台湾元照出版公司 2010 年版，第 68 页。

表 6-1　我国台湾地区地方法院第三人撤销之诉案件审理情况（件 / 年）[①]

	2003	2004	2005	2006	2007	2008	2009	2010	2011	2012
收案	0	2	0	1	2	2	4	9	4	4
结案	0	1	1	1	1	2	3	8	2	4

通过比较法上的考察，法国第三人撤销之诉缘起于防止诉讼欺诈，但逐渐出现扩大适用的趋势以保护第三人的权益；我国台湾地区的第三人撤销之诉则定位于为第三人提供充分的事后程序保障。两者均属于一种事后的救济程序，虽然在设立的初始目的上有所差别，但是逐渐均定位于为未参加诉讼的案外第三人提供程序保障。由此可见，第三人撤销之诉的制度特征为事后的救济程序，作用功能是为第三人提供充分的程序保障，但其适用较为严格且案件数量极其有限。

三、第三人撤销之诉制度的实施状况评估

课题组通过对重庆、贵州、河南、广东等地的中级人民法院、基层人民法院进行调研，考察了第三人撤销之诉制度的实施状况。首先通过对调研法院第三人撤销之诉案件的数量进行统计，对该制度展开局部扫描；其次通过对收集到的典型案例进行分析，检视第三人撤销诉讼制度的实践效果；最后通过对第三人撤销之诉相关制度的文本分析来考察该制度与相关制度的协调。

（一）第三人撤销之诉制度实施的局部扫描

自 2012 年《民事诉讼法》设立第三人撤销之诉制度以来，调研法院的第三人撤销之诉案件数量极其有限，如表 6-2：

① 参见王福华：《第三人撤销之诉的制度逻辑》，载《环球法律评论》2014 年第 4 期。

表 6-2 调研法院第三人撤销之诉案件数量统计

调研法院	第三人撤销之诉案件数量
重庆市第一中级人民法院	3
贵州省安顺市平坝区人民法院	0
河南省信阳市平桥区人民法院	0
河南省信阳市光山县人民法院	0
广东省广州市增城区人民法院	8
广东省广州市原萝岗区人民法院	0
广东省惠州市惠城区人民法院	3
广东省惠州市惠东县人民法院	0

在调研的法院中，仅仅有三个法院收到过第三人撤销之诉案件的申请，分别为重庆市第一中级人民法院、广东省广州市增城区人民法院和广东省惠州市惠城区人民法院。

由于重庆地区对第三人撤销之诉案件持有谨慎的态度，重庆市第一中级人民法院收案的 3 起案件全部不予受理。重庆市高级人民法院在相关会议上表示，各级法院在处理第三人撤销之诉案件时应当严格依法办事。高院的这种表态使得重庆市第一中级人民法院对第三人撤销之诉案件的主体适格问题进行了严格的审查，使得为数不多的该类案件都以不予受理为终。

广东省广州市增城区人民法院共受理 8 件第三人撤销之诉案件，大部分不予受理。其中民三庭至今共审理 2 件较为典型的房地产案件，一件予以支持；另一件予以驳回诉讼请求但上诉后中级人民法院改判为部分支持。从该法院裁判案件内容来看，两起案件均被认为存在虚假诉讼的痕迹，但具体裁判文书中并没有作出认定。该法院对第三人撤销之诉持有较为开放的态度，认为第三人撤销之诉的功能和第三人申请再审的制度设计目的是相同的，即在虚假诉讼泛滥的背景下，为了保护受生效裁判侵害的案外第三人的合法权益而设立。与案外人申请再审制度相比，第三人撤销之诉具有启动容易，且乃一审程序等优点，更有利于保护案外第三人的权益。

广东省广州市惠城区人民法院共受理3件第三人撤销之诉的案件，其中均为特定类型的优先受偿权案件。该法院认为第三人撤销之诉的核心关键在于错案的判断。该法院先由立案庭初步审查证据，审判庭具体审查案件证据，而该证据必须在相当程度上证明存在错案才可能被撤销。

（二）第三人撤销之诉制度实践功能的检视

2012年修改的《民事诉讼法》引入第三人撤销之诉制度，其立法宗旨或目的主要在于遏制虚假诉讼。对此学界有一种有力的观点，认为这项制度的设计恐怕很难达到其立法目的。[①] 到目前为止的司法实践似乎证实了这种观点的预见性。就现在能够接触到的相关案例而言，即使是在对生效法律文书全部或部分内容予以撤销的裁判中，也很少见到明确认定前诉为虚假诉讼的情形。但另一方面，仔细阅读第三人撤销之诉相关案件的裁判文书就能够发现，很多最终判决撤销前诉裁判文书全部或部分内容或只是裁定受理原告起诉的案件，经常存在某些令人感觉前诉裁判结果“不自然”的案情或细节。更具体地讲，虽然法院极少明确认定前诉当事人存在通谋、造假或其他不正当的诉讼行为，但导致法院受理起诉以至于撤销前诉裁判文书的因素中，往往可看到使人对此类行为的存在产生疑虑的主张及证据。以下通过收集到的典型案例来予以分析。

---

① 参见陈刚:《第三人撤销判决诉讼的适用范围——兼论虚假诉讼的责任追究途径》，载《人民法院报》2012年10月31日，第7版。

案例一[①]：2012年8月，甲公司以合同违约为由起诉乙公司，主张甲、乙于2011年6月签约，由甲购买乙位于A科技园区1栋的第四层楼房，甲已付款80%，但乙违约未办理产权登记，请求交付该楼层并办理登记。诉讼中的2012年10月，经甲申请法院作出对上述楼层进行财产保全的裁定。同年11月，法院作出甲胜诉的判决，乙上诉后该案进入二审程序。2012年9月，丙公司亦以合同违约为由起诉乙公司，称自己为乙发包工程之承建方，因乙无力支付工程款，双方于2011年11月签订合同，约定乙以A科技园区1栋从一到十四层的楼房充抵所欠工程款，但乙一直未交付，请求其立即履行。审理中双方就交付A科技园区1栋第一至第十四层楼房达成和解，法院于2012年11月出具同一内容的第3823号调解书。2013年1月，甲以乙、丙为共同被告起诉，主张自己拥有所有权的A科技园区1栋第四层被乙、丙通过恶意和解擅自处分，请求撤销第3823号调解书。法院承认甲为乙、丙之间前诉的有独立请求权第三人，受理本案并经审理后，判决撤销第3823号调解书。

案例二[②]：A与B于2002年1月签订房屋买卖合同，由A购买B的4号房产，约定价款14万元，A在合同签订后一定时期内向B付清了房款，B将房产证与土地使用权证交付给A。B于2002年4月将4号房产交付给A使用，但一直推诿未办理房产过户手续，A即装修入住。经过多次催促B办理过户手续未果，A于2009年12月诉至法院，请求确认涉案房屋所有权以及要求B协助办理房产过户手续。2010年，法院以该涉案房产因另案查封无法办理过户手续为由，驳回了A的诉讼请求。2011年8月，C诉至法院，主张其与B于2011年3月签订4号房产的买卖合同，但B一直未交付房屋。C主张其已经付清房款25万元。审理过程中，B对于C

① 参见四川省成都市成华区人民法院（2013）成华民初字第1460号判决书。该判决书来自中国裁判文书网。

② 参见广东省广州市增城区人民法院（2014）穗增法民三初字第26号民事判决书。

的主张及证据均予以承认。法院于 2011 年 9 月作出第 390 号判决书支持了 C 的诉讼请求。2011 年 9 月，涉案房产解除查封。2013 年 8 月，A 以涉案房产已经解除查封为由，诉至法院，请求法院判令 A 协助办理房产过户手续。审理过程中，B 主张涉案房屋已经由第 390 号民事判决书认定其所有权人为 C。A 遂向法院提起诉讼，请求撤销第 390 号判决。审理过程中，B 与 C 对于法院督促其亲自到庭的要求未予理睬，且其代理人对于 25 万房款的来源及交付凭证无法予以说明与证明，甚至无法解释房屋买卖合同中的瑕疵。法院认可 A 为 B、C 之间前诉的有独立请求权第三人，审理后以前诉判决未查明涉案房屋已由 A 支付购房款后合法占有多年，且 B、C 逾期未提交证据等事实为理由，判决撤销前诉判决。本案目前处于上诉中。

上述两个案例都涉及“一房二卖”及类似情形。多个主体对于同一不动产的权利在前后诉讼中重叠且可能相互排斥，法院一般都承认其后提起撤销之诉的原告在前诉中属于有独立请求权第三人。实务中还有房屋买受人之一针对房屋出卖人和另一买受人之间前诉判决提起撤销之诉，虽然法院承认原告确为前诉有独立请求权的第三人并受理了起诉，最终却以判决驳回诉讼请求的例子。可见，作为司法实务的一般倾向，“一房二卖”等情形下的不同买受人在另一方与出卖人的前诉中相互都属有独立请求权的第三人，只是法院需要判断哪一个买卖合同更值得保护，或者哪一场诉讼更可能“虚假”（虽然绝大部分裁判文书都不会直接提到这一点）或显得更为“不自然”。稍稍宽泛地看，在牵涉到同一不动产上设置有多个权利、其中至少有一个通过诉讼而设置或得到确认且这些权利之间相互排斥时，类似的情形都可能出现。不少情况下（往往可能涉及虚假诉讼或其他不正当的诉讼行为），法院有必要先承认第三人有独立请求权，然后最终确认某一个权利排他性地存在。第三人撤销之诉已经开始发挥的作用之一，就是为法院最后进行这种选择提供一个平台。一般而言，提起撤销之诉的第三人对于前诉是否具有此类独立请求权相对容易确定，明显缺乏根据却仍然起诉的情况较少，因此起诉阶段即可否定其原告适格而裁定不予受理的情况也相对较少，即使是以裁定驳回起诉的个案亦不常见，多数案例还是经实体审理后判决驳回或判决撤销前诉生效法律文书。[①]

案例三[②]：甲以乙公司欠款为由将其诉至A市中级人民法院，审理中双方达成和解，A市中级人民法院据此作出调解书，内容为乙于一定期限内返还甲欠款和利息。后因乙未履行，甲申请强制执行，但乙除对一处工业用地尚有使用权之外已无财产。甲希望查封该土地使用权，却发现已被丙公司申请查封，自己只能等待轮候查封。原来在甲、乙进行上述诉讼期间，丙因与乙的投资协议纠纷也向A市中级人民法院起诉乙，请求其履行协议约定的出资义务。法院亦根据乙、丙双方的和解作出第13号调解书，其内容为双方解除投资协议，乙向丙支付3200万元作为对丙在投资协议项下所有权益的购买及补偿。丙随即依据第13号调解书，申请法院查封了乙名下的工业用地使用权。此后，甲以第13号调解书侵害其合法权益为由，先向A市中级人民法院后向该省高级人民法院申请再审。A市中级人民法院于2012年1月作出不予再审通知书，该省高级人民法院于2013年5月作出驳回甲之再审申请的裁定。2013年5月下旬，甲以乙、丙为共同被告，向A市中级人民法院提起撤销第13号调解书的诉讼。A市中级人民法院以甲对于乙、丙之间的诉讼既非有独立请求权的第三人，也不是无独立请求权的第三人，不具备第三人撤销之诉的原告资格为由，裁定驳回其起诉。甲对此裁定不服，上诉到该省高级人民法院。经审查，该省高级人民法院认为，虽然甲与丙以股东出资纠纷为由提起的第13号案件并无直接利害关系，但因该案第13号调解书确认乙同意向丙支付3200万元作为其对丙在双方协议项下所有权益的购买和补偿，影响了乙公司的偿债

---

① 参见王亚新:《第三人撤销之诉原告适格的再考察》，载《法学研究》2014年第6期。

② 参见广东省高级人民法院（2014）粤高法立民终字第37号裁定书。

能力，并直接导致甲主张债权的案件因第13号案件的查封行为而无法执行的后果。因此，第13号案件与甲有法律上的利害关系。且甲提交了证据，以证明作为第13号调解书基础的和解协议所约定的双方之间的权利义务明显不对等，有违公平、合理原则，使其对乙享有的债权无法得到清偿。据此，省高级人民法院2014年3月4日作出裁定，最终受理了甲的起诉，并指令B市中级人民法院审理撤销之诉。

这个案件仅从表面来看，将甲视为乙、丙之间前诉的无独立请求权第三人，显得有些勉强。毕竟，甲对于乙拥有的只是一般债权，而乙、丙之间关于股东出资纠纷的前诉以及解除投资协议并给予补偿的调解书，看上去都与甲没有直接关系。这也正是一审法院裁定驳回甲之起诉的理由。不过，本案中甲一直主张根据乙、丙之间的投资协议，乙对丙只负有700万元左右的出资义务，但乙、丙却在第13号案件中达成了乙向丙支付3200万元以购买并补偿其协议项下权益的和解，显得非常不自然。考虑到这一点，就能够理解二审法院为何在有关受理甲起诉的裁定中指出甲已提交证据“以证明……（乙、丙之间和解）约定的双方之间权利义务明显不对等”，并认定甲与乙、丙之间前诉的处理结果“有法律上的利害关系”。二审法院或是认为乙、丙之间的前诉可能有虚假诉讼的嫌疑，但又无法明确认定，因此先让甲作为前诉无独立请求权的第三人进入诉讼，之后在实体审理中再去进一步查明。①

原告虽然高度怀疑前诉为被告通谋制造的虚假诉讼，却难以证明这种主张，但也提供了让法院觉得前诉裁判结果确实显得很不自然的证据。在这种情况下，法院把原告视为前诉无独立请求权的第三人并允许其进入诉讼，也是一种可能的选项。此类案件在司法实务中往往表现为两种情形，通常都涉及有关虚假诉讼或不正当诉讼行为的主张。一种情形是围绕债务

① 参见王亚新：《第三人撤销之诉原告适格的再考察》，载《法学研究》2014年第6期。

人剩下的唯一财产（通常是已经被某个法院查封扣押的不动产），有两个以上的一般债权人分别根据两个不同诉讼的裁判结果主张权利。另一种情形则是一般债权人根据判决或调解书对债务人的唯一财产实施查封扣押之后，另一债权人主张已取得该财产的物权而请求交付或过户。关于前一种情形，法院是否受理第三人提起的撤销之诉或者能否承认原告为前诉之有独立请求权第三人或无独立请求权第三人，应取决于两个方面的判断。一方面，根据原告或者原、被告双方在起诉阶段或审理初期提出的证据，法院应当初步判断两个一般债权债务关系中是否有一个显得“很不自然”，或有可能不值得保护；另一方面，法院也应对提出这种主张的原告是否已经没有其他救济途径作出判断。只要这两种判断其中之一为“否”，法院就应当裁定不予受理或驳回起诉，反之就应受理或继续进行实体审理。对于第二种情形，法院还有必要在以上两方面判断的基础上，再对物权取得的合法性进行某种程度上的实质审查。一般债权人只有在提出的证据足以证明该物权之取得因不正当行为而缺乏合法性的前提下，才有可能推翻已经或即将发生的物权变动。换言之，后一种情形与前一种相比，对于可能存在虚假诉讼或不正当诉讼行为这一原告适格赖以成立的基础，在证明程度上的要求或标准应该设定得更高或更加严格。此类案件进入实体审理后的审理及裁判对象，应与上述两种情形下起诉阶段有关原告适格的审查范围大体一致。如果能够认定确实存在虚假诉讼或实体法上撤销权行使的要件成立，则能够事后确定第三人具有独立的请求权。但即使法院在判决中不就虚假诉讼存在与否等事项作出明确的判断，仍有可能在立足于“事后的视角”承认原告为前诉之无独立请求权第三人的前提下，对原审裁判文书予以撤销。[①]

由此可见，尽管大多数裁判文书中均未明确将前诉认定为虚假诉讼，

---

① 参见王亚新:《第三人撤销之诉原告适格的再考察》，载《法学研究》2014 年第 6 期。

然而不少第三人撤销之诉案件实际上很可能间接地起到了遏制虚假诉讼的作用，或者至少是在某种程度上发挥了制约一些恶意的或不诚信的诉讼行为的功能，或者在相当程度上产生了补救不正当诉讼行为损害的权利的效果。因此，第三人撤销之诉在相当程度上达到了立法的预期目的，这种现象在我国目前的现实条件下具有相当的合理性。

（三）第三人撤销之诉制度与相关制度的关系考察

在2012年《民事诉讼法》修改之前，我国第三人权利保护体系存在三种制度：第三人诉讼参加制度、案外人执行异议之诉制度和案外人申请再审制度。第三人诉讼参加制度和案外人执行异议之诉制度均为立法所规定，案外人申请再审制度则由立法和司法解释两个层面予以规范。

第三人诉讼参加是指第三人认为对诉讼案件当事人争议的诉讼标的有独立请求权或有法律上利害关系时可以参加诉讼。根据与诉讼标的的关系不同可以将参加诉讼的第三人分为有独立请求权第三人和无独立请求权第三人。2012年《民事诉讼法》第56条第1款和第2款即对应着两种类型的参加诉讼第三人。从法律条文内容来看，这种第三人诉讼参加制度是一种事前预防程序。只要第三人能够在诉讼开始或者过程中参加诉讼，受到充分的程序保障，此种第三人保护模式无疑是最完备充分的。然而，由于第三人参加诉讼都有一个预设前提，即其知晓诉讼的发生和进行。但是实践中大多数情况下第三人均无法知晓诉讼的进行，因此极其容易出现无法参加诉讼的结果。由此导致该制度不能满足第三人因未能参加诉讼而利益受损的正当程序要求。此外，第三人诉讼参加制度的启动需要满足主体适格条件，即只有《民事诉讼法》第56条规定的有独立请求权第三人和无独立请求权第三人才能够进入诉讼之中。该制度开辟的通道只能让规范意义上的第三人通过，却对诉讼实践过程中的案外人关上了大门。

2012年《民事诉讼法》第227条规定："执行过程中，案外人对执行标的提出书面异议的，人民法院应当自收到书面异议之日起十五日内审查，理由成立的，裁定中止对该标的的执行；理由不成立的，裁定驳回。案外人、当事人对裁定不服，认为原判决、裁定错误的，依照审判监督程序办理；与原判决、裁定无关的，可以自裁定送达之日起十五日内向人民法院提起诉讼。”此即案外人执行异议制度。当法院驳回的案外人异议裁定与原生效法律文书无关的，案外人提起的诉讼就是案外人执行异议之诉。案外人执行异议之诉的目的在于排除对案外特定执行标的的强制执行，以避免侵害第三人的合法权益。① 这种诉讼缘起于执行过程中执行行为指向对象的错误，由于其不涉及对原生效法律文书的效力评价，其结果并不会对原来的诉讼结果产生任何影响。由此可见，案外人执行异议之诉发生在执行过程中，是一种事后仅限于执行救济的有限救济制度。

2012 年《民事诉讼法》第 200 条第（8）项规定了“无诉讼行为能力人未经法定代理人代为诉讼或者应当参加诉讼的当事人，因不能归责于本人或者其诉讼代理人的事由，未参加诉讼的”作为当事人申请再审的事由。此条规定将应当参加诉讼而没有参加诉讼的“案外人”（法条表述为当事人）之救济途径导向了申请再审制度。然而，“案外人”申请再审从而使得程序启动后，“案外人”与原审当事人的地位如何列明和再审程序的处理方式在立法上却付之阙如。此外，《最高人民法院关于适用〈中华人民共和国民事诉讼法〉审判监督程序若干问题的解释》第 5 条规定：“案外人对原判决、裁定、调解书确定的执行标的物主张权利，且无法提起新的诉讼解决争议的，可以在判决、裁定、调解书发生法律效力后二年内，或者自知道或应当知道利益被损害之日起三个月内，向作出原判决、裁定、调解书的人民法院的上一级人民法院申请再审。在执行过程中，案外人对执行标的提出书面异议的，按照民事诉讼法第二百零四条的规定处理。”此

---

① 参见杨与龄:《强制执行法论》，中国政法大学出版社 2002 年版，第 200 页。

条司法解释的规定与《民事诉讼法》第227条的执行异议制度进行了衔接。总体而言，案外人申请再审制度是一种扩大再审诉讼原告适格的诉讼技术。我国案外人申请再审的立法规定和司法解释出台之目的在于应对司法实践中出现的第三人权利受损的情况，暂时性地赋予案外人提起再审的主体适格条件。结合当时的社会背景，案外人得到了事后权利救济的渠道。但由于再审程序的严格性、特殊性和例外性，立法规定和司法解释对案外人申请再审的启动条件进行了严格限制。因此，案外人申请再审是一种事后的特殊救济制度。

从关系论的视角来看，我国第三人权益保障制度呈现出这样的格局：第三人诉讼参加制度作为事前救济程序发挥了预防功能，案外人执行异议之诉作为事后救济程序在执行阶段发挥了特定补救功能，案外人申请再审制度作为事后救济程序发挥着特殊救济功能。然而，现有的制度构成却均存在一定问题：第三人诉讼参加制度，作为事前救济程序可以提供最为完善的程序保障，却因诉讼告知制度的内在缺陷极易缺位，同时其准入条件受到主体资格限制；案外人执行异议之诉作为执行过程中的事后特定救济程序却受到诸多条件限制。例如，功能发挥的对象范围和阶段期间，从而只能发挥特定条件下的有限功能；案外人申请再审的具体适用存在诸多尚未解决的问题，如案外人申请再审程序启动后的地位等，作为特殊性的事后救济程序，其同时受到再审之诉一般条件的限制，在司法实践中也难以发挥预想作用。从协调论的角度出发，第三人撤销之诉制度作为事后救济程序，其设立建构在此意义上势必与同为事后救济程序的案外人执行异议之诉制度、案外人申请再审制度存在重合之处，三者之间的协调定位是完善我国第三人权利保护体系亟待解决的问题。而从司法实践来看，三者在协调适用上确实存在模糊之处，以至于各地各级法院往往无所适从。

四、第三人撤销之诉制度的改革对策建议

由于第三人撤销之诉业已发挥出了遏制虚假诉讼、救济不正当诉讼行为损害的权利的功能，第三人撤销之诉的下一步改革对策建议更应当着重在其与相关类似制度的协调与衔接上。

（一）第三人撤销之诉与案外人执行异议之诉的分别定位

第三人撤销之诉与案外人执行异议之诉都是我国第三人权利保护体系的事后救济程序，但两者存在很大的区别。首先，案外人执行异议之诉的主要目的在于处理解决同原生效法律文书无关、仅仅是围绕被执行的具体财产权利归属而发生的争议，其进一步的具体运行过程因涉及再审程序而比较复杂；第三人撤销之诉由于定位于撤销前诉的错误之处，具有彻底性和终局性，适用起来更为便利。其次，案外人执行异议之诉仅仅能够在执行阶段对案外第三人进行救济；第三人撤销之诉则无此限制，其可以在诉讼结束后的任何阶段发挥功能。再次，就适用的诉讼类型而言，由于案外人执行异议发生于执行程序，其适用只能是具有权利义务给付内容的给付之诉，并且进入了执行程序；第三人撤销之诉则可以在任何诉讼类型中予以适用。最后，案外人执行异议之诉的主体适格条件没有第三人撤销之诉的严格，第三人撤销之诉的主体只能是《民事诉讼法》第 56 条规定的有独立请求权第三人和无独立请求权第三人。

从二者的制度目的和适用条件来看，第三人撤销之诉和案外人异议之诉在本质上没有必然的联系，二者在具体适用过程中也几乎难以出现重合之处。然而，就整个案外人执行异议制度而言，功能发挥重叠的空间似乎并非不存在。从立法条文内容来看，根据《民事诉讼法》第 227 条后半段规定，案外人提起异议后，如果发现原判决、裁定错误的，应当启动再审程序。在这种情况下的案外人如果同时也符合《民事诉讼法》第 56 条第

3 款规定的第三人撤销之诉的当事人条件，两种制度即存在功能发挥的交集之处。这种情景下的功能重叠即需要进一步制定完善规则。当然，此种情况下的重合实质上是第三人撤销之诉与案外人申请再审的协调问题。总之，第三人撤销之诉与案外人执行异议之诉没有直接必然的联系，二者分别定位于不同的领域。

（二）第三人撤销之诉与案外人申请再审的相互协调

第三人撤销之诉与案外人申请再审均属于第三人权益保障的事后救济程序。两者在不少方面都有相似之处。首先，两者在制度功能和设立目的上具有重合之处，都定位于撤销原有的生效法律文书以救济第三人权利；其次，两者在诉讼法理论上都会造成对既判力的突破，只是突破的程度不同；最后，两者在基础原理和适用法理上具有同质性，甚至第三人撤销之诉的程序规则在很多方面都可以直接适用再审的程序规则。[1]

在对两者进行比较之前，首先需要厘清我国的案外人申请再审程序。我国的案外人申请再审程序由《民事诉讼法》和最高法司法解释两个部分组成，实际上存在两种申请再审程序的路径。从《民事诉讼法》立法规定来看，应当参加诉讼却因不能归责于己之事由而未参加诉讼的“案外人”可以申请再审程序；从司法解释来看，案外人申请再审的规定受到了执行异议前置程序的限制，其实质是衔接《民事诉讼法》执行异议制度中原生效法律文书存在错误情形的处理方式。一方面，两者均在程序启动后“案

---

① 法国和我国台湾地区的第三人撤销之诉在程序规则适用上可以参照或者准用再审的规则。参见陈计男：《民事诉讼法论（下）》，三民书局 2006 年版，第 409—420 页。

外人”之地位如何列明和后续程序处理方式上付之阙如；[①]另一方面，比较立法和司法解释的具体内容，两种申请再审方式在适格主体和启动条件上均存在较大的区别。由此可见，我国案外人申请再审程序的规定呈现出简单化和二元化的特点。

具体对第三人撤销之诉和案外人申请再审程序进行细化比较，两者在三个方面存在很大区别。第一，程序发动的主体不同。我国第三人撤销之诉的程序启动主体限定在了有独立请求权第三人和无独立请求权第三人两种类型。案外人申请再审程序之主体范围更为广泛。从原有的立法规定来看，应当参加诉讼而未能参加的当事人可以申请再审程序；从最新的司法解释来看，满足程序条件的案外人均可以申请再审。第二，程序发动的条件不同。第三人撤销之诉发动的条件是第三人由于不能归责于本人的事由未参加诉讼而导致权益受损。案外人申请再审发生的条件则较为复杂。从立法规定来看，因不能归责于己之原因而未能参加诉讼的规定与第三人撤销之诉类似；从司法解释来看，案外人申请再审程序存在执行异议前置程序之限制和“无法提起新的诉讼解决争议”之约束。第三，制度产生的效果不同，第三人撤销之诉原则上仅要求撤销前诉判决对该第三人不利部分的效力，对原判决在前诉当事人之间的效力不产生影响。而案外人申请再审旨在全面推翻前诉判决的效力，其效果作用强烈得多。总体而言，具有全面推翻前诉判决效力作用的案外人申请再审，其启动根据更为严格，但其主体范围却更为宽广；对前诉判决推翻效力并非如此强烈的第三人撤销之诉，其启动根据更为宽松，但其提起主体范围却较为狭窄。由此可见，我国对第三人撤销之诉和案外人申请再审的构建思路造成两者出现了交叉

---

① 案外人申请再审程序启动后，当事人地位如何列明和后续程序如何展开是一个理论和实践的双重难题。有学者主张可以进行调解，调解不成的撤销原生效法律文书而发回重审。第三人撤销之诉的建构本可以使案外人申请再审程序逐渐弱化甚至消解，奈何立法上明确限定了第三人撤销之诉的主体范围。仅就现行法律法规来看，二者还是应当同时存在，而案外人申请再审的双重难题依然难以解决。

和重叠之处。一方面，两种制度的功能交叉使得双方均无法排除对方的存在，只有两种制度并存才能完全覆盖第三人权利保护体系；另一方面，两者适用的重叠造成制度的浪费、反复，唯有重新界定两者适用的不同范围才能带来功能的合理分化。

因此，基于案外人申请再审的制度特征是事后的特殊救济程序，而第三人撤销之诉的启动比案外人申请再审便利、第三人撤销之诉的效力影响不如案外人申请再审那么强烈从而严重影响法的安定性，加之司法解释规定的案外人申请再审的启动需要受“无法提起新的诉讼解决争议”之限制，当案外第三人既满足第三人撤销之诉的主体适格条件又符合案外人申请再审的主体适格条件时，第三人撤销之诉的适用应当优先于案外人申请再审。尽管 2015 年《民诉法解释》确立的是案外人申请再审优先于第三人撤销之诉的适用。“第三人撤销之诉案件审理期间，人民法院对生效判决、裁定、调解书裁定再审的，受理第三人撤销之诉的人民法院应当裁定将第三人的诉讼请求并入再审程序。但有证据证明原审当事人之间恶意串通损害第三人合法权益的，人民法院应当先行审理第三人撤销之诉案件，裁定中止再审诉讼。”从逻辑上讲，实践中恰恰是存在恶意串通情形才会产生第三人撤销之诉，以至于司法解释的“但书规定”反而在司法实践中成为“原则规定”，故而第三人撤销之诉优先于案外人申请再审的适用反而成为“原则”。

（三）第三人权利保护体系的系统定位

通过上文的讨论，第三人权利保护体系的适用序位顺序基本明晰。事前预防以第三人诉讼参加制度为主，事后救济体系以第三人撤销之诉为主、以案外人执行异议之诉为特定和案外人申请再审为特殊。综合比较四种第三人权利保护制度的异同，可以列出下表：

表 6–3 四种第三人权利保护制度

制度模式	制度特征	启动主体	启动事由
第三人诉讼参加	事前预防	有独立请求权第三人 无独立请求权第三人	对诉讼标的有独立请求权 与案件结果有法律上利害关系
案外人执行异议之诉	事后特定救济	案外人	对执行标的主张权利
第三人撤销之诉	事后一般救济	有独立请求权第三人 无独立请求权第三人	不能归责于本人的事由未参加诉讼
案外人申请再审	事后特殊救济	案外人	应当参加诉讼，因不能归责于己的事由未参加诉讼或对执行标的物主张权利，且无法提起新的诉讼解决争议

从表 6–3 中可以看出，制度特征和启动主体的差别使得四种第三人权利保护制度可以并存，但在具体适用上会有重叠交叉之处。重叠交叉的情形容易出现制度适用的重复现象，从而造成制度的浪费、程序的拖沓甚至破坏法律的安定性，因此不应当允许“一条路不行再走一条路”的选择。[①] 具体而言，按照主体差别、功能分化和效力强弱的原则，我国第三人权利保护体系应当遵循以下规则：

在诉讼进行过程中，认为对当事人双方诉讼标的有独立请求权的第三人有权提起诉讼；对当事人双方的诉讼标的，第三人虽然没有独立请求权，但是案件结果与其有法律上利害关系的，可以申请参加诉讼或者由人民法院通知其参加诉讼。在这种情况下，第三人可以通过第三人诉讼参加制度而进入诉讼，行使法定的诉讼权利，维护法定利益。

在前诉终结后，根据诉讼类型分为两种情形：在诉讼类型为确认之诉或者形成之诉时，符合《民事诉讼法》第 56 条适格条件的第三人，因不能归责于己的事由未参加诉讼，但有证据证明发生前诉法律文书的效力

① 王亚新:《第三人撤销之诉的解释适用》，载《人民法院报》2012 年 9 月 26 日，第 7 版。

部分或者全部内容错误，损害其民事权益的，可以通过第三人撤销之诉对自己的权利进行救济，但同时丧失再次通过案外人申请再审救济权利的渠道。其他类型的案外人因不能归责于已的事由未参加诉讼，可以通过案外人申请再审予以救济。第三人撤销之诉的适用优先于案外人申请再审，但两者只能择其一而行使。

如果诉讼具有给付内容，又分为两种路径：前诉结果没有进入执行程序的，适格的第三人可以通过第三人撤销之诉来予以应对，其他的案外人则通过案外人申请再审来予以解决，此与确认之诉和形成之诉的情况类似；如果前诉进入执行程序的，案外人对执行标的提出书面异议的，法院应当在十五日内审查，理由不成立的作出驳回裁定。与原判决、裁定无关的，案外人应当提起执行异议之诉来解决；认为原判决、裁定错误的，案外人在符合第三人撤销之诉主体条件的情况下可以通过第三人撤销之诉处理争议，其他案外人则通过案外人申请再审解决争端。

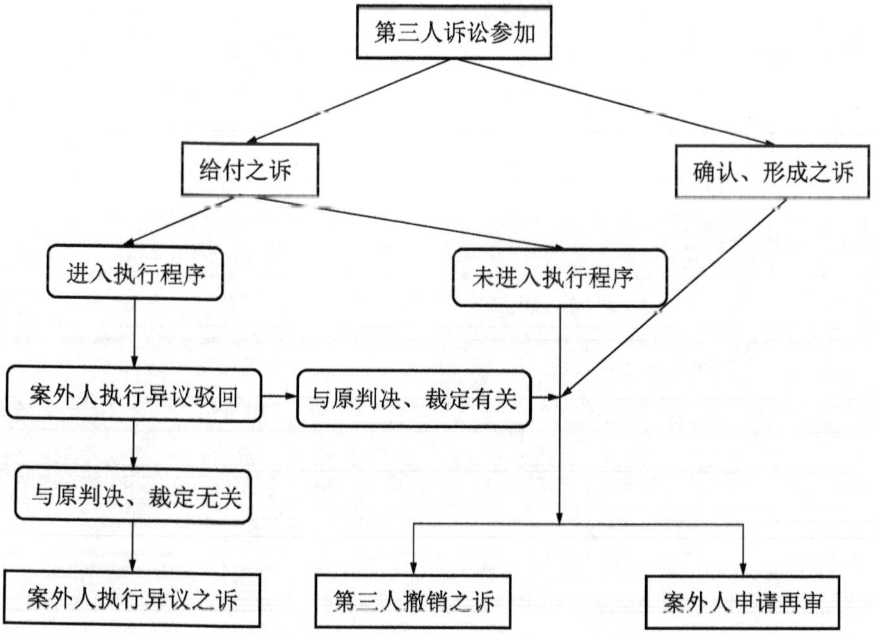

图 6-1　我国第三人权利保护体系

第七章 实现担保物权非讼程序实施状况评估与完善

一、问题的提出

2012 年修改的《民事诉讼法》在特别程序中专节增加担保物权的实现程序，[①] 规定担保物权人以及其他有权请求法院实现担保物权的人可向法院申请拍卖、变卖担保财产。[②] 该规定为《物权法》的“申请法院拍卖、变卖”提供程序性规则支持，同时也在立法论上结束了长期以来学界对“担保物权非讼化”路径的无序解释。至此，可以说我国担保物权实现的非讼化变革基本完成。

在《民事诉讼法》中增加担保物权非讼审查程序，无疑拓展了担保物权实现的司法保护途径，从原必经诉讼程序向可通过非讼程序获取执行名义（又称执行依据），节省司法资源和担保物权实现的成本，还降低了担保权人实现担保物权的成本。随着担保公司等专业化市场主体的兴盛，专业化、社会化的担保市场将逐步形成，[③] 实现担保物权非讼程序因其快捷、经济的特点必将有助于担保物权制度功能的充分实现，也将会发挥立法强大的指引功能，从而对市场交易行为产生重大影响。实践中，不少银行、小额担保公司等试图通过实现担保物权非讼程序快速实现权利救济，但被法院以缺少操作依据为由不予立案；有的尽管立案并进行审查，但也是“摸着石头过河”，对条文理解和操作不妥当。正是实现担保物权非讼程序立法上的“残缺”，导致司法实践不作为或者无序作为，实践与立法目的相悖。因而，针对上述困境，亟须对实现担保物权非讼程序予以阐释。2015 年《民诉法解释》对该程序给予一定关注，但仍旧面临规定模糊的不足。对此，本文以实现担保物权非讼程序适用为中心，于 2015 年 7 月到重庆、广东、河南、贵州等地基层法院进行实证研究，在方法上主要

① 江必新主编：《比较强制执行法》，中国法制出版社 2014 年版，第 190 页。
② 江必新主编：《比较强制执行法》，中国法制出版社 2014 年版，第 190 页。
③ 江必新主编：《比较强制执行法》，中国法制出版社 2014 年版，第 190 页。

采取裁定书文本分析、数据分析和座谈等方式调查实现担保物权非讼程序的实际运行情况，以期从解释论上就实现担保物权非讼程序的运行以及与相关实体请求之诉的衔接进行解释，从而勾画出实现担保物权非讼程序有效运作的整体框架。

二、实现担保物权非讼程序的现状检视

（一）实现担保物权非讼程序适用的总体情况

2015 年 7 月，课题组就实现担保物权非讼程序实践运作情况进行调研。总体而言，由于实现担保物权非讼程序属于 2012 年新增加程序，法律条文只有两条，法院表现出了司法保守的本性，对该程序的实践异常谨慎，直接导致该程序使用率非常低，部分法院适用该程序的案件总共才两三宗，不少法院甚至直接不受理该类型案件，理由是“没有操作依据，不知道如何处理”。如贵州省坪坝区人民法院 2014 年只有 1 件，最终还是裁定驳回，2015 年有 5 件在审查中。广东省原萝岗区人民法院只遇到 2 件，且都是以裁定驳回请求结案。

（二）实现担保物权非讼程序实践中存在的问题

1. 因担保财产可移动性，致使管辖法院存在不确定性

2012 年《民事诉讼法》第 196 条规定：“申请实现担保物权，由担保物权人以及其他有权请求实现担保物权的人依照物权法等法律，向担保财产所在地或者担保物权登记地基层人民法院提出。”由此可知，该管辖规定系属于专属管辖，排除适用协议管辖和应诉管辖。法院在受理实现担保物权案件后，立案庭要判断担保标的物的登记所在地和担保财产所在地，确定是否享有管辖权。目前，《民事诉讼法》中对诉讼管辖的规定，主要是以当事人居所地或纠纷发生地为标准，以财产所在地作为管辖权判断依

据的仅有国内民事诉讼的协议管辖中的“标的物所在地”、涉外管辖中的“可供扣押财产所在地”、专属管辖中“不动产所在地”和“被继承人死亡时主要遗产所在地”。不过，以上四种财产所在地为管辖地的判断相对较为容易，要么当事人在协议中明确，要么以时间点加以确定。相反，担保物权实现非讼事件管辖却存在难以确定的风险。由于担保物权的标的有动产、不动产、权利凭证等之分，因而对担保财产所在地的判断较为困难，容易造成管辖上的争执。该问题也因其重视，《民诉法解释》第362条规定：“实现票据、仓单、提单等有权利凭证的权利质权案件，可以由权利凭证持有人住所地人民法院管辖；无权利凭证的权利质权，由出质登记地人民法院管辖。”该规定就权利质押予以明确，但对于因动产抵押、动产质权、留置权提起的实现担保物权案件的管辖，则仍旧没有执法依据，给恶意利用制度漏洞创造空间，违反法定管辖原则。例如，在广东省广州市原萝岗区人民法院调研时发现，该法院审理的两起“实现担保物权案件”中，便有一起是故意将抵押车辆开到萝岗区，随后向萝岗区法院申请拍卖、变卖抵押车辆。

2. 审查的原则和限度不明，法院裁断结果混乱

对于实现担保物权申请的审查，《民事诉讼法》要求法院“经审查，符合法律规定的”，裁定拍卖、变卖担保财产；“不符合法律规定的，裁定驳回申请”。由此可知，非讼程序的处理结果分为许可裁定（又称许可执行拍卖、变卖裁定）和驳回裁定两种。不过，“符合法律规定”具有抽象、不明确的特点，也不能传递出法院作出准许拍卖、变卖裁定的审查标准和审查内容。因此，从反映非讼程序审查特点的角度来看，许可裁定是反映实践运行情况的最好的分析样本。在此，选择上述三地法院作出的许可执行拍卖、变卖裁定书进行文本分析：

1. 广东省D法院案例（案例一）[①]

2008年2月14日，某银行东莞分行与蓝某签订了《个人住房抵押贷款合同》，约定：蓝某向某银行东莞分行借款人民币188000元用于购买东莞市南城区四环路南侧孚泰明园4号楼1906号房产，蓝某以其购买的东莞市南城区四环路南侧孚泰明园4号楼1906号房产为案涉贷款提供抵押担保，并办理抵押登记手续。因蓝某未按合同约定按时还贷，某银行东莞分行于2013年3月向D法院申请拍卖案涉抵押物。法院受理后，举行公开听证，被申请人对申请人提交的证据予以确认，对本案主债权、抵押权的真实性、合法性均无异议，并确认自2012年6月20日至2013年3月8日，已连续9期未按时偿还贷款本息。D法院认为申请人关于拍卖、变卖涉案抵押物的申请符合法律规定，法院予以准许。依照《中华人民共和国物权法》第一百九十五条及《中华人民共和国民事诉讼法》第一百九十六条、第一百九十七条之规定，裁定如下：

拍卖、变卖被申请人蓝某名下位于东莞市南城区四环路南侧孚泰明园4号楼1906号的房产。

2. 重庆市N法院案例（案例二）[②]

2011年7月14日，融鼎担保公司与A签订《委托担保合同》，约定融鼎担保公司为A在中国工商银行重庆某支行个人经营性贷款700万元提供连带责任保证。2011年7月15日，融鼎担保公司与B签订《抵押担保合同》，约定以B位于重庆市N区某小区建筑面积1631.17平方米车库向融鼎担保公司的上述保证提供反担保，并办理抵押登记。2012年10月19日，荣鼎担保公司代A向银行偿还本息共计7249697元。2013年4月8日，

① 江必新主编：《比较强制执行法》，中国法制出版社2014年版，第190页。

② 江必新主编：《比较强制执行法》，中国法制出版社2014年版，第190页。

融鼎担保公司向法院申请拍卖、变卖B所提供的上述抵押财产，并对所得价款优先受偿。法院审查中，B对融鼎担保公司担保物权设定无异议，融鼎担保公司申请实现担保物权符合法律规定。法院依照《中华人民共和国民事诉讼法》第一百九十七条之规定，裁定如下：

申请人融鼎担保公司有权就拍卖、变卖被申请人B所有的位于重庆市N区五小区桃源路24号负一层建筑面积1631.17平方米的车库所得价款优先受偿。

3. 北京市C法院案例（案例三）[①]

2011年12月1日，甲与乙签订《借款抵押合同》，约定由甲向乙出借80万元款项，借期3个月，乙用北京市某区望京园401号楼某房屋抵押给甲，抵押借款金额为80万元。2011年12月1日，甲通过银行转账方式向乙出借80万元，双方就案涉房屋办理抵押登记。借款期限届满后，乙只还借款本金14万元，尚有借款66万元未偿还。2013年2月26日，甲向C法院提出实现担保物权的申请。审查中，乙对双方签订的借款抵押合同无异议，认可尚欠甲借款本金66万元，确认涉案房屋办理抵押登记，抵押权人为甲。C法院认为，甲与乙签订的《借款抵押合同》，意思表示真实，内容不违反法律、行政法规的强制性规定，合法有效，本院予以确认。涉案房屋经房管部门办理抵押登记，申请人取得房屋他项权证书，依法享有抵押担保物权。被申请人乙至今没有偿还借款本金66万元，故申请人的申请符合法律规定，本院予以支持。依照《中华人民共和国民事诉讼法》第一百九十七条及《中华人民共和国物权法》第一百七十条、第一百八十七条之规定，裁定如下：

对被申请人乙的担保房屋准予采取拍卖、变卖等方式依法变价，申请

① 江必新主编：《比较强制执行法》，中国法制出版社2014年版，第190页。

人甲对变价后所得款项在 66 万元的范围内优先受偿。

上述三个裁定都以双方主体对主债权合同、担保物权成立生效没有异议为基础，这符合实现担保物权非讼程序要求的形式审查原则，即法院可依职权探知主义对双方当事人提供资料的合法性、完整性、有效性进行形式审查，确认双方主体对相关实体事实和证据不存在争议。如果出现争议，则产生终止该程序的效力，争议主体只能通过诉讼程序进行救济。但是，从上述三个裁定书主文可以得知，三地法院对实现担保物权非讼程序的认识差异很大：广东省 D 法院裁判结果只是对案涉担保财产由法院以拍卖、变卖方式进行变现，而对债权人债权究竟如何受偿问题并未明确态度；重庆市 N 法院裁判债权人对拍卖、变卖所得价款优先受偿；北京市 C 法院裁判债权人不仅对拍卖、变卖担保财产享有优先权，且裁定书中确认了债权人优先受偿的范围。由此可见，上述三项裁定书最重大的差异在于裁定主文中是否确定担保物权优先受偿数额。

表 7-1 实现担保物权非讼许可裁定书构成要素统计表

	当事人	裁判理由			裁定主文		
		被申请人对主债权、抵押权无异议	申请符合法律规定	被申请人欠款（具体数额）确实存在	变现方式	优先权	受偿数额
案例一	双方主体	●	●		√		
案例二	双方主体	●	●		√	√	
案例三	双方主体	●	●	●	√	√	√

不同的裁判思路对后续执行程序造成了直接影响。前两种裁判结果只是起到对担保财产尽快变现的作用，也即启动执行程序，但如果债权人想

实现债权，还需要另行诉讼方式确定优先受偿的数额。即债权人如想实现担保物权，必须经过“申请拍卖、变卖担保财产 + 主债权数额确认之诉”的“双阶程序”。北京市 C 法院的裁定书中有明确的优先受偿数额，债权人可以据此启动对担保财产的拍卖、变卖程序，并在执行程序中直接优先受偿，即“彻底的非讼化实现”。

从立法本意来看，以简易、迅速、经济为主要特征的非讼程序在价值取向上与担保物权本身对效率、经济价值追求相契合，这是设立实现担保物权非讼程序的必要性基础，但是，二者价值取向上的吻合并不能打消法官对于非讼程序与生俱来的缺陷——程序保障薄弱的忧虑。事实上，广东省 D 法院和重庆市 N 法院在裁定书中不载明担保物权优先受偿的范围，也正是基于上述考虑。只是法官的这种顾虑导致债权人实现担保物权必须经过“双阶程序”，与原来通过给付诉讼一次性解决纠纷相比，人为增加了当事人的成本付出，与简便、迅速实现担保物权的立法目的背道而驰。因而可以得出结论，“双阶程序”是对实现担保物权非讼程序的异化，而北京市 C 法院通过非讼程序彻底实现担保物权的认识则是符合立法初衷的。实践中出现“双阶程序”现象，根源于法院对形式审查原则的理解存在误区，从而导致在非讼裁定中对有关担保物权实体问题的司法谨慎和回避。同时，因对审查原则认识不一致而导致裁定书制作的不统一。

3. 法院对担保人提出异议反应不一，裁断标准不统一

《民事诉讼法》第 179 条规定：“人民法院在依照本章程序审理案件的过程中，发现本案属于民事权益争议的，应当裁定终结特别程序，并告知利害关系人可以另行起诉。”但是，这是否意味着只要法院提出异议就需要将程序终结？法院对利害关系人提出的异议是否需要进行审查以及审查的限度？上述问题成为困扰审查法官的问题，各地司法实践的做法也不统一。例如：

H 银行重庆分行与重庆 C 有限公司贷款 1.9 亿元，合同约定还款期限

均为“2014年7月28日”，第三人D公司（并非借款人）作为抵押人与H银行重庆分行分别签订5份《最高额抵押合同》，将其所有的五套房屋所有权和土地使用权作为抵押物抵押给H银行重庆分行。后H银行重庆分行将债权转让给E公司，并书面通知重庆C有限公司和D公司。债权到期后，重庆C有限公司未能清偿债务，E公司向重庆Y法院提起以抵押人D公司为被申请人的实现担保物权特别程序，申请对D公司所有的抵押物进行拍卖、变卖。在审查过程中，D公司就债权本身的合法性及债权具体金额的真实性提出了异议。就此，法院就是否终结该程序产生争议。

4. 裁定错误后纠错程序缺失

担保物权实现的非讼裁定也可能会出现裁判后发现裁定时未查明的隐藏事实，或者裁判后情势变更，从而导致原裁定不当、不合目的。例如，在担保物权实现非讼审查程序中，可能会出现被申请人由于联系不上而导致其未能行使陈述权，出现申请事实与实际状况不一致的情形，裁判后，被申请人得知后，向法院申请撤销该裁定；或者，法院在作出许可裁定后，被申请人已经及时偿还债务等，主债权与担保物权也随之消灭，从而使得担保物权实现的非讼裁定丧失实体法基础。此时，如果不给关系人以一定救济途径，则非讼程序的不当或错误会直接违背合目的性、妥当性的程序目的。

5. 实体请求之诉与实现担保物权非讼程序之间的衔接问题

《民事诉讼法》规定，申请人申请经审查“不符合法律规定的，裁定驳回申请，当事人可以向人民法院提起诉讼”。此处“不符合法律规定”，应当包括两个方面：一是申请人提供的证据材料不符合形式要件的要求，法官根据职权探知主义，认为申请人主张事实未达到法官心证要求；二是在审查过程中，关系人对主债权、担保物权及担保范围等实体法律关系出现争执，因而丧失适用该程序的前提条件。[①]但问题是，语义解释上，可以提起诉讼的前提是法院裁定驳回申请。那么，法院作出许可裁定后，关系人是否可以就实体争议问题另行提起诉讼？在当事人对实体争议问题提起诉讼后，是否允许关系人启动担保物权实现的非讼程序？等等。上述疑问都涉及实体请求之诉与担保物权实现的非讼程序之间的衔接问题。这需要从立法目的、程序的功能等角度进行解释。

6. 社会征信体系不健全，严重影响该程序的适用

本课题组在调研中发现，实现担保物权非讼程序被闲置的主要原因是，法官不敢适用。因为，普通诉讼程序尚且存在很多虚假诉讼，法官基本上束手无策，何况是程序简略的特别程序。实现担保物权非讼程序中涉及债权合法性、担保物权合法性、担保物权实现条件是否成就等问题的判断，程序简单显然更容易给恶意利用程序者提供机会。总体而言，主要是因为我国目前社会征信体系不健全，社会诚信度不高。对此，需要在社会征信体系构建上下功夫，才能发挥该程序应有的简便、迅速实现权利的功能优势。

三、实现担保物权非讼程序的完善

实现担保物权非讼程序立法上的“残缺”，导致司法实践不作为或者无序作为，实践与立法目的相悖。对此，《民诉法解释》已经针对部分实践中的问题给出了相应的解释规制。但是，仍旧有不少实践困境，亟须从解释论上对实现担保物权非讼程序予以阐释，需要“在现行法的框架内通过对现行法律进行逻辑推论，针对现实生活中发生的法律问题、法律纠纷等推导出最为妥善、最有说服力的结论”。对此，本课题将以解释论为视

① 江必新主编：《比较强制执行法》，中国法制出版社2014年版，第190页。

角集中探讨实现担保物权非讼程序的适用。

（一）管辖法院的限定解释

《民诉法解释》第362条规定："实现票据、仓单、提单等有权利凭证的权利质权案件，可以由权利凭证持有人住所地人民法院管辖；无权利凭证的权利质权，由出质登记地人民法院管辖。"该规定明确了权利质押的管辖问题，将担保财产所在地法院转化为权利凭证持有人住所地法院，实质上规避了权利凭证可以随意流动所带来的管辖法院的任意性。

沿着这种思路，对于其他种类担保物权的管辖法院要进行一定的限定解释。对于抵押权而言，根据《物权法》第180条之规定，对于建筑物及其土地附着物、建设用地使用权、土地承包经营权以及正在建造的建筑物等，需要登记才成立抵押权的，管辖权归登记地基层法院；对于在建船舶、航空器以及交通运输工具等特殊动产，抵押权成立不以登记为要件，但通常这些财产都有相应的登记机构，因而对该类型担保财产的管辖法院为财产登记注册所在地法院；对于其他不具有登记注册所在地的动产而言，以抵押权成立时约定抵押财产所在地法院有管辖权。对于留置权而言，留置权属于法定担保物权，适用的范围较广泛，对此主要是以占有留置标的物的债权人的住所地基层人民法院为管辖法院。

此外，实现担保物权案件属于申请事件，存在申请相对人，可能会出现相对人对管辖提出异议的情形。对此，受理申请的基层法院应比照诉讼程序中管辖权异议程序进行审查并作出裁定。不过，异议人对该裁定不享有上诉权。因为，管辖权异议制度作为管辖制度的程序性救济措施，虽然对保障当事人诉权、保证管辖规则的正常运行和构建程序正义具有重要意义，但担保物权实现的非讼程序的立法目的是通过简便程序实现担保物权，若允许权利人对异议裁定上诉，则有悖非讼程序的便捷性要求。

（二）形式审查原则的重新定位

1. 关于形式审查原则的认识迷雾

实现担保物权非讼程序的程序标的为“担保物权实现方式争议”，但法院对“担保物权实现方式争议”作出裁断的前提是双方主体对“担保物权实现前提条件”不存在争议。正是基于此立法目的，该非讼程序只对担保物权实现的要件进行形式审查。双方主体如果对“担保物权实现前提条件争议”，即担保物权的有效成立、担保物权实现的条件、担保财产担保的范围以及担保财产的范围产生争执的，即应通过诉讼程序加以解决。[①] 上述关于形式审查为原则的观点也得到实务界普遍的认同。但是，坚持形式审查原则是否就必然否定法院在裁定书中确认任何实体权利，关于这个问题，存在两种针锋相对的观点：

一种观点认为，实现担保物权非诉程序不应解决譬如主债权数额等实体问题，理由是该程序为一审终审，对当事人的实体权利程序保障不足。从民诉法的立法目的来看，实现担保物权非讼程序仅是为了给快速变现担保物提供一条捷径，防止由于诉讼程序的烦琐漫长导致担保物价值贬损。对于实体方面的问题，还应通过普通民事诉讼程序解决。具体就是，法院在实现担保物权中仅审查担保物权有效性、实现条件，理由成立的，仅裁定拍卖、变卖案涉担保物，不涉及具体债权数额；申请人需另案诉讼的方式解决主债权数额及优先权等其他实体问题。这种观点直接体现在广东省D法院和重庆市N法院的裁定书上。

另一种观点则主张，实现担保物权非讼程序应一并解决主债权数额及优先权问题，因为特别程序与普通民事诉讼程序的区别主要就在于审级和审理程序不同，在已保障当事人的知情权、言论权，设立救济途径（审查

---

① 江必新主编：《比较强制执行法》，中国法制出版社2014年版，第190页。

被申请人的异议、审监程序、执行救济等）的情况下，应对相关联的、简易的、无争议的实体问题一并予以处理。而且，实现担保物权非讼程序的目的在于对担保物的拍卖、变卖达到所担保的主债权价值得以受偿。北京市C法院的裁判思路即如此。

通过比较可知，实务界对形式审查原则的认识差异主要体现在裁定书中是否应对优先受偿数额加以确认，而这种认识上的差异在实践中直接带来担保物权“双阶程序”实现和“彻底非讼化实现”的迥异格局。正如前文所述，“双阶程序”存在问题，其根源锁定在形式审查原则内涵的认识上，那么形式审查原则究竟该如何理解？其内涵具体又应该如何界定？这是本章接下来要探讨的问题。

2. 形式审查原则的再认识

要看清形式审查原则的真实面目，需要从实现担保物权非讼程序的立法目的、产生的历史渊源等全方位看清该程序的“真容”，以此才能真正理解形式审查原则。

首先，担保物权成立的高度盖然的可信赖性是确立非讼程序的基础。虽然法院通过非讼程序便赋予申请人以执行请求权，貌似对当事人的程序权保障不力，但在担保物权成立过程中，有债权人、债务人、担保人的自主性参与，且以订立协议、登记等形式来证明实体权利的存在，实质上已达到高度盖然性的要求。而如果一味追求对实体权利真实存在的审查，将推延权利的实现，对债权人来说显然不公平，也不符合诉讼经济原则。“因为债权人对债务人拥有实体法上的请求权时才开始有权利要求国家实施执行行为，以这一原理为基础并比照公平的观念，在保障程序权的同时，当然可以认可在高度盖然性的基础上成立的关于实体权的判断对执行机关具有通用力。”[①] 法院也就可以据此进入执行程序。所以，必须指出，法院作

---

① 江必新主编:《比较强制执行法》，中国法制出版社2014年版，第190页。

出许可执行拍卖、变卖裁定的合法性根基在于这些书面内容的有效存在，而不在于担保物权存在本身。即使担保物权不存在，但只要这些文书有效存在，法院亦可据此作出许可裁定，赋予申请人以执行请求权。因而，此处的执行请求权只是抽象的执行请求权，[①]并不代表申请人主张的实体权利确实存在。如果担保关系主体对主债权或担保物权存在有异议的，其可通过诉讼程序予以救济，该非讼程序并不对实体争议问题进行审查。正是由于担保物权的成立在形式上达到了高度盖然性，立法基于对诉讼经济和当事人程序保障权的平衡考量，区分担保物权实现前提争议和担保物权实现方式争议，将原本"诉讼→执行程序"的结构倒置为"非诉执行→救济（诉讼）程序"，确立担保物权实现的非讼化。

其次，从程序合目的性或程序相称原理出发，非讼程序符合担保物权便捷实现的目的。双方主体仅对担保物权实现方式上的争议，立法上赋予其可以通过非讼程序予以解决，其原因就在于非讼程序与诉讼程序相比更具弹性、更迅速。因此，对于担保物权前提条件不存在争议、只是对实现方式存在一定争议，或者是合同双方由于不信任等而无法就担保物变现方式达成一致的，通过非讼程序予以迅速确定，这符合程序设置与实体权利实现目的与手段的同一性。非讼程序并非剥夺或阻碍权利人诉权，而是从程序分化角度，根据纠纷特点提供相应程序供选择，为担保物权的实现增加司法保护途径，赋予权利人以程序选择权体现了程序合目的性原理。

最后，从实现担保物权非讼程序设立的基础和程序简易、迅速、经济的特点出发，对形式审查原则的认识不能再落入"形式主义"的窠臼中，而应当从制度的目的解释出发。具体而言，形式审查原则可概括为：（1）非讼审查中，法院对双方当事人提供资料的合法性、完整性、有效性进行形式要件的审查，法官可依职权调查取证，听取双方意见，对相关事

① 江必新主编：《比较强制执行法》，中国法制出版社2014年版，第190页。

实的真实性、合法性进行审查，如发现存疑的，则直接裁定驳回申请。(2)在非讼审查裁定过程中，当事人就实体事项，如主债权数额、担保物权优先受偿数额的一致性意思表示，法官在依职权调查后，应当在裁定书中予以载明。不过，对担保债权数额的载明，并非法院的裁判，而是双方主体意思表示的一致。(3)对于主债权、担保物权的瑕疵、担保物权优先受偿数额等实体事项的争论，即担保物权实现的前提条件争议，应当通过诉讼程序加以审理、判决。

(三)作出许可执行拍卖、变卖裁定的要件

担保物权实现的要件有多种学说，有二要件说、三要件说及四要件说，包括担保物权的有效性、履行期限届满而未清偿等要件。[①]不过，以上对担保物权实行的条件属于实质性要件，即法院判决要求抵押人承担担保责任时需要达到的条件或者是抵押人承担担保责任所需的必要条件。但对于担保物权实行的非讼程序而言，法院对申请的请求只进行形式审查，许可拍卖担保财产的裁定是非讼程序作出，因而不具有既判力。从语义上分析，法院作出许可裁定的前提是，“经审查，符合法律规定”。结合非讼程序的形式审查原则，以目的解释为方法，“符合法律规定”即法院作出裁定前需要对主债权、担保物权的合法性、完整性、有效性进行形式审查。对此，《民诉法解释》第371条规定：“人民法院应当就主合同的效力、期限、履行情况，担保物权是否有效设立、担保财产的范围、被担保的债权范围、被担保的债权是否已届清偿期等担保物权实现的条件，以及是否损害他人合法权益等内容进行审查。”详言之，法院作出许可裁定必须满足以下形式要件：

(1)主债权合法。担保物权具有从属性、附随性，其附随于主债权。

① 江必新主编：《比较强制执行法》，中国法制出版社2014年版，第190页。

担保物权的成立有效依附于主债权合同合法有效，如果主债权债务的产生是违法的或法律禁止的，那么担保物权也不受法律保护，因而应当对主合同的合法性进行审查。这里不是要求审查主合同的有效性，而是对申请人提供的主合同的形式要件进行合法性审查。如果双方对合同效力有争议，则只能中止审查，告知通过诉讼程序主张权利。在对主债权合法性审查时，顺便可以对抵押权实行是否超过诉讼时效期间予以审查。[①] 根据《物权法》第 202 条规定，抵押权人应当在主债权诉讼时效期间行使抵押权。在民事诉讼中，法官不主动审查诉讼时效是辩论主义的要求，但在担保财产执行拍卖、变卖的非讼审查程序中，遵循的是非讼程序的基本法理，对审查内容采取的是职权探知主义，因而对于抵押权人的申请是否超出诉讼时效期限法官要主动审查。同时，这也是担保物权实行非讼程序设置的目的所在，该非讼审查前提假设是双方对担保物权实行的前提性事实不存在争议，而如果抵押权实行超过诉讼时效的要求，抵押人基本上是会予以否定的，此时还进行非讼审查，实质上是浪费司法资源，也给后续救济造成麻烦。对此，如果超过诉讼时效，应当驳回抵押权人的申请，告知其可以通过诉讼程序予以救济或者双方自行协商解决。[②]

（2）担保物权的成立。担保物权包括约定担保物权和法定担保物权，对于约定担保物权要审查担保合同的合法性，如抵押财产是否属于《物权法》第 184 条和《担保法》第 37 条规定的不得抵押财产。同时，还要查明担保物权登记状况。担保物权的登记分为登记生效主义和登记对抗主义。对于不动产抵押、部分权利质押需要登记生效的，法院要查明是否进行登记。对于法定担保物权而言，如《合同法》第 286 条规定的建筑工程

---

① 江必新主编：《比较强制执行法》，中国法制出版社 2014 年版，第 190 页。

② 江必新主编：《比较强制执行法》，中国法制出版社 2014 年版，第 190 页。

担保、留置权，重点是审查以上权利成就的条件。

（3）债务履行期限届满但债权未受到清偿。通过对主合同进行形式审查，便可以得知债务履行期限。对于债权尚未受到清偿，由于是消极事实，很难提供相应的证据加以证明，便以申请人主张为准。但是，对于最高额抵押而言，由于最高额抵押系就将来应发生的债权所设定的抵押权，因此其债权数额在结算前并不确定，实际发生的债权数额不及最高额时，应以其实际发生的债权数额为准，对该数额的确定，在法院作出许可裁定前，应当赋予债务人陈述的机会。[①] 同时，根据《物权法》及《合同法》的相关规定，在下列情形下，尽管债务履行期限尚未届满，但抵押权人也可以请求实现抵押权：①债务人被宣告破产或被撤销；②债务人于履行期限届满前已经明确表示不履行债务的；③因抵押人的行为使抵押财产损毁或价值减少，抵押权人请求恢复抵押物的价值或提供相应的担保被拒绝的。

（4）请求法院拍卖担保财产的必要性。对于抵押权而言，根据《物权法》第 195 条第 2 款的规定，还要抵押权人与抵押人未就抵押权实现方式达成一致。对于质权、留置权而言，根据《物权法》第 220 条第 1 款、第 237 条的规定，出质人、债务人还应就债权人怠于行使质权、留置权承担证明责任，对此，出质人、债务人主要提供其催促债权人行使担保物权的证明，如律师函、催告书等。对于质权人、留置权人提请法院裁定拍卖担保物而言，其应当就无法正常行使担保物权提供相应的证明。

（四）非讼审查中对关系人的程序保障

因担保物权实现的非讼程序针对的是担保财产的变现方式问题，不涉及实体法律关系判断，所以主要审查书面内容。该非讼程序由申请人申请

---

① 江必新主编：《比较强制执行法》，中国法制出版社 2014 年版，第 190 页。

而启动，故申请人仍应当承担对主张申请的证明责任，法院只需审查申请人提交的申请和相关证据的合法性，而不审查其中担保合同的效力以及不对相关资料作出实质性判断。但特别情况下，还需要对附条件或附期限担保合同中条件或期限是否满足进行判断。不过，在该审查程序中，应当维护关系人尤其是债务人、担保人最为基本的程序利益。“利害关系人对裁判基础事实享有陈述意见的权利是大陆法系国家和地区对非讼程序保障的最低限度要求，也是宪法意义上合法听审权在非讼程序中的具体表现。”①这是因为债务人的债务是否存在以及债务范围会影响担保物变现后清偿的程度，或者担保人的担保财产是否被拍卖、变卖，又会影响担保人对债务人的求偿权等问题，因此有必要保障担保人、债务人的程序利益，通知其陈述意见。对此，法官在裁定前应给予担保人、债务人以陈述意见的机会，以确认债权是否在担保范围之内，避免将来对被申请人造成难以恢复的损害。

不过，实现对担保人、债务人陈述权的保障，又遇到另一个技术操作难题——送达问题。通知担保人、债务人陈述意见的关键在于能够通知到其本人，但实践中，“送达难”已经成为担保物权实现的非讼程序对效率追求的“拦路石”。根据在广东省东莞市第一中级人民法院的调研，对于该问题，审查法官普遍主张将申请人提交的申请书、证据材料等向债务人、担保人送达，但对送达义务的履行程序意见不一：一种观点认为，法院只需完成送达程序，而不必保障送达效果，即按债务人、担保人提供的联系方式向其进行电话通知、邮寄送达等，至于债务人、担保人是否确实收到材料，并不影响法院的审查进程。其理由是，对实现担保物权非讼事件的审查属于形式审查，不涉及实体问题，审理期限短，非必须向被申请人送达，故可参照管辖权异议审查的模式进行。另一种观点认为，法院应

① 江必新主编：《比较强制执行法》，中国法制出版社2014年版，第190页。

保障当事人的知情权，严格履行自己的送达义务，应按诉讼程序的要求向被申请人送达，在无法通过其他方式送达的情况下，还需公告送达。对此，我们赞同第一种观点，认为公告送达并非必须。理由是，担保物权的成立具有高度盖然的可信赖性，法院在受理实现担保物权案件后，发现被申请人下落不明时，只要案件事实清楚、债权债务关系明确、登记等手续和权利凭证齐全，经审查符合法律规定的，可直接作出许可裁定；但如果发现案件事实和法律关系有待进一步查明，法官对担保物权的效力、范围等无法形成内心确信的情况下，裁定驳回申请，告知申请人可另行诉讼。[①]此外，为保证担保物权实现的非讼程序有效运作，未来担保市场交易中会引入德国、日本等国家所采取的"承诺"制度，[②]即在担保物权设立时，担保人承诺日后如债务不能清偿时，愿意通过担保物权实现的非讼程序对担保财产进行变价，以偿还担保债权。这更可以降低实现担保物权的非讼程序中必须通知到担保人的必要性。

（五）非讼许可裁定的性质、构造与效力

1. 非讼许可裁定性质上为"对物之执行名义"

民事诉讼标的是当事人争议并要求法院进行审判的对象，担保物权实现的非讼程序的程序标的为担保物权实现的方式，这便决定了法院审查的对象——在实体事实不存在争议的前提下仅就担保物的变现发出执行名义。该裁定为非讼程序裁定，进行的是形式审查，不对实体法上的法律关系确定，因而该裁定没有既判力，一经作出便具有执行力。由于法院准许拍卖担保财产裁定的中心是担保财产的可变现性，因而该裁定在性质上是"对物之执行名义"。"对物之执行名义，是以担保对象之特定财产为强制

---

① 江必新主编:《比较强制执行法》，中国法制出版社 2014 年版，第 190 页。

② 江必新主编:《比较强制执行法》，中国法制出版社 2014 年版，第 190 页。

执行对象，以担保物代替债务人之责任，即物的责任，以实现债权。”[①] 即担保人不必然负有履行金钱给付的义务，但必须容忍、接受债权人行使变价权，因而该执行名义没有要求履行一定金钱数额，而是要求担保人“容忍对担保财产进行强制执行”。因而，拍卖担保物裁定之执行名义，法院仅对裁定所表示特定担保物为强制执行，以担保物在担保范围内负起责任。若担保物经拍卖后所得价金不足以清偿全部担保债权，则该拍卖裁定赋予其的执行请求权使用殆尽，就不足部分，债权人则不得借拍卖担保物裁定的执行名义，对债务人其他财产执行。该未清偿部分转化为普通债权，需通过诉讼等途径取得对金钱债权的执行名义，即重新取得执行请求权。与对物之执行名义相对的是对人的执行名义。对人之执行名义是“以债务人一般财产为执行对象”[②]，即债权人可对债务人所有的任何财产申请强制执行，且在执行所有财产后债权人的债权仍未得到全部受偿，债权人的执行请求权并未因行使而丧失，在发现债务人有其他财产时，债权人仍然享有要求执行机构继续对债务人的财产强制执行。目前，实践中最为常见的金钱债权的执行名义在性质上即为对人的执行名义。

2. 非讼许可裁定书的构造

（1）程序主体

通常而言，作为执行依据的法律文书应当具备形式要件，即要求文书必须有具体、明确的执行事项，必须指明债权人和债务人。许可执行拍卖、变卖裁定为对物的执行名义，即对物不对人，只以担保对象的特定财产为执行对象，以物的变价实现债权，所以在该裁定中必须载明拍卖担保财产的具体信息。此时便产生了一个棘手的问题，即该“对物不对人”的裁定是否有必要载明申请相对人？这在理论上有较大争论。

---

① 江必新主编：《比较强制执行法》，中国法制出版社 2014 年版，第 190 页。

② 江必新主编：《比较强制执行法》，中国法制出版社 2014 年版，第 190 页。

一种观点认为，许可裁定系对特定财产直接支配权的实现，只需载明债权人及应付拍卖之不动产即为准予拍卖之宣示，而不必列明申请相对人；[①]另一种相反观点则认为，实现担保物权非讼程序理论上应准用民事诉讼程序之规定，裁定书中自应列相对人，且如此更能够保护担保物所有人的权益。[②]本课题组认为，许可执行拍卖、变卖裁定作为启动执行程序的执行依据，有必要符合执行依据所要求的形式要件，以便保障担保关系中权利义务主体程序权的要求，避免造成裁定错误或者给财产所有权人造成难以恢复的损害。同时，由于可申请法院拍卖担保财产的主体既包括债权人，也包括债务人，因而更应当在裁定书中列明申请相对人，以便与后续强制执行程序的当事人地位相对应。[③]

（2）事实和理由

实现担保物权非讼程序以形式审查为原则，因此，该部分重点是调查有关主债权、担保物权成立及生效的证据在形式上是否具备真实性、合法性、关联性。并且，在该部分应当载明双方主体对上述实体问题是否存在异议。这主要是要表明裁定主文所载明的实体事项是双方主体一致的意思表达。

3. 裁定主文

《民事诉讼法》规定，“经审查，符合法律规定的，裁定拍卖、变卖担保财产”，这便决定了法院许可裁定书的基本范式。而通过对上述三个案例的裁定书裁定主文进行句子成分分析发现，实践中对许可裁定书主文该如何表述尚没有一致认识。案例一的裁定书主文为“拍卖、变卖被申请人蓝某名下位于东莞市南城区四环路南侧孚泰明园4号楼1906号的房产。”该句子的主干为“（法院）拍卖、变卖房产”。案例二的裁定书主文为“申

① 江必新主编:《比较强制执行法》，中国法制出版社2014年版，第190页。

② 江必新主编:《比较强制执行法》，中国法制出版社2014年版，第190页。

③ 江必新主编:《比较强制执行法》，中国法制出版社2014年版，第190页。

请人融鼎担保公司有权就拍卖、变卖被申请人 B 所有的位于重庆市 N 区五小区桃源路 24 号负一层建筑面积 1631.17 平方米的车库所得价款优先受偿”。句子主干为“申请人优先受偿所得价款”，而“拍卖、变卖被执行人……车库”则仅仅作为“所得价款”的定语，对所得价款获取方式进行修饰。案例三的裁定书主文为“对被申请人乙的担保房屋准予采取拍卖、变卖等方式依法变价，申请人甲对变价后所得款项在 66 万元的范围内优先受偿”。该主文将对担保财产变价和对实体问题的处理分开表述：对担保财产变价的主干句为“法院依法变价担保房屋”，将“采取拍卖、变卖等方式”作为状语修饰“依法变价”；实体问题处理主干句为“申请人优先受偿所得款项”，并将“在 66 万元的范围内”作为状语修饰“优先受偿”。

表 7–2　非讼许可裁定书裁定主文的句子成分分析

	主语	状语	谓语	定语	宾语
案例一	法院（省略）		拍卖、变卖		房产
案例二	申请人		优先受偿	对车库依拍卖、变卖方式	所得价款
案例三	法院（省略）	采取拍卖、变卖等方式	依法变价		担保房屋
	申请人	在 66 万元的范围内	优先受偿		所得款项

以上三个裁定书主文的裁判思路不尽相同：案例一裁定书遵循立法原意，只准许拍卖、变卖担保物；案例二裁定书风格上延续了诉讼判决书的裁判思路，仍以“人”为中心，与“对物之执行名义”的性质定位不符合，也有将实现方式问题转化为实体问题之嫌，因而应当摒弃；案例三裁判思

路正确，既有对担保财产变现方式的裁断，也有对优先受偿范围的确定，但将“拍卖、变卖方式”作为句子的修饰语，与立法精神相去甚远。

对此，可将案例一和案例三两种裁定书主文表述方式融合，并以立法解释论为视角，对于符合许可要件而作出的许可裁定，具体可表述为：“依照《中华人民共和国民事诉讼法》第一百九十七条之规定，裁定如下：拍卖、变卖XXX担保财产；申请人XXX对变价后所得款项在XXX元的范围内优先受偿。”

3. 非讼许可裁定的效力

实现担保物权非讼许可裁定将直接作为执行依据，可以启动执行程序，具有以下效力：

（1）具有执行力

“诉讼之判决乃属法律适用之判断作用的效果，非讼事件则属基于意欲达到一定结果之处分行为。”[①] 许可执行拍卖、变卖裁定是双方主体对担保物权相关实体法律关系不存在争议前提下国家的适度介入，以国家机关名义对担保财产进行变现，该裁定主要展现的是国家司法机关对财产是否准许变现、以什么方式进行变现的态度，最终也体现国家对担保财产的一种处分行为，即许可拍卖、变卖，因而该裁定具有执行力。《民事诉讼法》规定“当事人依据该裁定可以向人民法院申请执行”，这便在立法上明确该裁定具有执行力。申请主体可以据此向法院申请强制执行，对担保财产进行拍卖、变卖，且可以在裁定书确定的优先受偿数额范围内优先受偿。

（2）不具有既判力

与形式审查相一致，作为结果的许可裁定并不就任何实体法律关系确认、变更，因而该裁定不产生形成力和既判力。实质上，我国民事诉讼法中宣告失踪程序、认定公民无民事行为能力程序、督促程序等作出的判决

① 江必新主编：《比较强制执行法》，中国法制出版社2014年版，第190页。

和支付令，都不具有既判力，在出现法定事由时可以撤销或自动失效。与前文相对应，虽然在许可裁定中应当对双方主体认可的债权数额予以载明，但该数额的确定是基于双方的意思自治，而非法院的裁判，因而对该数额的表述也不产生既判力。然而，该裁定不具有既判力，是否就意味着允许申请人重复申请拍卖、变卖担保财产裁定呢？众所周知，既判力的重要作用是当事人不能就裁判确定的事实提出相矛盾的主张，法院也不能作出与该裁判相矛盾或抵触的判断。因而，对于生效判决所确定的法律关系再行诉讼时，因其欠缺法律保护的必要性而不得重复诉讼。同理，对于许可裁定，申请人即可以该裁定为执行名义申请强制执行，若申请人一再基于同一事实反复重新申请，则为无实益，应不予准许。对于同一标的物上有多个担保物权，如果在先担保物权人已经申请对担保财产进行拍卖、变卖，其后担保物权人再行申请拍卖、变卖担保财产的，则应当驳回后者的申请。

（六）实现担保物权非讼程序的纠错程序

目前，担保物权实现的非讼程序存在程序简单、一审终审的特点，立法上并未向关系人提供相应救济渠道。实践中已经出现救济无门的担忧。对此，需要通过扩大解释的方式弥补法律的遗漏。

在民事诉讼中，判决效力中有羁束力问题，亦即法院不能自行撤销或变更，以满足程序安定性的要求。而非讼裁定也与诉讼判决一致，法院受自己裁定的羁束，而不得任意撤销、变更。但在某些情形下，会出现裁判错误或者发生情事变更，如果仍旧一味坚持裁判的羁束力，则可能会出现法院将错就错的情形。因此，“为能继续保持非讼裁判的妥当性、合目的性，有必要承认在一定条件下，非讼裁判具有变更可能性，亦即得由原法院自行撤销、变更其不当裁定”[①]。不少国家和地区的立法对非讼裁判文书中都采取“有限保障”原则，即对于允许抗告或复议的非讼裁定，不允许撤销、变更；对于无抗告等救济程序的裁定，可以撤销、变更。如德国《非讼事件法》第18条规定：“法院事后认为其所作成裁定为不适当者，有权加以变更。若该处分权依申请始能作成，而该申请被驳回者，仅能依申请变更之。对于可即时抗告之裁定，法院无权变更。”我国台湾地区“非讼事件法”第40条规定：“法院认为不得抗告之裁定不当时，得撤销或变更之；因申请而为裁定者，其驳回申请之裁定，非因申请不得依前项规定为撤销或变更之。”即“非讼裁定之可变更性即成为非讼法上之基本原则及特色”。总体而言，非讼裁定在裁定错误或者因情事变更而使得裁定不合时宜的情况下，允许撤销、变更相关裁定。实质上，我国民事诉讼法特别程序中，宣告失踪、宣告死亡程序等也遵循了裁判文书可撤销、可变更的基本原则。例如，宣告失踪案件中，被宣告失踪公民重新出现，法院应依申请作出新判决，撤销原判决。

不过，从我国《民事诉讼法》有关实现担保物权的条文来看，并未给关系人以救济的权利及途径，这直接违背了程序设置的基本原理。因而，有必要以非讼法理为基础进行扩大解释，规定在裁定后发现裁定错误或发生情势变更的情况下，原审法院可以依职权或申请撤销、变更。2015年《民诉法解释》吸收了该理念，该法第374条第1款规定：“适用特别程序作出的判决、裁定，当事人、利害关系人认为有错误的，可以向作出该判决、裁定的人民法院提出异议。人民法院经审查，异议成立或者部分成立的，作出新的判决、裁定撤销或者改变原判决、裁定；异议不成立的，裁定驳回。”

同理，裁定经送达后，发现原裁定书写错误或其他明显的错误的，可

---

① 江必新主编：《比较强制执行法》，中国法制出版社2014年版，第190页。

随时依申请或依职权对裁定进行变更。关系人申请事项或程序费用，裁定中脱漏而未裁定在内者，应依申请或依职权裁定补充相关裁判事项。

（七）非讼程序与诉讼程序的衔接

1. 启动债务偿还给付之诉后不能再启动担保物权实现的非讼程序

根据现行立法，享有担保物权的债权人寻求司法保护的途径有两种方案可供选择：一种是直接提起给付之诉，要求债务人偿还债务，并提出对担保财产变现价款优先受偿的诉讼请求，在获得胜诉判决后，依据该判决进入执行程序；另一种是经担保物权实现的非讼程序，获取许可拍卖、变卖担保财产的裁定。前者将实体争议作为前提；后者以不存在实体争议为假设。不过，担保物权实现的非讼化有阶段性、个别性，即并非当然从程序一开始就有讼争性，也并非每个案件都存在实体性争议，而是个别案件、在非讼程序中可能会出现争议，此时即需要转入诉讼程序进行审理。

由上可知，给付之诉中都会对主债权、担保物权等实体法律关系一并予以裁断，该“对人的执行名义”具有确定力、执行力，有直接处置担保财产的效力，因而债权人没有另行申请拍卖、变卖担保物的必要性。从目的解释出发，债权人等没有必要再次通过担保物权实现的非讼程序获取许可裁定，即因提起给付之诉而丧失通过非讼程序救济的程序利益。这也可节约司法资源、节省担保物权关系人诉讼成本、防止关系人恶意利用程序而致使担保法律关系始终处于不安定状态。

2. 确认之诉审理终结后仍可启动担保物权实现的非讼程序

从诉之利益的角度，提起确认之诉是因为原告的权利或法律地位现实处于不安之状态，因而有必要通过诉讼程序来解决纠纷。有关担保物权的确认之诉可以有多种，如确认主债权数额、确认担保物权是否存在等，每一个确认之诉的提起，都是因存在实体争议问题。而通过担保物权实现的非讼程序获取执行名义的前提是关系人对实体法律关系不存在争执，因而在确认之诉审理时，没有担保物权实现的非讼程序适用的时空条件。同时，对于确认之诉，可能会有上诉问题，为避免程序错乱，在确认之诉审理过程中并不适合一并申请准许拍卖、变卖担保财产。

在确认之诉终结、取得有终局性判决时，可依此确定判决启动担保物权实现的非讼程序。尽管如此，该确认之诉也只是解决了有关担保物权实体法律关系争议中的一种，如确认主债权数额，而实践中还可能会出现对其他实体法律关系存在争议为抗辩事由，阻碍担保物权实现的非讼程序的适用。因此，对于可能存在实体争议问题的事件，最有效、最妥当的做法是提起给付之诉。然而，对于各程序的选择适用问题，主动权、选择权仍在当事人手里，其选择路径不一样，可能对其费用承担、权利实现造成实质性的影响，权利人应当承担其选择路径产生的不利结果，即程序的自我责任。

3. 法院作出许可裁定后仍允许再提起确认之诉

经过非讼程序获取许可裁定后，关系人是否仍可以对实体法律关系进行争议？非讼裁定作出的前提是关系人对“实现担保物权前提条件”不存在争议，但裁定作出后，如果一方主体对实体法律关系产生争议，是否允许其提起确认之诉？对此，许可裁定不具有既判力，即表明关系人仍可以对相关实体问题产生争执，不能因非讼裁定就阻却争议主体通过诉讼程序解决纠纷的权利。因此，如果争议方提起确认债权不存在或担保物权不存在等诉讼，并获得胜诉判决时，可根据情况作出如下处理：如果申请人依据该裁定进入执行程序，则债务人可依据《民事诉讼法》第225条规定的执行异议程序进行救济；如果申请人并未依据该裁定进入执行程序，胜诉判决方可依据胜诉判决申请法院撤销原许可对担保物执行拍卖、变卖裁定。

（八）引入承诺制度，构建社会征信体系

从历史解释角度出发，真正出现担保物权非诉实现的司法保护模式可追溯至中世纪罗马《教会法》民事诉讼程序。由于诉讼迟延问题比较突出，教会法学家融合日耳曼法关于私人扣押债务人财产的观念和罗马法传统形成了所谓的“履行保证文书”（Instrumenta Confessionata），创造出“依承诺直接执行抵押物制度”[①]。该依据承诺直接进入执行程序的做法，对近现代大陆法系国家和地区民事诉讼法立法产生直接的影响，发展出两种担保物权实现的非诉化模式：一是依可执行文书直接启动强制执行模式，这主要是基于担保物权设立时便有担保人承诺，如德国、日本、韩国；[②]二是依非诉许可执行拍卖裁定启动强制执行模式，如我国台湾地区。出现上述不同操作模式的原因在于各国和地区登记制度不同。德、日、韩三国的不动产登记机关为司法机关，[③]因登记事项已经初步司法审查，对于登记中产生的争议可直接进入诉讼程序予以解决，因而对于该担保物权实现没有必要再次审查，直接进入执行程序能够更快捷地实现担保物权。而我国大陆地区和台湾地区的不动产登记机关为行政机关，为保障准确性，有必要经过非诉程序进行司法审查。无论哪种模式，都是建立在高度社会诚信体系之上的。好在该问题已经引起最高层重视。2014 年 1 月 15 日，国务院常务会议通过《社会信用体系建设规划纲要（2014—2020 年）》，部署加快建设社会信用体系、构筑诚实守信的经济社会环境。

担保物权非讼实现的快捷、简便特点能够满足当前市场交易频繁的需求，因而也对不少国家执行制度产生了较大影响。例如，日本自 1979 年《民事执行法》中确立以可执行的文书直接申请执行拍卖后，债权人向法

---

① 江必新主编:《比较强制执行法》，中国法制出版社 2014 年版，第 190 页。

② 江必新主编:《比较强制执行法》，中国法制出版社 2014 年版，第 190 页。

③ 江必新主编:《比较强制执行法》，中国法制出版社 2014 年版，第 190 页。

院申请不动产强制拍卖的很少，绝大多数不动产拍卖是担保权执行，基本上占到九成左右。[①]因此，有理由相信，我国“实现担保物权案件”非讼程序的确立，肯定会对不动产执行案件带来结构性的变革。同时，伴随着该非讼程序从“纸面”走向“行动”，会对社会公众行为产生重要的引导作用，促使市场交易主体自发形成一些新的交易习惯，如在担保物权设立时引入“承诺”制度，即担保人承诺在不履行债务时可以申请法院拍卖担保物，并确立担保的范围。这便要求在制度层面对不动产登记制度、公证制度进行改进，以满足担保物权非讼实现的需求。

四、结语

实现担保物权非讼程序的广泛实施，需要有前提保障性制度，即社会信用体系。这是未来制度适用中要加以重视的问题。此外，许可担保物执行拍卖裁定作为执行依据，其启动的执行拍卖程序与金钱债权执行拍卖程序并未有实质上不同，但在拍卖价款的分配、执行救济程序的设置上，由于许可拍卖、变卖裁定性质上为“对物之执行名义”，不对实体法律关系确认，因而会产生一些差异，对此有待理论上进一步深入研究。

① 江必新主编:《比较强制执行法》，中国法制出版社 2014 年版，第 190 页。

第八章 案外人异议制度实施状况评估与完善

一、问题的提出

党的十八届四中全会《决定》指出，“完善司法体制，推动实行审判权和执行权相分离的体制改革试点”，即“审执分离”体制改革。实质上，近20余年执行体制改革始终围绕着“审执分离”展开。20世纪90年代末，法院系统展开执行体制的第一次改革浪潮，以“权力”为中心探索“审执分离”，建立执行庭或执行局，实现审判权和执行权的完全分离，实质上体现了“权力制约权力”的监督模式；之后，随着社会发展和执行工作的开展，法院展开执行体制的第二次改革浪潮，以“权利”为中心深化“审执分离”，实现执行实施权和执行审查权的分离，完善执行当事人及案外人异议权的行使程序，[①] 实质上为“权利制约权力”的监督模式。其中，2007年修改的《民事诉讼法》是第二次改革的最新成果，区分了程序性执行救济和实体性执行救济。不过，2007年修改的《民事诉讼法》第204条取代了原有第208条的规定，实现了案外人异议制度的诉讼化变革，不过并不彻底，对实体性执行救济采取的是“案外人异议前置、异议之诉后置”法定顺序主义的“双阶”结构，即案外人对执行标的的权属存在争议的，必须先向法院提出书面异议，然后法院经过裁判后，才能根据具体情况启动审判监督程序或提起异议之诉（如图8-1）。2012年修改的《民事诉讼法》对该条并未作出调整。

---

① 吴英姿：《审执分离与执行权制约——透过执行异议修正案的解读》，载《山东警察学院学报》2008年第1期。

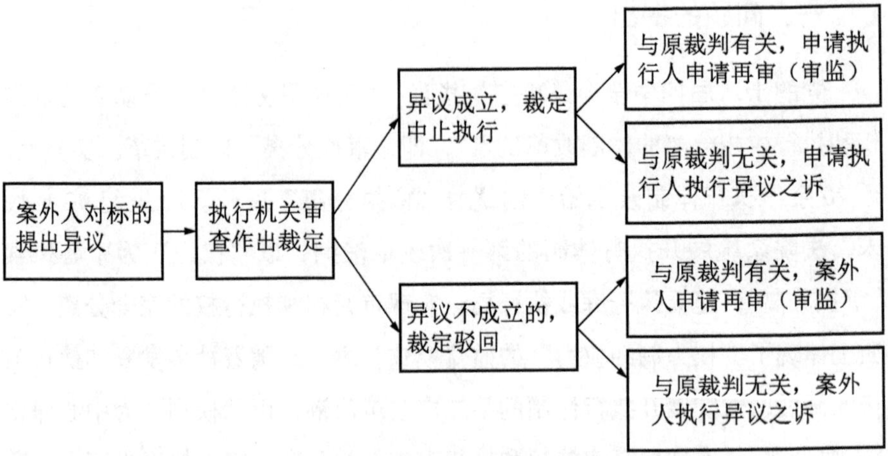

图 8-1 2012 年《民事诉讼法》第 227 条分解示意图[①]

其实，2007 年《民事诉讼法》在对案外人异议制度的修改过程中，就如何进行程序设计存在较大的分歧。立法确立了“案外人异议前置、异议之诉后置”双阶结构后，学界的争论并未因此而终止。不少学者明确要求废除案外人异议前置，构建起独立的异议之诉程序，其主要理由可综合归纳为：一是案外人排除对执行标的物的执行请求和债务人排除执行名义的请求，都已经构成独立的诉，因而必须通过专门的诉讼程序给予救济。二是案外人异议前置程序由执行机构主持，出现确认实体法律关系的主体发生错位，违背“审执分离”原则。三是前置程序后赋予案外人启动审判监督程序造成程序上的错乱。[②]不过，也有学者“针锋相对”地提出相反的观点，支持现有立法规定，其理由归纳如下：一是我国执行员与法官区别

① 曹春梅:《第三人异议之诉研究》，西南政法大学 2015 年博士学位论文。

② 参见唐力:《论民事执行的正当性与程序保障——以第三人异议之诉为中心》，载《法学评论》2009 年第 5 期；刘学在、朱建敏:《案外人异议制度的废弃与执行异议之诉的构建——兼评修改后的〈民事诉讼法〉第 204 条》，载《法学评论》2008 年第 6 期；赵信会:《论民事执行异议之诉——对〈民事诉讼法〉关于执行异议之诉改革的评价》，载《政法论丛》2009 年第 3 期。

不明显，审判权和执行裁决权的界限不明显，从简化救济程序，可以赋予执行机构进行实体审查。二是案外人异议前置确实能够减少进入诉讼程序的异议之诉案件，且并未必然增加债权人维权的成本和负担。①

无论是废除论者还是肯定论者，双方的理由似乎都非常充分：废除论者从法解释学方面论证案外人异议制度对民事诉讼基本规律和程序正当性理论的挑战；肯定论者以执行权分权优化配置理论依据，主张打破“执行法官不能进行实体审查”的理论假设。因而，学界对该问题可谓“见仁见智”。实践中，案外人异议前置程序以及案外人异议之诉也带来较多疑惑，实践操作较为混乱。2015 年实施的《民诉法解释》就案外人异议之诉的运行进行了较为详细的规定。但为摸清楚该制度的运行情况，有必要从制度的实效性进行考察。基于此，课题组于 2015 年 7 月，到重庆、广东、贵州、河南等地法院对该制度进行专项调研，以制度是否实现立法目的为变革的依据；2016 年又进行补充调研。同时，也需要站在深化“审执分离”体制改革背景下思考案外人异议制度的完善措施。

二、案外人异议制度的实证考察

自 2007 年《民事诉讼法》修改后，经过几年的探索，司法实务部门就案外人异议之诉等制度已经有深入理解，并在实践中对案外人异议制度进行有益探索。课题组对信阳市中级人民法院、惠州市中级人民法院、广东省东莞市第一人民法院、重庆市江北区人民法院、贵州平坝区人民法院、广东原萝岗区人民法院等进行实证调研，具体情况如下：

① 百晓锋：《论案外人异议之诉的程序构造》，载《清华法学》2010 年第 3 期。

（一）案外人异议制度适用的现状检视

1. 案外人异议前置程序的适用情况

作为案外人异议之诉的前置程序，案外人异议前置程序备受质疑，但也在实践中广泛适用，也产生了一定的积极效果。

（1）具有一定的诉前截流效果

我国立法上确立案外人异议前置程序，其初始目的是追求效率，对异议进行诉前截流，保证执行工作的顺畅进行。从 S 法院 2012—2015 年案外人异议制度实践运作考察得知，案外人异议审查后，当事人再提起异议之诉的案件较少。例如，S 法院四年来经过案外人异议前置程序审查后，提起异议之诉的案件不超过 10%（见表 8–1）。不过，个别案件中存在案外人不提出异议之诉，而另外提起确权之诉。

表 8–1 S 法院 2012—2015 年案外人异议制度适用情况统计表

年份	案外人异议前置程序案件数（件）	提起案外人异议之诉案件数（件）	所占比例
2012	16	1	6.25%
2013	24	2	8.33%
2014	41	2	4.88%
2015	45	10	22.22%
总和	126	15	11.9%

（2）案外人异议前置程序一定程度上防止恶意转移财产的得逞

执行程序中，诚信缺失现象非常严重，执行债务人与案外人串通转移财产的情况较为常见。因而，异议审查程序另一重要功能就是要防止执行债务人与案外人串通以虚假买卖、虚假离婚等手段转移财产。实践中，异议审查法官会以“交易是否真实存在”为中心对案外人提交的证据进行审查。其中，由于异议审查法官通常也是对执行工作有较为丰富的经验，比较了解执行债务人规避执行的方法和手段，因而在审查时很容易发现案外人与执行债务人交易过程是否真实，是否属于转移财产行为。这使得想通过异议程序这种“合法”程序实现非法目的的当事人难以得逞。这可以从案外人异议请求得到支持比例较低得到验证。例如，S 法院三年来案外人异议请求被驳回的占据近 50%，外加上撤回异议的案件数量，总数超过六成（见表 8–2）；重庆市第一中级人民法院 2014 年受理案外人异议案件 40 宗，驳回 29 宗。这其实对保护执行债权人以及保障执行工作的顺利进行具有重要的意义。

表 8–2　S 法院 2012—2015 年案外人异议审查结果统计表

单位：(件)

年份	驳回异议	支持异议	准许撤回异议	总数
2012	10	4	2	16
2013	18	4	2	24
2014	9	25	7	41
2015	15	20	10	45
总和	52	53	21	126
所占比重	41.27%	42.06%	16.67%	100%

2. 案外人异议之诉程序适用的总体情况

（1）案由集中，主要是债权请求权

从我国案外人异议之诉的司法实践看，第三人提起异议之诉的事由所包括的权利是相当广泛的，有学者通过“中国法院裁判文书网”选取了北京、广州、上海、浙江等地 53 件有关案外人异议之诉案件，经过统计，具体原因权利大致分布如下：所有权6件、担保物权1件、共有权1件、银行存款2件、提单1件、股权1件、合伙1件、赠与1件、与夫妻财产有关的7件，基于买卖合同、合作建房、租赁、共同投资等产生的债权请求权32件。由此可见，所有权、夫妻财产权和债权请求权是当事人主张的主要事由，尤其以债权请求权为主，分别占到所有事由的11.3%、13.2%和60.4%，当然当事人主张的事由并不完全都是案外人异议之诉的原因权利，很多权利并不能足以阻止执行标的物转让或交付，但当事人主张的原因权利是我们深入研究案外人异议之诉事由的基础。[①] 例如：

东莞市中堂建筑工程公司向法院申请执行东莞市鸿富实业有限公司。在执行过程中，东莞市中级人民法院（以下简称东莞中院）查封了两被执行人开发建设的中堂镇鸿富广场花园的房产。随后，案外人李关辉等18人向执行法院提出异议，认为鸿富广场花园部分房产已被售与异议人，且异议人已支付相应款项并装修入住，故异议人对该部分房产享有所有权，因此请求法院解除查封。东莞中院审理后认为，涉案房产尚未进行权属登记，执行法院依据土地使用权的审批文件和其他证据确定权属并无不当，异议人提供的证据不足以证明对涉案房产拥有所有权。故裁定驳回了18名案外人的异议。18名案外人不服，以被执行人鸿富公司为被告，申请执行人中堂建筑公司为第三人，向东莞中院提起诉讼，请求判令确认18名原告依法对涉案房产享有所有权。本系列案在审判庭审理过程中，因18名原告申请撤回起诉，东莞中院经审查裁定准许而最终审结。[②]

---

① 参见曹春梅:《第三人异议之诉研究》，西南政法大学2015年博士学位论文。

②（2010）东中字民初字第125号民事判决书。

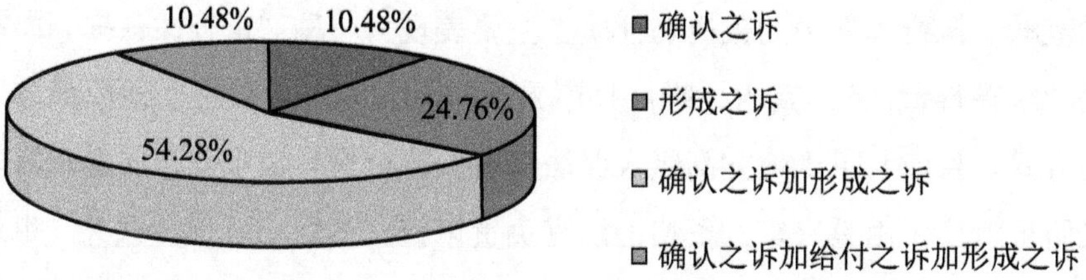

图 8-2　第三人异议之诉诉讼请求类型比重情况图（%）

（2）发改率、再审率高，调解率低

由于有前置程序的分流，案外人异议之诉总体上案件数量不多。但是，该类型案件也呈现出明显的特点，即发改率高、裁定再审率高、调解率低。如 G 省高级人民法院二审案外人异议之诉案件总数为 68 件，其中发改、裁定再审案件占到 20 件，所占比例达到 29.41%；调解结案案件为 3 件，所占比例达到 4.41%。

表 8-3　G 省高级法院案外人异议之诉案件情况统计表

单位：(件)

年份	发改、裁定再审案件数	调解案件数	结案总数	发改、再审率	调解率
2011—2013	20	3	68	29.41%	4.41%

出现上述特点的原因是，案外人异议之诉作为一项新的司法制度，在程序适用方面仍面临理解不畅等弊端，一审、二审法院对程序定位、审查内容等存在认识上的不一致。

（二）案外人异议制度实践中存在的问题

1. “审查性裁决”代替“审理性裁决”，有违“审执分离”原理

现有对案外人异议前置程序的定位，立法实质上将其归属执行程序

的范畴。执行程序中的裁决在性质上主要表现为一种“审查性裁决”而不是“审理性裁决”，其中，听证程序是与这种“审查性裁决”性质最适应的方式。目前，不少地方高级人民法院有关执行中异议审查程序都采取的是听证程序，由具有审判资格的法官负责审查。尽管“审查性裁决”也是法官中立裁决的结果，但是听证程序较多具有非诉性、职权性、主动性特征，在审查模式上更多体现的是职权主义而非当事人主义。这种程序适用于执行异议、对执行中重大事项的处理等比较适合，但对于涉及当事人实体争议的判断则可能面临程序公正和程序保障的质疑。[①] 因为，对案外人实体异议的审查结果，根据民事诉讼法的基本规律，应当通过诉讼程序给予“审理性裁决”。

此外，根据我国民事诉讼法对裁判形式的基本分类，裁定是对审理和执行中的程序事项和个别实体事项作出的判定。在案外人异议审查程序中，审查的对象是案外人提出的权属争议，在作出判断后，仍要以裁定的方式对实体事实作出判断，其合理性有待商榷。[②] 同时，以裁定的方式作出判断，也使得异议审查法官出现思维上的“断裂”。法官审查的是实体问题，但适用的裁判文书是裁定书，如何在裁定书中展现法官思维过程成为难题。执行裁决法官由于担心异议审查认定的事实或者所作的判断会与后面异议之诉程序中法官的认定和判断产生抵捂，法官尽量不在裁定书中对争议标的物权属作出直接明确的判断，采取迂回战术，对裁定书说理和结论部分进行修辞上的技术化处理：对于不支持的异议请求，会以“本院对 XX 所主张的其对案涉机器设备享有所有权的事实不予确认”[③] 为由驳回案外异议人的异议请求；对于异议请求证据充分的案件，法官只能在裁定

---

① 杨治：《制约与衡平：民事强制执行中听证制度的构建》，载《强制执行立法研究——2011 中国法学会审判理论研究会执行制度专业委员会年会论文汇编》，2011 年 5 月。

② 参见江伟、肖建国：《民事执行制度若干问题的探讨》，载《中国法学》1995 年第 1 期。

③（2012）东一法执外异字第 8 号执行裁定书。

书内对实体权属予以认定，但不直接针对权属作出判断性结论，而是在说理之后，“综上，本院对案外人XX的异议请求予以支持”[①]。

2. 异议之诉变成了确权诉讼

实证调研中，发现不少案外人异议之诉最终演变为确权诉讼。出现这种情况的重要原因是，司法实务届就案外人异议之诉错误地认为为确权之诉，而忽视其本应该有的阻止强制执行。例如：

原告东莞南城品佳傢俬厂于1996年10月9日进口该台307意大利产液压机（以下简称案涉机器），于2009年9月28日将案涉机器出租给东莞市雅舍家具有限公司。同年6月13日，由于被告星港公司经营亏损，停止生产，将其公司设备转让给东莞市雅舍家具有限公司，并同时将生产经营场地从2009年10月起无偿提供给东莞市雅舍家具有限公司使用，双方对此签订了《转让协议》。协议签订后，东莞市雅舍家具有限公司即按约迁入被告星港公司处进行生产经营，在迁入时，也将案涉机器一同迁入。2009年12月13日，被告星港公司又与他人签订《租赁合同》，此时已完全搬离其经营场地，并于2010年1月工商登记变更经营地址。2010年12月16日，由于被告谢有群与被告星港公司之间发生纠纷，东莞市第一人民法院（以下简称东莞一院）将案涉机器当作被告星港公司的财产予以查封。原告向东莞一院提出执行异议，法院于2011年4月25日裁定驳回原告的异议。东莞一院于2011年5月10日向原告送达该裁定书，原告于2011年5月24日向本院提起诉讼，诉讼请求为：确认原告对（2010）东一法执字第7415号执行裁定书作出的关于查封（扣押）规格为绿色307意大利产液压热压机一台享有所有权（价值20000元）。2011年9月21日，东莞一院判决认为，原告主张该热压机属于原告所有，并提交了进口报关单、设备租用协议和税务发票等为证，但从原告提交的证据无法证明原告

①（2012）东一法执外异字第9号执行裁定书。

所交易的液压热压机即本院所查封的绿色意大利产307热压机；且原告所诉称的液压热压机价值人民币20000元，而东莞一院所查封的绿色意大利产307热压机经委托评估，评估价为人民币168000元，价值相差甚大，因此，东莞一院所查封的绿色意大利产307热压机不属于原告所有，对原告的诉讼请求不予支持。①

司法实践中出现案外人异议之诉主体地位的确定、异议事由的界定和其与确认之诉衔接上存在的诸多问题，这也足以说明我国立法、学界及实务对这一问题的基本看法和态度，特别是对这一制度功能（案外人异议之诉的立法目的）的认识不到位，导致实践中案外人异议之“扩大化地被适用”，如混淆案外人异议之诉与确认之诉的区别，不少案例中当事人诉讼请求以及法院的判决都围绕“确认实体法律关系”展开；对案外人异议之诉的诉讼主体适格认识不透彻，出现原、被告主体错误的情形；对案外人异议之诉与所有权确认之诉的关系认识不清，大量的绕开异议之诉而径行提起确认之诉以阻碍法院执行的案件出现。以上情形的出现，都加剧了执行的难度。

三、审执分离下案外人异议制度的改革

当前，对“审执分离”的理解有较大分歧。实质上，“这种分离首先是组织上和程序上的”②，组织上的分离是执行机构与审判机构分离，以及在执行程序中重要裁决性事项处理机构和简单性执行实施事项实施机构的分离；程序上的分离是审判程序与执行程序分离，执行程序中具体执行实施程序与执行异议、重要执行事项处理程序的分离。现有“审执分离”体

① 东莞市第一人民法院（2011）东一法民二初字第3064号判决书。

② 江必新主编：《比较强制执行法》，中国法制出版社2014年版，第132页。

制改革的研究基本上集中在执行机构设置这一宏观角度，即组织上。实际上，深层次“审执分离”的落实体现在执行程序上。我国案外人异议制度存在的重大危机即为程序设置上违背“审执分离”，因而需首先在“审执分离”体制改革这一宏观视野下审视制度完善。

（一）保留抑或废除：关于案外人异议前置程序的理性思考

如果一项制度的设置仅仅为实现其中一个目的，但却带来系列性的理论困惑和实践难题，则该制度便丧失了正当性基础。案外人异议制度确立原判决、裁定对案外人（或第三人）造成损害时案外人可以通过申请再审进行救济的途径，改变了以往因判决错误造成案外人救济无门的状况，这对案外人通过诉讼程序寻求救济在实践和理论上都具有里程碑式的意义。但是，目前这种将案外人救济附属于案外人异议制度的格局，损害了案外人启动救济程序独立性。从比较法角度来看，独立的案外人救济机制是一种常态，对此，我国有必要在立法上建立起案外人救济机制，以完善案外人救济体系。[①] 此外，可以肯定的是，立法机关当初设置“案外人异议前置、异议之诉后置”双阶结构，初衷是想通过执行机构的初步审查实现异议案件的诉前截流，保证执行效率。根据几年实践考察，经过案外人异议程序后再进入异议之诉程序的案件所占比例的确不高，但是，数据这种表层现象背后有着深层次的原因。通过调研发现，进入异议之诉比例不高假象的根本原因是恶意、虚假异议占据异议的多数，且不少案外人是利用这种简便、省钱省时的程序进行“一搏”，如果侥幸得以支持，可以获得额外之财，如果得不到支持，也便“认了”。通过对现有提起异议之诉的案

① 法国、我国台湾地区、我国澳门地区都确立了第三人撤销之诉，赋予案外人以诉权。由于本章的重心在于完善案外人异议之诉制度，因而对于案外人救济体系不多赘述。对案外人救济体系的构建，参见肖建华、杨兵：《论第三人撤销之诉——兼论民事诉讼再审制度的改造》，载《云南大学学报》2006 年第 4 期；肖建国：《论案外人申请再审的制度价值与程序设计》，载《法学杂志》2009 年第 9 期。

件分析可知，对于那些因为实体权利确实受到侵害，但由于缺少相关证据支持的当事人或案外人，其肯定会“为权利而斗争”，将程序进行到底，提起异议之诉。因而，案外人异议制度在功能上表现出两面性：一方面可以对恶意、虚假异议过滤，另一方面对确实进行维权者来讲，实质上是增添了一道障碍。根据最高人民法院《执行解释》规定，案外人异议审查期间，法院不得对执行标的进行处分。因而，在当前案外人异议的审查周期长的背景下，该程序实质上赋予案外人合法利用程序拖延执行。其实，这也不得不反思，该程序的设立造成如此高比例的恶意异议案件，尽管其有过滤功能，恶意利用程序已经给正当利用程序保障权利的人造成冲击，从根本上动摇该制度确立的根基。

此外，案外人异议制度仅仅有一个条文，仍非常粗略，无法给司法实践以完备的制度供给，导致定位不清、适用混杂的情况发生。立法目的是通过非诉程序实现诉前截流，但正是由于制度供给不足，异议审查法官不得不借助民事诉讼程序理论进行处理，因而出现“立法上非诉化，实践中诉讼化”的南辕北辙。此外，实践中出现一种值得注意的“隐性”现象，由于执行员直接负责相关执行案件，基本上所有的案外人异议案件都是先向执行员提出，执行员对案外人进行过“谈话”“询问”并审查后，如果案外人不服执行员的预判，通常会将案件移送立案庭立案，进入案外人异议程序。因而，可以说案外人异议程序的审查实质上是第二次审查，加上案外人提起异议之诉，很可能出现“四审终审”的局面。目前，从实证角度考察，案外人异议制度处于危机四起的状况，实属“危机中的案外人异议”。

因而，有必要重新审视“案外人异议前置、异议之诉后置”的“双阶”结构。尽管目前对案外人合法权益进行救济的方式存在争议，根据民事诉讼的基本规律，是以诉的方式还是以非诉的执行异议程序进行救济，关键在于是否涉及实体事项或权利义务问题。[①]如果涉及实体事项，则按照民事诉讼的基本原理应当通过诉讼程序加以解决，不能由法院通过非诉的方式加以解决。[②]但是，从以上案外人异议审查周期数据来看，这种“双阶”结构并未实质性提高效率，究其原因，案件性质上的诉讼性质使得案件的异议审查程序有诉讼化倾向或回归，使得立法的乌托邦主义或理想主义落空。案外人异议制度功能定位错误和制度不合基本规律所导致的无法给实践以充足的程序供给。因此，实现案外人异议制度彻底“诉讼化”，构建起独立的异议之诉便能够让上述危机迎刃而解。不过，问题的关键是如何构建独立化的案外人异议之诉，使其既能符合民事诉讼和执行理论的要求，又可以简便、高效程序保证执行效率。对此，要从“审执分离”体制的第三次变革和案外人异议之诉特殊程序构造、构建上进行分析。

（二）专业化执行裁决庭：“审执分离”的第三次改革浪潮

党的十八届四中全会《决定》对“审执分离”问题的重提，引发理论界和实务界的热议。到底是执行局脱离法院，还是法院内部“审执分离”改革，争论不绝于耳。[③]

学界普遍的观点认为，审判程序和执行程序应当严格分离，即严格的“审执分离”原则。审判机构负责处理与诉讼相关的实体争议问题，执行程序只负责具体执行，不能进行实体判断。因而，在案外人异议受到质疑最重要的一个原因是执行机构负责实体审查，不符合程序正当性和程序保障的原理。这种观点的出现，受到德国“形式原则”（Formalisierungsgrundsatz）的影响，即执行机构不允许进行任何实体权利

① 张卫平：《案外人异议之诉》，载《法学研究》2009 年第 1 期。

② 参见［日］竹下守夫：《日本民事执行法理论与实务研究》，刘荣军、张卫平译，重庆大学出版社 1994 年版，第 45 页。

③ 肖建国：《民事执行权和审判权应在法院内实行分离》，载《人民法院报》2014 年 11 月 26 日，第 5 版。

审查。不过，我国对“审执分离”原则的追求，没有注意到德国与我国执行机构设置和权利分配上的不同。德国对“形式原则”的追求是建立在德国非集中的执行机构的基础上，其强制执行活动分派给法院执行员、执行法院、地籍登记部门、诉讼法院四个不同的机构。[①] 相应地，德国的执行救济程序也非常复杂和过分追求完美，其对执行救济的管辖也彻底到执行法院负责执行，诉讼法院负责进行实体争议审查。

我国采取的是执行集中模式，各级法院都设置执行局，并没有执行法院和诉讼法院等精细化的划分，案件的执行与执行争议的处理都是由负责执行的法院负责管辖。“审执分离”原则强调的是法院内部实现执行机构和审判机构分立。因此，简单地以“执行机构不享有对实体审查权利”的判断则未免有所牵强。其实，法国已经在实践由统一机构负责执行程序争议的处理。执行法官制度是法官独具特色的制度，其被学界称为执行改革的“轴心”。除法律特别规定外，执行中的所有争议均由执行法官处理，这些事项大致可分为两大类：第一类是在执行过程中出现的争议，既包括程序性的争议，也包括涉及实体权利的争议；第二类是与执行有关的困难和问题，如执行法官可以判断执行依据的执行力，可以对执行依据作出解释，可以命令进行债的抵销等。[②]

其实，我国在前两次以“审执分离”为中心的执行体制改革浪潮中，实现了执行庭（执行局）的独立化，并在此基础上优化配置执行权，根据执行实施事项和执行裁决事项在执行庭（执行局）内部分设执行实施组和执行裁决组，将部分执行裁决事项交审判庭审理。但是，将执行争议事项交由不同的庭室处理，不仅容易导致争议处理得过于分散，出现因民事审

---

① 参见［德］博克哈特·海斯:《中国强制执行法草案与欧洲执行法的比较》，周翠译，载黄松有主编:《强制执行法起草与论证》(第二册)，中国人民公安大学出版社 2004 年版，第 67 页。

② 张根大、赵晋山:《关于法国强制执行制度的考察报告》，载江必新主编:《执行工作指导》2011 年第 4 辑，第 214 页。

判法官可能因不了解执行程序而放纵案外人的恶意、虚假异议，且未充分考虑执行争议的特点和有效兼顾正在进行的执行程序。因此，有必要对目前“审执分离”执行体制重新构建。对此，可以借鉴法国的执行法官制度，成立由具有审判资格的执行法官组成的专门的执行裁判庭，掀起以“审执分离”为中心的执行体制改革的第三次浪潮。

对此，由执行裁决庭集中负责处理执行中出现的所有争议，同时进一步明确执行员的职责，将执行员定位为专门负责执行实施的工作人员。执行裁判庭负责对执行异议、执行主体的变更和追加、异议之诉的审查。以此实现法院内部执行裁决权对执行实施权的监督，也畅通执行当事人、案外人通过“权利制约权力”救济渠道。

（三）另起炉灶：独立之案外人异议之诉的变革

目前，对案外人异议之诉的研究，集中在异议之诉性质、管辖等问题上，未关注到案外人异议之诉是由法院执行行为产生的，其在立案、审理、裁决上都不同于一般诉讼程序。因此，以“审执分离”第三次改革中构建专业执行裁决庭为基础，另起炉灶，构建起案外人异议之诉的特别程序构造。

1. 职权探知主义的诉讼构造

案外人异议之诉的目的是阻止法院对执行标的物的执行。无论案外人异议之诉的性质上采取哪种观点，[①] 其都涉及案外人对执行标的物实体权利的判断。不过，对于执行标的物实体权利最为清楚的莫过于案外人和执行债务人，但是，案外人异议之诉的当事人通常是案外人与执行债权人，只有在执行债务人对案外人的异议请求也有争议的情况下，才列为共同被

① 目前，对第三人异议之诉的性质有给付之诉说、形成之诉说、确认之诉说、救济说、命令说等。德国和我国台湾地区的通说是形成之诉说。

告。实质上，执行债务人又是连接案外人与执行债权人的“桥梁”，也是引发案外人异议程序的关键点。但是，案外人异议案件审查中，执行债务人因躲避债务等处于隐藏状态，很少会在此时进行权利主张。此时，案外人与执行债权人成为直接对立双方，进行质证辩论。但实质上执行债权人对执行标的物的权属状况不清楚，使得双方对席质证辩论中缺少对话基础，因而听证程序演变为法官与案外人之间的“对抗”，法官纠问式寻找证据的破绽或裁判的依据。这在执行债权人缺少律师代理的情况下更为明显。此时，法官“坐堂问案”难以作出正确的判断，因而要求法官更加积极主动地进行询问或者调查取证，强化法官职权。同时，强化案外人的举证责任。根据《民诉法解释》第 311 条，对案外人异议之诉程序规定适用普通程序，并规定案外人应当就其对执行标的享有足以排除强制执行的民事权益承担证明责任。

2. 对恶意异议的规制

目前，恶意异议案件充斥整个案外人异议程序，对该程序造成致命的冲击，其原因是民事诉讼法赋予案外人异议权，但并没有赋予法官对案外人滥用权利的程序控制权。不诚信的案外人恶意利用异议程序获得额外利益，却不用承担任何违法成本，这反而增加了执行债权人的维权成本和浪费司法资源。同样，如果案外人异议之诉的程序设置不合理，也会出现滥用诉权阻碍执行的情况。因而，需要借鉴美国对不诚信当事人的惩罚规定，如一个藐视法庭罪足以让当事人“闻风丧胆”。因而，需要赋予异议审判法官足够的程序控制权，对于那些属于恶意异议的案件，法官经合议认为属于恶意异议，可以给予严厉的惩罚。对于情节严重的，如伪造证据进行虚假异议的，应告知异议人虚假异议的后果，法官可以依据《民事诉讼法》第 113 条的规定，对相关当事人进行罚款或司法拘留，甚至刑事处罚。根据《民诉法解释》第 315 条之规定，强化恶意异议的侵权责任，构建起因恶意提起案外人异议的侵权损害赔偿诉讼。

四、独立之案外人异议之诉的构建

（一）案外人异议之诉的基本理论：目的、性质与诉讼标的

众所周知，民事执行程序与民事审判程序是基于不同法理、各自具有不同价值目标和立法原则，但又存在一定联系的两种不同程序，实证中存在“审执合一”和“审执分离”两种不同的立法模式。审判程序以追求司法公正为优先价值目标，兼顾诉讼效率；执行程序强调效率优先，兼顾公平的价值理念。在执行程序中不采取类似于审判程序的“两造对审”的程序结构，其旨在追求执行的效率性和便捷性。

为达成执行的效率性价值要求，执行中通常采取的是略式程序，即所谓的书面形式审查或外在形式上的判断，不追究权利的实在状况。这是执行程序价值目标和功能所使然，也是执行程序与审判程序的本质区别。在执行中，执行的对象主要涉及债务人的财产，也称之为债务人责任财产。按照执行正当性原则的要求，法院只能对债务人责任财产加以执行，案外人，或者虽属债务人财产但已为第三人设定了其他实体权利（如质权等）的财产，都不能作为执行的对象。在执行中对债务人责任财产的认定上，不可能采取实质性的审查，而只能采形式上或财产占有的外在表现状态来加以认定。这主要有两点原因：一是执行的效率性价值要求，使得为实现权利的执行程序区别于为确认权利的审判程序；二是执行组织并不拥有为审查、认定实体权利归属的权能，这也是现代民事司法体系“审执分离”之必然要求。由此而来，执行中错列债务人责任财产的情况在所难免，也因此会对案外人的合法利益造成损害，案外人异议之诉便是对案外人提供救济的一项制度。

1. 异议之诉的目的、性质

（1）异议之诉的目的

关于异议之诉的目的，理论界鲜有讨论。在民事执行程序中，主要涉及的程序问题包括程序的启动、中止及终结，程序性事项还包括执行措施的确定及实施等，债务人责任财产范围的确定是涉及债务人实体利益的程序性事项。不过，在执行程序实施的过程中，不免会与执行申请人、被执行人以及案外人的实体权利发生牵连。对执行申请人来讲，则可能涉及其实现债权的执行请求权，在这方面法律提供了许可执行之诉的救济制度；对被执行人而言，若其已经按生效法律文书履行，或者债权人已免除债务人债务等情况下，债权人仍依执行名义申请执行显然不当，在这方面法律为债务人提供了债务人异议之诉的救济制度，其目的是要排除债权人所持执行名义的执行力。

除上述执行程序的实施可能对执行当事人的实体利益产生影响而需有相应的救济制度加以保护外，恐怕执行中最易受到实体权利损害的是案外人。此全因被执行人责任财产的确定采取的是形式主义或外观占有的判断，这种依形式及外观审查原则确定债务人责任财产的方法，极易导致错把案外人财产认定为债务人的责任财产，一旦实施强制执行，必定会损害案外人的实体权利。除法院错列执行责任财产外，在债务人和案外人之间也潜藏着实体权利的争议。这种在执行程序中发生的对第三人实体权利的侵害，或者存在案外人与债务人就执行标的（责任财产）权利的争议，由于执行程序的本质及功能所限，对第三人实体权利的救济不可能通过执行程序来解决。倘若案外人提起确权诉讼，尽管可以解决责任财产的权利归属问题，但此诉讼并无办法排除法院对执行标的业已开始的执行行为，即使在确权诉讼中确认了案外人对执行标的实体权利，其也无不能排除法院对该执行标的强制执行行为。因此，在因法院的执行行为而使案外人财产权利遭受损害的情况下，首要解决的不是确权的问题，而是排除法院对执行标的强制执行行为。尽管法院对执行标的实体权利的判断，是作出禁止法院对执行标的实施强制执行行为的前提，但不能因此以确权诉讼来取代异议之诉。因为，确权诉讼从性质上讲只是对实体权利归属的确认，并不能使法院排除执行行为。排除执行行为是一种变更法律行为或者撤销法律行为的法律效果。

其实，案外人异议之诉的功能定位本身就隐含了这一制度立法的必要性问题。在实证调研中，有法官认为，案外人异议之诉缺乏立法的必要性，甚至由于该制度的建立诱使对执行标的权属确权诉讼的虚假案件大量增加，直接影响了法院的执行工作。①

我们认为，上述认识有失偏颇。当然实践中虚假确权诉讼案件的增加，只能说明这一制度的立法规范不够完善，其并非案外人异议之诉本身所带来的问题。如前文所述，排除对执行标的物强制执行的案外人异议之诉与确认执行标的物权利归属的确权诉讼，存在本质区别。确认执行标的物权利的确权诉讼，其所能解决的是该标的物是否为债务人的财产以及案外人是否对该财产享有实体权利的问题，确权诉讼的肯定判决的效力只是对权利的确认，并无排除法院对该标的物执行的效力。当然，从上文的分析来看，有些情况下执行标的物属于债务人的责任财产，但在该财产上却为他人设定相关实体权利的情况也普遍存在，对该标的物的转让、交付会影响案外人权利的实现，在此种情况下提起确权诉讼并无实际意义，而真正需要的是禁止法院对该标的物的执行。

我国台湾地区有学者认为："由于强制地注重迅速，执行机关就执行标的之判定采外观主义，仅依外观上事实认定，对是否为债务人所有之财产，无权从实体上调查，且无正确调查执行之相当规模的物是否属于债务

① 与东莞市第一人民法院的执行法官座谈时，就案外人异议之诉的适用问题，法官们认为实无必要，而且诱发了虚假确权诉讼的发生。

人责任财产之必要，倘执行机关须正确调查后始得强制执行，非但将妨碍执行之迅速，且将诱使债务人对执行标的物任意争执，妨碍执行，故执行机关于实施强制执行之际，通常仅就执行标的物之财产归属外观情况，以及债权人之查报或债务人之报告结果为依据判断强制执行之财产是否属于债务人之责任财产，无法就第三人对于执行财产之确定权利状况为实体调查，以实现'执行机关分离原则'……"[①] 因此，从保护案外人实体利益的角度考量，案外人异议之诉的确立具有必要性和正当性，且应当将该诉的功能定位于排除法院不当执行行为对案外人所带来的实体损害。异议之诉的诉讼请求，应当是"禁止对执行标的实施执行"或者"撤销对执行标的执行行为"。

综上分析，案外人异议之诉的目的或者功能，是旨在通过对案外人是否就执行标的享有足以阻止执行标的转让、交付的实体权利之判断，以排除法院对该标的的强制执行行为。在某些情况下（如债务人对案外人主张权利并不提出否定意见时），法院仅需要根据案外人所提起的异议之诉，作出禁止执行法院对涉诉执行标的强制执行即可，并不需要进一步作出执行标的实体权利归属的判决。对此，《民诉法解释》第305条明确规定案外人提起执行异议之诉的条件之一为"有明确的排除对执行标的执行的诉讼请求"，可以看出最高人民法院肯定案外人异议之诉的目的也是排除强制执行。

（2）异议之诉的性质

关于异议之诉的性质，学理上有"确认之诉""给付之诉""形成之诉"等观点；甚至还有"命令之诉说""救济之诉说"和"新形成之诉说"等观点。"给付之说"认为，异议之诉是案外人基于实体法上的所有权等，提出债权人对该财产不作为的请求的一种诉；"确认之诉说"认为，异议之

① 赖来昆：《强制执行法总则》，台湾元照出版公司2007年版，第646页。

诉是案外人要求确认执行标的非债务人责任财产的一种诉，或者要求确认案外人对执行标的有排除执行行为之实体权利的一种诉；“形成之诉”认为，异议之诉是案外人以其对执行标的拥有所有权或者其他足以阻碍标的物转让或者交付的权利，请求排除法院的强制执行行为。[①] 救济之诉说认为，案外人异议之诉在特征上融合了确认之诉与形成之诉两种类型，兼具有排除强制执行力和确认实体权利的双重功能，其诉讼目的具有救济功能。[②] 命令之诉说认为，案外人异议之诉以确认实体法律关系为基础，加以行政机关的上下级隶属关系，根据审理结果，命令执行机关停止强制执行。[③] 新形成之诉说认为，案外人异议之诉的诉讼标的是第三人得以排除强制执行的法律地位，且根据争点效理论，当事人不得就案外人异议之诉判决理由中对所有权或者其他实体权利的判断，再次提起诉讼。[④] 在上述诸说中，“形成之诉”说为通说。

我们认为，民事执行中的案外人异议之诉为“形成之诉”，但这种形成之诉与实体法上传统的形成之诉又有差别。因为其成立的法律效果是产生程序法上的形成效果，而非实体法上的形成效果，我们可以将其称为“程序法上的形成之诉”。根据诉的理论，形成之诉，又称变更之诉，“是指原告请求法院变动现在之民事法律关系之诉。形成之诉的实体法基础是原告所享有的形成权。当事人提起形成之诉的目的在于利用法院判决使现存的法律关系变更或者消灭”[⑤]。从形成之诉的基本功能或者目的来看，其是要变更或者消灭已经存在的合法的法律关系，其诉的理由成立后的法律

① 这部分的内容参考了以下著述：杨与龄编著：《强制执行法论》，中国政法大学出版社 2002 年版；[日] 中野真一郎：《民事执行・保全法概说》，有斐阁 2004 年版。

② 三ヶ月章「執行に対する救済」民事訴訟法學會『民事訴訟法講座（第 4 巻）』(有斐閣，1955) 1112 頁。

③ 张卫平：《案外人异议之诉》，载《法学研究》2009 年第 1 期。

④ 赖来焜：《强制执行法总论》，台湾元照出版公司 2007 年版，第 651 页。

⑤ 齐树洁主编：《民事诉讼法》(第六版)，厦门大学出版社 2012 年版，第 385 页。

效果是“变更”效果或者“形成”效果。在实体法领域，比较典型的形成之诉包括解除婚姻关系之诉、变更子女扶养权之诉、变更合同或者解除合同之诉等。变更之诉的裁判效果，要么改变了现存原法律关系的内容；要么彻底消灭了原法律关系，其追求的是实体法上的一种“形成效果”。在程序法中也有类似的问题，如再审之诉，其所要达到的目的是废弃或者变更法院作出的已经生效的裁判，其也是一种“形成效果”，只不过这种形成效果不完全等同于实体法上的形成效果，其应发生的是程序法（公法）领域的形成效果。这种程序法上的形成效果，实际上排除了公法行为对私法关系实施“干预”所形成的效果，恢复原有的私法秩序（关系）或者民事权利状态。在民事执行程序中，执行法院依执行名义确定了债务人的责任财产并对其实施强制执行，具有合法性和正当性。当然，这种合法性和正当性是以责任财产确系债务人所有且不会因执行而损害案外人的实体权利为前提。在采形式审查和外观占有作为债务人责任财产认定标准的执行处分行为，不可避免地存在将案外人的财产认定为债务人的责任财产的情形，这虽然从外在形式上看是依法进行的执行处分，但实质上却不具有正当性的，进而也是不合法的，必须将业已实施的执行处分予以排除，以恢复案外人对执行标的所享有的实体权利状态。由此可见，异议之诉所要追求的效果是程序法上的形成效果，排除法院对案外人享有权利的标的物的执行行为，便能保护案外人的实体权利。故而，执行中的案外人异议之诉，本质上是一种形成之诉，是程序法上的形成之诉，这种解释更加符合这一诉的制度之功能本源。

从实证调研来看，自我国2007年《民事诉讼法》建立并实施案外人异议之诉以来，法院对此诉的基本观点是持“确认之诉说”，即异议之诉是关于执行标的权利归属之诉讼，在执行过程中案外人提起确权诉讼并获得胜诉判决便可以阻止法院对该标的的强制执行行为，即使这一确权判决（或调解）并非执行法院所为。例如，前述案例三存在的情形便是如此，案外人以在甲法院的确权判决来对抗执行法院的执行。

最高人民法院就异议之诉性质的态度也可谓模棱两可，其2008年出台的《执行解释》第24条规定，申请执行人提起异议之诉的，经审理，理由成立的，根据申请执行人的诉讼请求作出相应判决。依这一解释，当事人异议之诉的法律效果，须依当事人的诉讼请求作出。显然，最高人民法院在出台这一司法解释时并没有把案外人异议之诉定性为形成之诉。而在实践中，案外人的财产被错列为执行对象，必然会提出确认权利的诉讼，倘若其起诉时未提出撤销法院的执行处分行为，那么法院只能根据当事人的确权请求作出权利归属的判断，即使案外人诉的理由成立，从理论上讲，该确权判决也无法停止执行法院对该执行标的强制执行。例如，在前述案例一中，原告东莞南城品佳傢俬厂提出的诉讼请求为，“对（2010）东一法执字第7415号执行裁定书作出的关于查封（扣押）规格为绿色307意大利产液压热压机一台享有所有权（价值20000元）”。法院判决理由为：“本院认为本院所查封的绿色意大利产307热压机不属于原告所有，对原告的诉讼请求，本院不予支持。”最终判决驳回原告的诉讼请求。[①]

然而，令人欣慰的是，随着实践的推进和对法律内在精神的理解，一些法院似乎意识到了案外人异议之诉并不是一个确权诉讼，至少其首要的功能是排除法院对特定标的物的执行行为，这从有关高级人民法院制定的指导性意见中便可以看到这种认识上的变化。北京市高级人民法院在2011年出台的指导意见中规定：“案外人提起执行异议之诉的，诉讼请求应当表述为请求对执行标的物停止执行。”浙江省高级人民法院在2011年出台的指导意见中规定：“执行过程中，案外人就执行标的另行提起确权之诉，人民法院不予受理；案件已经受理的，应当驳回起诉。”同时还规定，案外人异议之诉案件的案由为“请求对执行标的停止执行”。上述高级人民法

① 东莞市第一人民法院（2011）东一法民二初字第3064号判决书。

院对执行异议之诉的指导性意见，充分说明了目前的实务中对案外人异议之诉的性质已经有了正确的认识。不过，在目前专门就案外人异议之诉作指导性操作规范的高级人民法院为数不多，大多数高级人民法院并无此类指导性意见。对此，2015年《民诉法解释》已经统一认识，该解释第312条第1款规定："对案外人提起的执行异议之诉，人民法院经审理，按照下列情形分别处理：（一）案外人就执行标的享有足以排除强制执行的民事权益的，判决不得执行该执行标的；（二）案外人就执行标的不享有足以排除强制执行的民事权益的，判决驳回诉讼请求。"同时，出于将当事人之间实体法律关系和阻止执行问题一并解决，避免司法资源浪费为出发点，该解释第312条第2款规定："案外人同时提出确认其权利的诉讼请求的，人民法院可以在判决中一并作出裁判。"赋予案外人以选择的权利。

2. 异议之诉的诉讼标的

与认识案外人异议之诉性质的重要性一样，准确把握异议之诉的诉讼标的，不但涉及对与异议之诉标的相关联的后诉如何处理的问题，同时也对如何审理和裁判异议之诉具有重要指导意义。

案外人异议之诉的诉讼标的为何，是一个值得认真对待的重要理论问题。依据诉讼标的理论，所谓的诉讼标的，是指当事人之间发生争议并且提交法院进行裁判的实体法律关系，此谓从实体法角度对诉讼标的的定义。这一定义的本质是，作为法院审理和裁判对象的诉讼标的，其实就是实体法上的请求权。当然这一理论并不能普遍适用所有类型的诉讼：一是在请求权基础竞合的情况下，可能会产生多个实体法上的请求权，形成多个诉讼标的；二是在消极的确认之诉中，原告与被告并不存在实体法律关系，原告也没有请求权的存在，此时诉讼标的又为何呢？按照上述关于异议之诉性质的讨论，在持"给付之诉说"观点下，诉讼标的应当是案外人基于对执行标的实体上的权利而享有对债权人不作为给付的请求权；在持"确认之诉说"观点下，诉讼标的应当是案外人对执行标的享有的实体权利。不过，这两种诉之诉讼标的均是实体法（私法）上案外人对债权人的实体权利请求权，其并不能直接产生公法上的效果。

按照理论和实践通行的观点，案外人异议之诉为程序法上的形成之诉，其诉讼请求为"禁止法院对案外人主张权利之标的强制执行"。既然异议之诉为形成之诉，那么其诉讼标的为实体法上的请求权？还是程序法上的某种权利呢？由以上分析，异议之诉产生的法律效果是程序法上的形成效力，排除或者撤销法院对案外人主张权利的财产的执行行为，因此，该诉的诉讼标的不应当是实体法上的请求权；特别是，实体法上的请求权是向对方当事人行使和主张，要求对方当事人作为或者不作为，或者要求改变与对方的法律关系。而案外人异议之诉，是要求法院宣告执行机关不得对已作为执行对象的财产实施执行。因此，异议之诉应当是针对法院执行行为的一项权利，这就是案外人基于其对执行标的所享有的实体权利而对法院执行行为正当性提出异议的权利，即案外人享有的程序法上规定的异议权是案外人异议之诉的诉讼标的，案外人对执行标的享有的实体权利则是异议之诉的诉因或者诉的理由，法院对异议之诉的审理，是判断案外人的异议权是否成立：若无理由，则判决驳回其诉讼请求；若有理由，则判决宣告不得对涉案财产实施执行。在我国实务中，从部分高级人民法院所作的指导性规范来看，对案外人异议之诉的性质是持程序法上形成之诉的观点，因而诉讼标的也定性为案外人在程序法上对法院执行行为的异议权。

基于上述对异议之诉诉讼标的分析，异议之诉的判决是程序法上的形成判决，即排除法院对特定标的物的执行行为。然而，这一判决并不是针对案外人对执行标的是否具有实体权利及其形态的权威性认定，作为异议基础的实体权利，仅为法院对异议之诉判决的原因事实。因此，该判决对当事人的实体权利并不具有既判力。

（二）独立之案外人异议之诉程序构建

自2007年《民事诉讼法》确立执行异议之诉制度以来，最高人民法院及部分省、直辖市高级人民法院分别出台了司法解释、指导意见。最高人民法院在2008年《执行解释》中，对案外人提出异议之诉的事由、当事人、管辖、对异议之诉的裁判等作了较为细致、明确的规定。在此基础上，部分省、直辖市高级人民法院制定了更具可操作性的实施意见。现就案外人异议之诉实施中几个主要问题结合实证作一分析。

1. 执行异议之诉主体

（1）关于原告

执行异议之诉，是对案外人实体权利的执行救济制度，也是由我国《民事诉讼法》第227条规定的“实体上的执行异议”而衍生的对案外人实体利益保护的制度。因此，异议之诉的原告定为在实体上对执行标的享有权利，且又为执行名义效力所不及之人。我国《民事诉讼法》在执行程序中对案外人实体利益的保护，采取了与其他国家和地区不同的立法结构，即采异议前置，而后不服法院对异议裁定再提诉讼的程序设置。从学理分析，这种程序设计存在结构性缺陷。首先，执行组织不同于审判组织，其无审查和判断实体权利存在与否、归属如何之职权，此项争议的审理只能由执行法院的审判组织为之；其次，执行组织在审查实体异议时也无相应的程序加以适用，其审查结果难以做到准确；最后，为案外人的权利救济增加了程序成本和程序性障碍。不过，站在立法者的角度思考，案外人异议前置的程序设计能够起到“过虑”作用，避免和减少了一些非真正异议之诉的发生，有效地节约了司法资源和当事人的诉累；特别是可能潜在地遏制案外人滥诉的发生，从而避免延迟执行工作，保护债权人的利益。这样的解释和思考也不是没有道理，况且也适合我国司法实践的基本状况。从《民事诉讼法》的规定来解释，成为案外人异议之诉原告必须符合以下三个条件：

第一，不受执行名义效力所及。从执行法理上讲，执行名义的效力在一定条件和场合下具有扩张性，即尽管案外人非作为执行名义的生效裁判的当事人，但是，其与执行当事人存在实体上权利义务紧密关系，执行名义之执行可及于此案外第三人之财产。比如，案外人是被执行人权利义务承受人的场合即如此。在这种情形下，此案外第三人便无诉之利益，不能作为异议之诉的原告。但是，在例外情况下，尤其是诉讼担当的情形下，执行债务人也可提起案外人异议之诉。例如，在继承案件中，继承人只在继承财产范围内承担相应债务，如果执行机构扣押继承财产范围之外的债务人财产实施强制执行，则继承人成为适格的异议当事人。

第二，对执行标的享有足以阻止转让或者交付的实体权利。案外人不但要对执行标的享有实体权利，至关重要的是原告提起异议之诉应当具有诉的利益，此诉之利益即为执行救济制度保护的利益。异议之诉的利益，是原告享有足以排除法院对标的物执行行为的权利，即案外人对执行标的享有足以阻止转让、交付的实体权利。关于这一实体权利的类型和具体形态，将在本文后述内容中加以理论与实证上的讨论。

第三，向执行法院的执行组织提起了执行异议。由于我国立法采取了异议前置的程序结构，案外人若提起异议之诉，必须先向执行组织提起实体上的执行异议，即对执行标的主张实体上的权利。这是作为案外人异议之诉原告的程序性条件。

当然，除上述条件的特殊性之外，异议之诉的原告也无更多特别之处，作为原告的形态也同样存在单一原告和共同原告的情形。除此之外，与一般原告的理论相同，作为第三人权利的管理者等均是适格的原告。再有，实践中是否会存在类似于我国《民事诉讼法》规定的普通共同原告的情形呢？即多名案外人同时向法院对执行标的主张实体权利，此种情形是否可能存在以及如何处理？例如，我们在调研中遇到这种类型的案例，不过其提出的是案外人异议，而非异议之诉。

2011 年 7 月 6 日，东莞市第一人民法院作出民事调解书，确认比尔公司应向火炼树合作社支付租金等 355629.82 元及诉讼费。2011 年 5 月 19 日，东莞市第一人民法院作出民事调解书，确认比尔公司应向天捷公司支付货款 261906.4 元及诉讼费。生效法律文书确定的履行期限届满后，比尔公司未完全履行债务，火炼树合作社、天捷公司向法院申请强制执行。法院在执行过程中，裁定查封被执行人比尔公司 36 台注塑机及其他设备。随后，案外人袁某以对涉案 36 台机器设备的所有权为由提出异议，请求法院解除对案外人依法所有的 36 台机器设备的查封；案外人 SG 公司提出执行异议，以对案涉 36 台中的 5 台机器设备享有所有权为由要求法院解除查封；案外人日立金融公司向法院提出执行异议，以对其中 2 台机器享有所有权为由请求法院解除对这两台机器设备的执行。最终，法院裁定驳回案外人袁某的异议请求；裁定中止对 SG 公司主张的 5 台机器的执行；裁定中止对日立金融公司主张的 2 台机器设备的执行。[①]

上述案件涉及多名案外人对执行标的主张不相容的实体权利。最终，法院支持了案外人 SG 公司和日立金融公司的主张，中止了对案外人主张的机器设备的执行；驳回案外人袁某的异议请求。对此，案外人都未提起异议之诉。不过，尽管该案件未进入异议之诉程序，但需要我们思考的是，假如案外人袁某不服裁判，向法院提起异议之诉，则异议之诉的原告该如何确定？另外一种情况是，如果在案外人异议之诉的前置程序中，法院裁定驳回所有案外人的异议请求，而三个案外人都向法院提起案外人异议之诉，则该如何处理？

对于上述两种情况，需要明确的一点是，案外人异议之诉性质上为程序法上形成之诉，其诉讼标的为程序法上规定的异议权。而权利人行使

① 东莞市第一人民法院（2012）东一法执外异字第 8 号、第 9 号、第 19 号裁定书。

这种程序法上的异议权，产生的效果只是排除法院对特定标的物的执行行为，即程序法上的形成效果。因此，程序法上的异议权行使具有独立性，不会如实体权利行使那样，可能会影响其他主体的权益。程序法上异议权的这种特性，便决定了案外人异议之诉不存在如必要的共同诉讼那样，可能出现追加共同原告的情形。如果享有同一实体权利的多个主体，只有其中一个主体提起案外人异议之诉，由于只会产生是否排除法院对执行标的的强制执行行为的效果，没有必要将其他主体追加为共同原告；如果是同一实体权利的多个主体提起异议之诉，则为共同诉讼的原告。如果是多个以非基于同一实体权利而提起案外人异议之诉，则可基于普通共同诉讼而合并审理。

因此，对于第一种情况，针对案外人袁某提起的异议之诉，适格原告只有袁某，执行异议程序中的案外人 SG 公司和日立金融公司，不能追加为共同原告。至于袁某与 SG 公司和日立金融公司之间的所有权冲突，则可以通过另行提起确认之诉或者给付之诉予以解决。

对于第二种情形，应当作为普通共同诉讼，将分别对执行标的主张权利的案外人所提起的异议之诉合并审理，将其列为普通的共同原告。在这一极少可能发生的案例上，浙江省高级人民法院的指导规范即作出明确的规定，其指导意见第 4 条规定："多个案外人分别提起异议之诉对一执行标的主张同一性质的权利……可以合并审理。诉讼由不同法院受理的，后受理的法院应当将案件移送最先受理的法院审理。"当然，即使有多个案外人分别对同一执行标的主张权利，异议之诉也不可能被多个法院受理。这是因为，异议之诉只能向负责执行的法院提起。再有，规定后受理的法院移送管辖，大有"违法"之嫌，特别是如果存在有案外人向浙江省以外的法院提起异议之诉，其指导性意见也要适用于其他省市的法院吗？因此，需要最高人民法院进行统一解释。

从规则的设计来看，债务人不能成为案外人异议之诉的原告，这是显而易见的。然而，实践是复杂而多样化的，靠普适性原理设计出来的制度规范未必能涵盖实践中的各种可能性，若债务人是作为遗产的继承人或者遗产的管理者，其所要承担的债务只能是以遗产为限，即只有遗产才能成为执行的责任财产或执行标的，超出此范围涉及继承人或者遗产管理人的财产若被列为责任财产，在此种情况下债务人便具有了案外人的地位，提起异议之诉当无问题。①

在实证调研中，关于所谓案外人的理解也是一个值得关注的问题。从立法的一般意义上讲，所谓的执行异议之诉中的案外人，应当是指不受执行名义效力所及，其享有实体权利的财产被确定为被执行人的责任财产的人。除此之外，从保障案外人的权利不受法院强制执行行为所侵害，这里的案外人应当作广义的理解。其还应当包括执行标的共同权利人、涉及夫妻共同财产而判决效力不及另一方的配偶，以及发生继承时案外人的继承人等，均可以作为案外人提起案外人异议之诉。

（2）关于被告

关于何人为执行异议之诉的被告，曾有过争论。有人认为，执行异议之诉的事由是案外人对执行标的享有实体权利，此为案外人与债务人之权利归属争议，由此，异议之诉的被告应当是被执行人。这显然是对异议之诉的性质、功能（目的）的理解出现了偏差。既然异议之诉的目的是排除因债权人要求法院对执行标的的执行行为，因而，债权人的权利要求得以实现必损害案外人的权利。因此，执行申请人或者受让执行名义权利之人为异议之诉的适格被告当无异议。

在以案外人为原告、债权人为被告的异议之诉中，债务人的诉讼地位却不甚明了。从各国及地区的立法情况来看，当债务人对案外人主张的权利持明确反对态度的情形下，债务人应被列为共同被告。例如，《德国

① 参见［日］中野真一郎:《民事执行·保全法概说》，有斐阁 2004 年版，第 133 页。

民事诉讼法》第771条第2款规定，案外人异议之诉也可以针对债权人与债务人提起，将其作为共同被告。然而，倘若债务人对案外人主张对执行标的享有权利不明确表明态度，债务人的诉讼地位就难以定位。从我国实务中的做法来看，普遍是将债务人列为案外人。例如，北京市高级人民法院制定的指导规范第4条第3款规定：被执行人不反对案外人请求，案外人也未将其列为第三人的，法院一般应当将被执行人追加为无独立请求权第三人。除此之外，北京市高级人民法院制定指导性意见时，还考虑了被执行人下落不明时其在异议之诉中诉讼地位中如何处理的问题。指导意见规定，被执行人因下落不明而无法对案外人的权利主张表明意见的，应当将其列为共同被告。浙江省高级人民法院也在其指导意见中作了类似的规定。不过，理论上的厘清并未能得到实践的认可和执行。前述案例二中，当事人地位的确定便存在失误。依《执行解释》第17条的规定，案外人起诉对执行标的主张实体权利，并请求停止执行的，应当以申请执行人为被告；被执行人反对案外人对执行标的的主张的，应列为共同被告。但在上述案例二中18名异议人却将被执行人鸿富公司列为被告，申请执行人中堂建筑公司列为第三人。而立案和审判部门既没有主动释明要求变更当事人，更没有依据司法解释规定驳回原告的起诉。最终的结果只是"将错就错"地认可了执行部门的处理结果，这也从侧面反映出了司法实务部门对案外人异议之诉主体理解和认识的模糊性。

当然，与原告可能存复数的情形类似，被告也有复数的情况存在。即当有数个债权人申请强制执行时，案外人提起异议之诉应当以多个债权人为共同被告。当数个债权人是依据同一个执行名义申请强制执行的，诉讼为必要共同诉讼，各债权人为必要共同被告，这并无问题。然而，这里需要讨论的一个问题是，当数个债权人是分别基于不同的执行名义向同一债务人申请强制执行的，在案外人提起的异议之诉中各债权人是必要共同诉讼人还是普通共同诉讼人，在理论上存在分歧。我国台湾地区学者认为，案外人异议之诉的标的只有一个，即程序上的形成权，应为必要共同诉讼。这是因为，“按案外人异议之诉，以排除执行标的物之强制执行为目的，对被告之裁判，不得两歧，自须合一确定”[①]。我们认为，案外人异议之诉的诉讼标的是案外人对法院强制执行行为的异议权，异议之诉的目的在于排除法院对执行标的物的执行行为，因此，无论多数债权人是依同一执行名义的共同权利人，还是依不同执行名义的普通权利人，其所涉及诉讼的标的只有一个，无论是从理论上还是从实务操作的便宜性考虑，都应当将两种情形下的多数债权人作为共同被告加以确定，方能使案件审理简单化，同时也不违背诉讼的基本原理。

（3）关于是否存在第三人

我国民事诉讼法在主体制度编规定了两种第三人：有独立请求权的第三人和无独立请求权的第三人。从域外关于异议之诉主体制度的规定中，基本不涉及诉讼中第三人的问题。我国《民事诉讼法》第227条没有规定异议之诉的当事人确定问题，最高人民法院仅对异议之诉的原告和被告的两种情形作了规定：案外人提起异议之诉是以自己为原告，以执行申请人（债权人）为被告，此为第一种情形；第二种情形是，被执行人（债务人）否认案外人权利主张的，列为共同被告。然而，在第一种情形中被执行人对案外人的权利主张没有提出争议的情况下，或者被执行人因下落不明而无法对案外人的权利主张提出争议的情况下，其在异议之诉中的地位如何确定，民事诉讼法尚未明确。2015年实施的《民诉法解释》第307条规定：“案外人提起执行异议之诉的，以申请执行人为被告。被执行人反对案外人异议的，被执行人为共同被告；被执行人不反对案外人异议的，可以列被执行人为第三人。”理由是，由于案外人异议之诉必然会涉及执行标的的归属问题，即使被执行人不反对案外人异议，从查清案件事实、彻底解

① 杨与龄编著：《强制执行法论》，中国政法大学出版社2002年版，第203页。

决纠纷的角度考虑，有必要将被执行人列为第三人。[①]

但是，在案外人对执行标的提出权利主张而债务人不予积极否认时，其是否有必要作为无独立请求权的第三人来对待，是一个值得从理论上加以思考的问题。从民事诉讼法设立无独立请求权第三人的目的来看，是意图通过对本诉的审理来达到保护与本诉判决有法律上利害关系的第三人的利益，或者要求其承担相应责任。该第三人因只与本诉的判决结果有法律上的利害关系，其不能以原告或者被告的身份参加到诉讼中来，因而，通过第三人制度加以保护其利益不因本诉的判决而遭受不利益；同时，也是从程序上保障其诉讼参与权。那么，在案外人提起的案外人异议之诉中是否有必要给予债务人这样的程序保障呢？答案应当是否定的。因为法律已明确赋予债务人向案外人的权利主张提出否认的权利，债务人可直接成为异议之诉的中当事人——被告。从程序保障论上看，民事诉讼法给予被告较无独立请求权第三人更为充分的程序保障，被告是完整的当事人，而无独立请求权的第三人则不是真正意义上的当事人，其许多程序权利受到限制。倘若债务人对案外人就执行标的主张权利的行为保持沉默，不提出积极的反对意见，也没有必要把程序弄得过于复杂。从域外比较法来看，尚未发现哪个国家和地区有如此之安排。

2. 提起异议之诉事由

就执行异议之诉的性质，学界通说采程序上的“形成之诉说”。但就提起诉讼之事由来说，则是主张其拥有足以阻止执行标的转让、交付之实体法上的权利，法院在异议之诉的审理中也必须查明案外人是否享有该项实体权利。也正是由于这一点，学界及实务界有异议之诉为“确认之诉”的认识。也因此引发了一些当事人通过虚假之确权诉讼来阻碍法院对执行

---

① 沈德咏主编:《最高人民法院民事诉讼法司法解释理解与适用（下）》，人民法院出版社 2015 年版，第 827 页。

标的物执行的案例。

从《民事诉讼法》第227条的规定来看，案外人只要对执行标的主张权利即可以提出执行异议进而提起异议之诉。这里所谓的“权利主张”语焉不详，其内涵模糊，难以把握权利的范围。若作宽泛的理解，势必对执行当事人权利的实现形成障碍，对本就陷入困境的法院执行工作带来更大的压力。显然，最高人民法院对这一问题有准确的判断，在其所作司法解释中明确了这一实体权利为“足以阻止执行标的转让、交付”的权利。但对于这一表述的理解仍有进一步探讨的余地。我国台湾地区有学者认为：“除所有权外，何种权利，始可排除强制执行，应当依其在实体法上之性质、效力及执行之目的或方法定之。凡第三人在执行标的物上所存在之权利无忍受强制执行之法律上理由者，无论是否物权，均可据以提起本诉。”相关高级人民法院所作的指导性规范中，也大体与最高人民法院司法解释的内容一致，并无更为具体的操作指引。然而，也有个别高级法院对案外人异议之诉的本质、性质认识不到位，对异议事由作宽泛解释，极易诱发执行异议之诉的滥用。例如，广东省高级人民法院制定的指导性规范中规定：“案外人提起执行异议诉讼，应当对执行标的主张实体权利。”实体权利是一个极其宽泛的概念，如此规定实在令具体审理案件的法官难以把握。以下从实体法的角度对案外人主张之实体权利的具体形态加以分析：

（1）所有权

北京、浙江省等地高级人民法院都规定案外人享有所有权（包括共有）是提起异议之诉的事由。将对执行标的享有所有权作用为提起异议之诉的事由，法理显而易见。强制执行本是针对债务人之财产，若案外人对执行标的享有所有权，显然不得执行，案外人也可以基于所有权排除法院不当的强制执行行为。

然而，我们这里必须明白的是，立法设立案外人异议之诉是为保障案外人不因法院的不当执行行为而使其正当利益受到侵害。当然，这里的保障也不是没有界限的，只有第三人所拥有的权利能足以阻止执行标的转让或者交付的情形下，对案外人的保护才是正当的。否则，即使是案外人对执行标的享有所有权，也不能成为排除对执行标的强制执行的正当依据。在实践中主要应当区分以下情况而分别考量适用：

①案外人设定了抵押权的财产

实践中，为保证债权的实现，常常会设定抵押权。若案外人在其享有所有权的财产上为债权人之债权设定了抵押权，或者案外人通过受让等方式取得了已为债权人设定了抵押权的财产，若该财产作为执行标的物时，案外人当无提出异议之诉的余地。此是因为法律为保护某一特定债权的优先实现，“就必须提供一种超越债权人平等原则的例外规定，使某债权人获得高于其他债权人的地位，在债务人一般财产提供担保中优先受偿”。从抵押权对债权实现的优先法律地位来看，纵使案外人对执行标的享有所有权，也不得对抗法院的强制执行。

②案外人转让于债务人但尚未转移所有权之财产

案外人将其财产转让于债务人，在转移所有权前成为执行标的物者，案外人是否能提起异议之诉，是一个值得探讨的问题。依法理，尽管案外人与债务人存在债的关系，在转移所有权之前该财产仍属于案外人所有，案外人据此提出异议之诉也并无不妥。然而，依债法原理分析，案外人基于其与债务人之债的关系，其有移转所有权于债务人的法律义务。从这一点来看，案外人提起异议之诉的理由并不充分，若要排除法院的执行行为，必须是有“足以阻止转让或交付执行标的物的实体权利”。我国台湾地区有学者认为：“第三人所有之财产，经让与债务人，而未为所有权移转之行为者，虽属于第三人所有，但第三人排除强制执行后，仍须将该财产移转为债务人所有，自无法律上之利益可言。其异议之诉，应认为欠缺权利保护要件而予以驳回。”[①]

③共同财产

实践中，涉及对共同财产的执行不在少数，在此种情形下，是以债权人之权利保障为优先，还是以非债务人的执行标的物的其他共有人的权利保障为优先，则是一个不得不慎重考虑的问题。从各国及地区处理此问题的一般经验来看，若是针对共有物的强制执行，均赋予作为非债务人的其他共有权人提起异议之诉的权利；若是仅对作为债务人部分共有人之共有权的执行，则其他共有人无提起异议之诉的利益，均不得提起异议之诉。我国实践中对此的处理基本上是采取这一策略，这在北京、浙江等高级人民法院的相关实施意见中作了相应的规定。但是，对共有财产，特别是夫妻共有财产的执行，仍是一个需要在实践中进一步探索和积累经验加以解决的问题。

（2）足以排除强制执行的其他权利

所谓的“足以排除强制执行的其他权利”，是指除上述讨论的所有权外，案外人享有的足以阻止执行标的物转让、交付的其他实体权利。从实体法的角度看，排他性的权利主要是指物权。物权是一种“直接支配一定的物，并获得利益的排他性权利”。基于物权的本质，物权具有以下两种效力：“其一是在与物权客体本身相关的诸权利间的关系上，具有优先于这些权利的效力。其二是在权利内容实现的过程中，具有直接地追及客体并排除他人干涉的效力。”[②] 基于物权的上述效力，一旦案外人的财产被执行法院确定为债务人责任财产的情况下，其就可以要求排除法院的执行行为，恢复其对物的排他性支配权利。因遵循物权法定主义，所以从民法的一般意义来看，法律认可的物权主要包括：占有权、所有权、地上权、永

---

① 杨与龄编著：《强制执行法论》，中国政法大学出版社 2002 年版，第 204 页。

②［日］我妻荣：《新订物权法》，罗丽译，中国法制出版社 2008 年版，第 9 页。

佃权、地役权、留置权、先取特权、质权和抵押权等。但是否上述权利均可以作为异议之诉的事由呢？上述权利中，地上权、永佃权、地役权等属于用益物权；而质权、留置权和抵押权属于担保物权。这些权利由于其对物的支配方式、获取利益的手段存在差异，因而当设定了上述权利之物成为执行标的而被强制执行时，对权利人的影响也就不同。因而，是否可以作为异议之诉的事由，有待视具体情况而定。

①用益物权作为异议之诉事由的问题

用益物权，是以物之使用价值所设定的权利。用益物权的权利人，是以占有他人所有之不动产而为使用、收益，若因法院强制执行而导致案外人行使权利受妨碍时，须提起异议之诉。根据现行法律的规定，用益物权主要包括以下几种：地上权、永佃权、地役权和典权。但这些权利与所有权不同，并非在任何情况下都需要排除强制执行。用益物权，是权利人占有他人所有之财产并进行使用而获取利益，若对作为用益物权利人的案外人占有和使用执行标的不产生影响，当无排除强制执行之必要。但在交付标的物或对标的物实施强制管理时，案外人所享有的上述权利便会遇到阻碍，须提起异议之诉排除执行。

②担保物权作为异议之诉事由的问题

担保物权，是指以确保债务人的清偿为目的，于债务人或第三人所有之物或权利所设定的物权，担保物权主要有抵押权、质权和留置权三种[①]。担保物权是以支配物的交换价值为内容，是在他人所有的物或权利上设定的物权，其主要功能是促使债务履行和债权的实现。在债务人逾期不履行时，担保权人可就担保物之出卖优先获得清偿。基于担保物权的法律功能和效力，通常情况下并不因担保物的转让、交付等行为使其受到损害，因此，在当担保物作为执行标的存在时，并无提起异议之诉之必要，因为担

① 王泽鉴:《民法概要》，北京大学出版社 2009 年版，第 442 页。

保权人在担保物拍卖后可以优先获得清偿，其权利仍能得以实现。

然而，同样为担保物权的动产质权和留置权都具有一个共同的特点，那就是该两项权利的成立条件都是以移转供担保的动产之占有于担保权人始生效。因此，若因法院之强制执行为而导致对该财产占有的丧失，须提起案外人异议之诉，以排除法院对该担保财产的执行。

（3）关于债权可否作为案外人异议之诉的事由问题

在实证调研中，发现了以执行标的物为交付对象的债权请求权为异议之诉的个案，也出现不少以此为由进行虚假异议的案例。因此，关于债权是否可以作为案外人异议之诉事由，尚值得慎重考虑，特别是在当前中国司法环境下以及民众的法律意识水平的具体背景下，这一问题可谓非常棘手的重大司法策略问题。

所谓债权，是指债权人请求债务人履行特定义务行为的权利。[①]第三人基于债权关系（如租赁、买卖、合作开发等），对债权关系标的物有一定的请求权，在债权人对标的物申请执行时，第三人能否提起异议之诉，应根据标的物是否为债务人所有而有所不同：第一，标的物为债务人所有。如果标的物的所有权仍属于债务人所有，第三人仅基于租赁、买卖、赠与等法律关系，对标的物享有交付或转移登记等的请求权，第三人不享有提起案外人异议之诉的权利。第二，如果标的物非债权人所有。如果标的物的所有权不属于债务人所有，第三人基于债权关系，如租赁、买卖、借贷等，请求债务人返还标的物，有主张认为债权请求权无对世效力，不能对抗执行债权人，故不能提起案外人异议之诉。也有主张认为，如果执行债权人对标的物的执行影响第三人对标的物享有的债权请求权，第三人可以提起异议之诉。[②]

①［日］我妻荣:《新订债权总论》，王燚译，中国法制出版社 2008 年版，第 4 页。

② 详见曹春梅:《第三人异议之诉研究》，西南政法大学 2015 年博士学位论文。

由此可知，因债权种类复杂，是否能提起案外人异议之诉也需根据具体情节判断。不仅是部分高级人民法院的指导性意见中将债权作为案外人异议之事由（例如，北京市高级人民法院将租赁权规定为异议之诉的事由），而在实证的案例中，将案外人所享有的债权作为异议之诉的事由不为少数，这类案件主要发生在买卖关系中。出现这种观点的根据是，2004年《最高人民法院关于人民法院民事执行中查封、扣押、冻结财产的规定》（以下简称《查封、扣押、冻结规定》）第17条规定："被执行人将其所有的需要办理过户登记的财产出卖给第三人，第三人已经支付部分或者全部价款并实际占有该财产，但尚未办理产权过户登记手续的，人民法院可以查封、扣押、冻结；第三人已经支付全部价款并实际占有，但未办理过户登记手续的，如果第三人对此没有过错，人民法院不得查封、扣押、冻结。"只要交付完全部价款、实际占有和对未办理过户没有过错，财产买受人即可以该债权阻止法院的执行行为。

2014年《查封、扣押、冻结规定》第17条规定，从保护善意第三人角度对物权变动特殊情况予以保护。这是因为，《民法通则》《物权法》对动产采取占有、不动产采取登记生效主义，但现实中，由于交易规则以及我国登记制度的不完善，如果严格依照《物权法》的规定，将使得许多善意第三人的权益难以得到保护，因而最高人民法院出于对实践的让步而作出如上规定。但是，上述解释也带来了司法解释与上位法适用上、程序法与实体法适用上的冲突，因而需要谨慎思考和慎重对待。而且，《查封、扣押、冻结规定》第17条的作用不仅产生"债权物权化"的效果，同时也引发"物权债权化"的反向效果。例如：

甲起诉乙，法院判决甲胜诉。后甲依据生效判决向法院申请执行。法院依法查封登记在乙名下的奔驰轿车。后案外人丙向法院提出异议，主张在该车辆查封前，乙已经将该车辆转让给丙。根据约定，并已经支付36万给乙，剩余的5.8万等过户后再支付。乙已经将车辆交付给丙使用。后案外人丙积极办理该车辆的银行抵押手续和过户登记手续。但是，就在案外人丙去车管所办理过户登记的当天，该车辆被法院查封。因而，丙无法办理过户。最终，法院依据《查封、扣押、冻结规定》，裁定驳回案外人的异议请求。①

对上述案例，根据《物权法》的规定，车辆属于特殊动产，物权变动以交付为生效要件，车辆登记采取的是登记对抗主义。没有办理登记的，不能对抗善意第三人，这里的善意第三人是指基于享有物权上的第三人。本案中，丙已经实际占有该车辆，已经取得所有权。申请执行人甲只是基于债权请求权而获取的执行依据，不属于善意第三人的范畴。因而，如果依据《物权法》的规定，该车辆归案外人丙所有，法院对此应当作出支持案外人异议请求的裁定。不过，法院认为丙与乙之间的交易行为中，尚未交付全部价款，因此法院作出驳回丙的异议请求。由上可知，实践中出现这种因物权事由而看作债权事由的做法，在法律上难以得到支撑，也难以站得住脚。

针对上述实践中因债权提起案外人异议之诉的乱象，2015 年实施的《最高人民法院关于人民法院办理执行异议和复议案件若干问题的规定》对金钱债权执行中，以特定债权为由提起案外人异议的处理进行细致划分：

①因另案生效法律文书确定相关债权的

法院对执行标的采取强制措施前作出的生效法律文书：（1）如该法律文书系就案外人与被执行人之间的权属纠纷以及租赁、借用、保管等不以转移财产权属为目的的合同纠纷，判决、裁决执行标的归属于案外人或者向其返还执行标的且其权利能够排除执行的，应予支持；（2）如该法律文书系就案外人与被执行人之间除前项所列合同之外的债权纠纷，判决、裁决执行标的归属于案外人或者向其交付、返还执行标的的，不予支持；

① 东莞市第一人民法院（2011）东一法执外异字第 11 号裁定书。

（3）如该法律文书系案外人受让执行标的的拍卖、变卖成交裁定或者以物抵债裁定且其权利能够排除执行的，应予支持。

法院对执行标的采取强制措施后作出的生效法律文书，案外人依据执行标的被查封、扣押、冻结后作出的另案生效法律文书提出排除执行异议的，法院不予支持。

②因特定合同产生的债权

买受人对登记在被执行人名下的不动产提出异议，满足下列情形应予支持：在法院查封之前已签订合法有效的书面买卖合同；在人民法院查封之前已合法占有该不动产；已支付全部价款，或者已按照合同约定支付部分价款且将剩余价款按照法院的要求交付执行；非因买受人自身原因未办理过户登记。

买受人对登记在被执行的房地产开发企业名下的商品房提出异议，符合下列情形法院应予支持：在法院查封之前已签订合法有效的书面买卖合同；所购商品房系用于居住且买受人名下无其他用于居住的房屋；已支付的价款超过合同约定总价款的 50%。

对被查封的办理了受让物权预告登记的不动产，受让人提出停止处分异议的，法院应予支持；符合物权登记条件，受让人提出排除执行异议的，应予支持。

承租人请求在租赁期内阻止向受让人移交占有被执行的不动产，在法院查封之前已签订合法有效的书面租赁合同并占有使用该不动产的，法院应予支持。但承租人与被执行人恶意串通，以明显不合理的低价承租被执行的不动产或者伪造交付租金证据的除外。

总体而言，从各国和地区立法的情况来看，案外人提起异议之诉的事由为：案外人对执行标的物享有足以排除强制执行之权利。实践中对这一事由的解释为：所谓“足以排除强制执行的权利”系指就执行标的物有

“所有权或者其他足以阻止物之交付或者让与之权利”①。当然，这样规定尽管较之我国《民事诉讼法》规定的“案外人对执行标的主张权利”更为严谨和具体，但仍显难以完全应对实践中的实体权利形成的复杂性和多样性。因为，“除所有权外，何种权利，始可排除强制执行，应依其实体法上之性质、效力及执行之目的或方法定之”②。对此，《民诉法解释》第312条即使用“案外人就执行标的享有足以排除强制执行的民事权益”将异议事由具体化，并使用“民事权益”代替之前“权利”，实质上将异议事由范围扩大。我们建议，实务操作中谨慎把握适用的条件为“凡第三人在执行标的物上存在的权利有无忍受法院强制执行的理由”。当然，最高人民法院以司法解释和判例指导的形式将案外人异议之诉的事由具体化，则更具有可操作性。

3. 案外人异议之诉管辖法院

案外人异议之诉由执行法院管辖，这是各国的立法通例。异议之诉由执行法院管辖，其有以下原因：第一，案外人异议之诉，是以撤销执行法院执行处分为目的。对涉案执行标的的执行为执行法院所为，从审判原理来讲，对执行法院所为之执行处分之正当性进行审查并予以撤销，只有两个法院可以为之。一是从审判的“层级原理”，上级法院对下级法院有监督的权力与职责，所以，从理论上讲，执行法院的上级法院有权审理案外人异议之诉；二是执行法院自己可以就本院所作之处分行为进行审查。第二，从审理的便宜性来看，执行法院作为案外人异议之诉的管辖法院最为妥当。一则执行法院作为异议之诉的管辖法院便于审理；二则便于当事人诉讼。

从我国执行立法的规定来看，通常情况下，执行管辖的确定远不像

① 杨与龄编著:《强制执行法论》，中国政法大学出版社2002年版，第204页。

② 杨与龄编著:《强制执行法论》，中国政法大学出版社2002年版，第204页。

诉讼管辖的确定那么复杂。但与诉讼管辖所不同的是，执行法院受理案件后，还可能存在“委托执行”“指定执行”和上级法院“提级执行”的情形。比如，在执行法院受理案件后，若发现债务人财产非在本院辖区内而财产所在地法院执行更为方便，执行法院也可以委托财产所在地法院代为执行，此种情形下就涉及案外人异议之诉向哪一法院提出的问题。从法理上分析，受托法院的执行行为应当视为委托法院的行为，案外人应当向委托法院提出异议之诉。这在以往最高人民法院司法解释中关于委托执行中案外人执行异议的处理程序，也同样可以得出这一结论。然而，在委托执行的情形下，如果案外人必须向委托法院提出异议之诉，这不但不方便当事人诉讼，同时，法院对案件审理也不便利，特别是对执行标的的具体状况和所为执行处分的具体内容等，委托法院难以及时查明。换一种思路来看，在委托执行的关系中，受委托的法院具体实施执行行为，包括对责任财产的确定，决定实施具体的执行处分行为等，都应当是受委托法院可以自主裁定的实施的行为。那么，既然是受委托法院所为之处分行为侵害了案外人的实体权利，那么异议之诉也应当向该法院提起，由该法院审理并作出撤销执行行为或者禁止对案外人主张实体权利的财产实施强制执行。因此，在存在委托执行的情况下（指定执行、提级执行同理），受理执行案件的法院只是行使了“形式意义上”的执行管辖权，而“实质意义上”的执行管辖权是由受托法院行使的，此时，受托法院应当理解为“执行法院”。

我国实务中对异议之诉的管辖规定遵循了国际上的通例，由执行法院管辖。最高人民法院《执行解释》第 18 条规定：案外人提起异议之诉的，应当由执行法院管辖。《民诉法解释》第 304 条规定：“根据民事诉讼法第二百二十七条规定，案外人、当事人对执行异议裁定不服，自裁定送达之日起十五日内向人民法院提起执行异议之诉的，由执行法院管辖。”相关高级法院的指导性意见进一步细化了案外人异议之诉的管辖和具体的审判业务庭。例如，北京市高级人民法院指导性意见的规定较为具体和具有可操作性：在涉及异议之诉的管辖方面，规定执行异议之诉案件由执行法院管辖，在存在“提级执行”“指定执行”“委托执行”的案件，案外人异议之诉由最终实施执行的法院管辖；在涉及异议之诉审理方面，规定由作出原生效裁判、调解书的各业务庭审理；其他生效法律文书或执行法院非原一审法院，异议之诉由各归口业务庭审理。此规定明确、具体，既合法理，也符合实践的要求，便于实务操作。浙江省高级人民法院的规定与北京市高级人民法院的规定基本类似，但在案件审理上笼统规定由审判监督庭审理，似有把案外人异议之诉当作再审案件来对待的态度。当然，这并不涉及实质性的问题。

4. 案外人异议之诉与针对执行标的提起确权诉讼的衔接

关于对执行标的提起确权诉讼的问题，相关高级人民法院已经采取了相应的规制措施。例如，北京市高级人民法院的指导性意见规定：“法院针对执行标的物的强制执行过程中，案外人以被执行人为被告就执行标的物另行提起确权之诉的，不予受理；已经受理的，应当裁定驳回起诉，并告知其可以依据《民事诉讼法》第 227 条的规定主张权利。”特别是，在实证调研中发现，实务上普遍将案外人提起的执行异议之诉理解为确权诉讼。因此，在执行过程中常常会遇到债务人与案外人串通起来在其他法院进行一个虚假的确权诉讼，骗取法院的确权判决，以对抗执行法院对执行标的的执行。最高人民法院 2008 年《执行解释》未对执行中的确权问题进行规范，并没有意识到案外人异议之诉制度的建立，在为案外人提供救济的同时，也给故意逃避执行的债务人提供了可乘之机，损害了债权人的利益和司法的权威。不过，由于实践中出现大量以确权判决对抗法院执行的行为，最高人民法院于 2011 年 10 月 19 日出台《关于执行权合理配置和科学运行的若干意见》，其第 26 条规定：“审判机构在审理确权诉讼时，应当查询所要确权的财产权属状况，发现已经被执行局查封、扣押、冻结的，应当中止审理；当事人诉请确权的财产被执行局处置的，应当撤销确权案件；在执行局查封、扣押、冻结后确权的，应当撤销确权判决或者调解书。”从该意见中，最高人民法院已经透漏出明确的信息：其他法院不应在执行法院查封、扣押、冻结后受理涉执行标的确权之诉案件并作出裁判，而要求案外人通过异议之诉程序进行救济。

就案外人异议之诉之功能来看，其直接的功能是排除法院对执行标的的执行行为，而非确认案外人对执行标的享有实体权利。然而，这并不能说明异议之诉与案外人在实体上是否真正享有实体权利的判断没有关联，因为提起案外人异议之诉的理由正是案外人在实体上享有所有权或者足以阻止执行标的转让、交付的权利，法院不对此加以审理判断，显然异议之就无法作出判决。只不过，若案外人提起确权诉讼既不能也无法影响法院对执行标的业已进行的执行行为而已。就此而言，案外人的执行异议之诉与案外人的确权之诉能否在一个诉讼程序提出？或者说在案外人提起异议之诉的同时，能否又提起确权诉讼？这是一个有理论探讨意义的论题。从最高人民法院的态度来看，这两个诉显然可以同时在一个程序中提出，法院合并审理。最高人民法院 2008 年《执行解释》规定，案外人提起的异议之诉，经审理，理由不成立的，判决驳回其诉讼请求；理由成立的，根据案外人的诉讼请求作出相应的裁定。这里所谓“根据案外人的诉讼请求作出相应的裁定”，实际上隐含了当事人除提出排除法院对执行标的的执行行为外，同时还可以要求确认实体权利。部分高院的指导性意见与最高人民法院的司法解释有不同之处。从文字表述上看，是限制案外人在执行过程中就执行标的提起确权诉讼，仅须依《民事诉讼法》第 227 条的规定提起异议之诉。然而，从其他相关条款文字的表述中，实际上也是准许案外人在提起异议之诉的同时提起确权诉讼。2015 年《民诉法解释》第 312 条第 2 款规定：“案外人同时提出确认其权利的诉讼请求的，人民法院可以在判决中一并作出裁判。”该规定传承了《执行解释》的做法，理由是权属问题是认定能否阻却执行的前提，诉讼应将当事人之间实体法律关系及阻却执行问题一并解决，否则既浪费司法资源，造成案外人诉累，难以避免判决冲突，也不符合普通民众的法律观念。[①] 这样的规定存在两个理论上的问题需要厘清。

第一，诉讼主体的确定问题。根据上文对案外人异议之诉主体的分析来看，异议之诉的原告为对执行标的主张实体权利的案外人，被告为申请执行人；被执行人若反对案外人权利主张的，与执行申请人列为共同被告。但在确权诉讼中，是案外人对被执行人提起，原告是案外人，被告是被执行人，执行申请人是无法作为当事人参与案外人与被执行人所进行确权诉讼程序。

第二，关于管辖问题。案外人异议之诉专属于执行法院管辖，从立法规定来看，执行管辖要区分法院裁判文书与非讼文书有所区别：若为法院作出的生效裁判，是由原案第一审法院或者与原案第一审法院同级的财产所在地法院；若是其他机构作出的非讼文书，则是由被执行人住所地或者财产所在地法院执行。而就案外人对被执行人提出的确权诉讼而言，只能依原告就被告的原则确定管辖，即被执行人住所地法院管辖；若是不动产的权属问题，当属于专属管辖由不动产所在地法院审理。依此分析可以得出结论，案外人异议之诉与案外人确权之诉并非在任何情况下都属于同一法院管辖。

综合以上分析，最高人民法院和部分高级人民法院允许案外人在提起异议之诉的同时提起确权诉讼，无论是在主体方面，还是管辖方面，合并审理都无法从理论上解释得清楚。实务部门如此规定，旨在纠纷解决的效率性和一体性考虑，并不顾及法理上是否说得通，这可谓“务实的精神”。

---

① 沈德咏主编:《最高人民法院民事诉讼法司法解释理解与适用（下）》，人民法院出版社 2015 年版，第 839 页。

然而，部分高级人民法院的指导性意见所规定的内容，并非将异议之诉理解为程序法上的形成之诉，或者至少可以说是包含了确权诉讼在内的形成诉讼。例如，广东省高级人民法院所制定的指导性意见第 8 条规定，案外人提起执行异议诉讼，应当对执行标的主张实体权利，同时提出对执行标的停止执行的请求。这里所谓对执行标的主张权利，实际上是提出确认实体权利的请求，而没有将这种实体上的权利主张作为案外人异议之诉中停止对执行标的执行的诉因来看待。这说明，实践中部分法院对案外人异议之诉的理解首先是确认之诉，在案外人对执行标的的实体权利得到确认的前提下，再审理是否停止对其执行正当性的问题。这一现象必须引起高度重视。实践中，债务人为逃避执行而与案外人串通提起对执行标的确权诉讼案件比较普遍。在这方面，2012 年《民事诉讼法》已有了规制措施，即被执行人与他人恶意串通，通过诉讼、仲裁、调解等方式逃避履行法律文书确定的义务的，人民法院应当根据情节轻重予以罚款、拘留；构成犯罪的，依法追究刑事责任。这一规制显然属于“事后”制裁，且难以实施，因为在实践中所谓的“虚假诉讼”通常作得比较“真实”，难以发现。有关高级人民法院的态度较为“偏激”，直接规定不得提起确权诉讼，若当事人提起确权诉讼不予受理，受理的则予以驳回。例如，北京市高级人民法院指导性意见规定，法院针对执行标的物的强制执行过程中，案件人以被执行人为被告就执行标的物另行提起确之诉的，不予受理；已经受理的，应当裁定驳回。最高人民法院在 2011 年《关于执行权合理配置和科学运行的若干意见》中，规定也相当严苛：对于确权诉讼中，发现已经被执行局查封、扣押、冻结的，应当中止审理；判决是在执行局查封、扣押、冻结后确权的，法院应当撤销确权判决或者调解书。

在德国，立法上也会面临同样的问题。在强制执行程序期间，原则上不得在案外人异议之诉外提起实体法上的诉讼。但是，根据《德国民事诉讼法》第 771 条第 2 款的规定，第三人可以将针对被执行人的返还之诉与案外人异议之诉合并提起。第三人不得提出独立的确认之诉，但债权人可以在第三人提出执行异议之诉前先行提出消极的确认之诉，或者在第三人已经提起执行异议之诉后通过中间确认之诉来对抗第三的诉讼。[①] 由此可以看出，德国立法上坚持严格的审执分离原则，并在具体程序设置中，通过中间确认之诉制度实现案外人异议之诉中实体法律关系判断和排除强制执行目的的实现。

显然，我国当前存在在案外人异议之诉中解决实体问题的重要原因是我国目前审执分离原则贯彻不彻底。并且，禁止在执行阶段另行提出确权诉讼，虽然可以遏制为逃避执行而进行的虚假诉讼，但从另一方面讲，又是对当事人接受司法审判权利（诉权）这一宪法性权利的不当干预或者限制，其正当性应受到质疑。我们认为，对于执行中提起确权诉讼可以按以下规则处置:（1）在执行中，案外人以被执行人（债务人）为被告的确权诉讼，应当由执行法院专属管辖。若争议标的物为执行标的时，执行法院在受理确权案件时，应当告知案外人同时按照《民事诉讼法》第227条之规定向执行法院提出执行异议。法院应当将确权诉讼与异议之诉合并审理。这两种诉讼关系上属于诉的合并。（2）执行法院受理案外人针对债务人单独提起的确权诉讼，应当依职权追加执行申请人为无独立请求权的第三人身份参加诉讼；执行申请人也可以申请参加诉讼。（3）案外人在执行中提起异议之诉的同时，提起对执行标的确权诉讼，法院可以一并受理、合并审理。

五、结　语

案外人异议之诉，是在保障债权人实现权利的基础上，从执行程序的本质出发而建立的对第三人的实体权利救济制度。该制度尽管规定在民事

① 江必新主编:《比较强制执行法》，中国法制出版社2014年版，第190页。

强制执行法中，但其与民事实体法和民事诉讼法的立法与理论关系甚为紧密。只有对民事强制执行法的立法原则有透彻理解和准确把握，实现债权与案外人权利保护的利益平衡，方能更好地理解和适用案外人异议之诉这一执行救济制度。

图书在版编目（CIP）数据

新民事诉讼法实施状况评估与对策建议 / 唐力等著 .
—北京：中国法制出版社，2018. 6
ISBN 978-7-5093-9451-9

Ⅰ . ①新…　Ⅱ . ①唐…　Ⅲ . ①民事诉讼法—法的实施
—中国　Ⅳ . ① D925.104

中国版本图书馆 CIP 数据核字（2018）第 104739 号

策划编辑　舒　丹　　责任编辑　马　颖　王雯汀　　封面设计　李　宁

新民事诉讼法实施状况评估与对策建议

XIN MINSHI SUSONGFA SHISHI ZHUANGKUANG PINGGU YU DUICE JIANYI

著者/唐力等

经销 / 新华书店

印刷 / 北京京华虎彩印刷有限公司

开本 / 787 毫米 ×960 毫米　16 开　　印张 /18.75　字数 / 242 千

版次 / 2018 年 6 月第 1 版　　2018 年 6 月第 1 次印刷

中国法制出版社出版

书号 ISBN 978-7-5093-9451-9　　定价：59. 00 元

北京西单横二条 2 号

邮政编码：100031　　传真：010-66031119

网址：http://www. zgfzs. com　　编辑部电话：010-66060794

市场营销部电话：010-66033393　　邮购部电话：010-66033288

（如有印装质量问题，请与本社印务部联系调换。电话：010-66032926）

中国法学会优秀课题成果文库

ZHONG GUO FA XUE HUI YOU XIU KE TI CHENG GUO WEN KU

· 2016 ·

刑事诉讼法修改后的司法解释研究　王敏远等 著

农村土地股权制改革：现实表达与法律应对　刘云生 著

技术侦查制度中的隐私权保障问题研究　胡忠惠等 著

社会保险基金信托法研究　黎建飞 主编

继承法修订入典之重点问题　杨立新 主编

证券欺诈规制的实证研究　邢会强 著

审判人员职能配置与分类管理研究　江必新 主编

中国特色社会主义法治发展道路　李林 主编

强化虚拟社会管理与健全网络立法研究　常健等 著

· 2017 ·

食品安全风险交流的法律制度研究　孙颖 著

财政责任视野下的地方政府债务治理研究　王婷婷 著

减刑、假释案件审理程序规范化研究　茅仲华等 著

中国反腐败立法研究　刘艳红等 著

新刑事诉讼法实施问题研究　卞建林 陈卫东等 著

非法经营罪适用问题研究　王安异 著

《政府信息公开条例》评估报告　叶必丰等 著

审判中心与刑事诉讼　胡铭 著

新民事诉讼法实施状况评估与对策建议　唐力等 著

法治解决道德领域突出问题的作用研究　胡玉鸿等 著

《联合国海洋法公约》与南海争端的解决　曲波 梁赟 著